O passado que não passa

*António Costa Pinto e
Francisco Carlos Palomanes Martinho (orgs.)*

O passado que não passa

A sombra das ditaduras na Europa do Sul e na América Latina

1ª edição

CIVILIZAÇÃO BRASILEIRA

Rio de Janeiro
2013

Copyright © António Costa Pinto e Francisco Carlos Palomanes Martinho, 2013

PROJETO GRÁFICO
Evelyn Grumach e João de Souza Leite

Os capítulos 2, 5, 6, 9 e 10 foram traduzidos por Isabel Alcario.

CIP-BRASIL. CATALOGAÇÃO NA PUBLICAÇÃO
SINDICATO NACIONAL DOS EDITORES DE LIVROS, RJ

P313   O passado que não passa: a sombra das ditaduras na Europa do sul e na América Latina / organização António Costa Pinto; Francisco Carlos Palomanes Martinho. – 1ª ed. – Rio de Janeiro: Civilização Brasileira, 2013.

Inclui bibliografia
ISBN 978-85-200-1172-0

1. Brasil – História – Revolução, 1964. 3. Brasil – História - 1964-1985. 4. Ditadura – América Latina. 5. América Latina – Política e governo – Século XX. 6. Europa – Política e governo – Séc. XX. I. Pinto, António Costa. II. Martinho, Francisco Carlos Palomanes.

CDD: 981.06
13-05334   CDU: 94(81)'1964/1985'

Todos os direitos reservados. É proibido reproduzir, armazenar ou transmitir partes deste livro, através de quaisquer meios, sem prévia autorização por escrito.

Direitos desta edição adquiridos
EDITORA CIVILIZAÇÃO BRASILEIRA
Um selo da
EDITORA JOSÉ OLYMPIO LTDA.
Rua Argentina, 171 – Rio de Janeiro, RJ – 20921-380 – Tel.: 2585-2000

Seja um leitor preferencial Record.
Cadastre-se e receba informações sobre nossos lançamentos e nossas promoções.

Atendimento e venda direta ao leitor:
mdireto@record.com.br ou (21) 2585-2002

Impresso no Brasil
2013

Sumário

Prefácio   7
   Américo Freire

Apresentação   11

1. O passado autoritário e as democracias da Europa do Sul: uma introdução   17
   António Costa Pinto

2. O passado fascista e a democracia na Itália   47
   Marco Tarchi

3. Partidos políticos e justiça de transição em Portugal: o caso da polícia política (1974-1976)   75
   Filipa Raimundo

4. As elites políticas do Estado Novo e o 25 de abril: história e memória   127
   Francisco Carlos Palomanes Martinho

5. Atitudes partidárias e passado autoritário na democracia espanhola   159
   Carsten Humlebaek

6. O passado autoritário e a democracia grega contemporânea   187
   Dimitri A. Sotiropoulos

7. O governo Lula e a construção da memória do regime
   civil-militar   215
   Daniel Aarão Reis Filho

8. "Justiça transicional" em câmara lenta: o caso do Brasil   235
   Alexandra Barahona de Brito

9. Legados autoritários, política do passado e qualidade
   da democracia na Europa do Sul   261
   Leonardo Morlino

10. A política do passado: América Latina e Europa do Sul
    em perspectiva comparada   295
    Alexandra Barahona de Brito
    Mario Sznajder

Os autores   329

Prefácio

Não poderia vir em melhor hora a publicação no Brasil do novo livro de António Costa Pinto e Francisco Martinho sobre as diferentes maneiras pelas quais as democracias do sul da Europa e latino-americanas estiveram e estão lidando com seu passado autoritário. Razões para o regozijo não faltam. Vejamos.

Vivemos tempos particularíssimos aqui e alhures. Talvez não fosse exagero dizer que, em poucas décadas, ou seja, desde meados do "curto século XX", estiveram ou estão em xeque os fundamentos de projetos civilizacionais que conformaram a contemporaneidade ocidental. Como na conhecida teoria do dominó, foram liquidados ou entraram em crise profunda, em sequência, o socialismo soviético, o estado de bem-estar europeu e o liberalismo militante de cariz anglo-saxão. O resultado de tudo isso é por demais conhecido: as grandes "famílias políticas", independentemente de suas origens, têm nos demonstrado, diuturnamente, sua incapacidade de projetar o futuro, indo pouco além do realismo de ocasião e da guerra de posições no âmbito parlamentar, como a confiar na restrição estrutural do mercado político e na crença de que, no fim das contas, a democracia é mesmo um "um jogo jogado", ou, como nos ensina Adam Przeworski, um sistema no qual a incerteza é mediada e controlada pelas instituições.

Nessa mesma quadra histórica, adveio a onda democrática aberta pela Revolução dos Cravos portuguesa, que pôs abaixo inúmeras ditaduras militares e civis de diferentes matizes na Europa do sul e do leste e na América Latina. Entram em cena as chamadas "novas democracias", e com elas, como não poderia deixar de ser, começa a tomar corpo um novo campo de saber — a "consolidologia", substituindo a prolífica "transitologia".

O qualificativo "nova" para os regimes que despontaram no último quartel do século XX realmente faz todo sentido, afinal seus governantes tiveram pela frente problemas e desafios que precisaram ser enfrentados sem os padrões de resposta costumeiros, já que estes também estavam sendo colocados em xeque. Portanto, as "novas democracias", foram obrigadas, pelas circunstâncias, a produzir políticas diferentes, a filtrar e a mesclar influências, a ensaiar e experimentar a imaginação democrática e a reiventar-se. Este livro, no meu modo de ver, tem como objeto um importante aspecto dessa reinvenção — ou seja, a maneira pela qual essas democracias enquadraram seu passado autoritário.

Para dar inteligibilidade a um conjunto de políticas que foram produzidas por países com tradições históricas e políticas tão variadas, os organizadores optaram por variar também no tratamento do objeto. Um primeiro movimento analítico foi o de discutir o aparato conceitual que tem marcado os debates políticos e acadêmicos sobre o tema. Em capítulo inicial, Costa Pinto examina como a literatura tem dado significado a termos como "legado autoritário", "justiça de transição" e "políticas do passado", tomando como objeto as políticas de enfrentamento do passado levadas adiante pelos governos do sul da Europa.

Em seguida à introdução e ao ensaio conceitual e comparativo de Costa Pinto, propõe-se um mergulho nos casos particulares de cada país, sendo que os países europeus são contemplados na maioria dos capítulos de natureza específica. São analisadas as experiências italiana, portuguesa, espanhola e grega. Dois textos cobrem o exemplo brasileiro. Finalmente, abre-se o objeto para uma análise ampla e abrangente na qual Alexandra Barahona e Mario Sznadjer colocam em perspectiva comparada as políticas de passado levadas a efeito, nas últimas décadas, pelos governos da Europa do Sul e da América Latina.

PREFÁCIO

Dois são os resultados de tudo isso. Primeiro: o livro demonstra cabalmente a força e a importância da abordagem política comparativa como antídoto eficaz para o enfrentamento de dois problemas comuns que marcam a nossa produção acadêmica: a fragmentação exagerada dos objetos e o caráter um tanto quanto ensimesmado dos estudos no campo da História e das Ciências Sociais, com algumas notáveis exceções. É bem sabido que esse problema não é exclusivo da produção brasileira e tem origem em fenômenos político-culturais mais amplos. Segundo e mais importante: o leitor brasileiro tem diante de si o mais completo estudo sobre o tema já publicado no país. Isso significa, entre outras coisas, que o livro contribui diretamente para elevar o nível do debate público acerca de como o governo e a sociedade brasileira têm lidado com o nosso passado ditatorial.

Boa leitura!

Américo Freire
(FGV/CPDOC)

Apresentação

O objetivo deste livro é comparar o modo pelo qual algumas democracias da Europa do Sul e América Latina reagiram aos seus antigos regimes autoritários. Nos últimos anos, e o Brasil é disso um exemplo, a agenda de "como lidar com o passado" foi sendo cada vez mais associada à qualidade das democracias contemporâneas. Muitos anos depois do colapso autoritário, democracias consolidadas revisitam o passado, quer simbolicamente, para superar legados históricos, quer, por vezes, para punir as elites associadas com os anteriores regimes autoritários. Novos fatores, como o ambiente internacional, a condicionalidade, as clivagens partidárias, os ciclos da memória e comemorações, as políticas de perdão e outros, trazem efetivamente o passado de volta à arena política.

Na introdução a este livro, António Costa Pinto enquadra os conceitos de legados autoritários, justiça de transição e política do passado como são hoje aplicados e analisa também as formas de justiça de transição que estavam presentes durante os processos de democratização na Europa do Sul. A investigação sobre mudanças de regime, e particularmente sobre transições para a democracia, tem usado cada vez mais esses conceitos e, a bem da clareza conceitual, eles têm de ser apresentados à luz dos debates contemporâneos sobre o tema.

Os sete capítulos seguintes são estudos em profundidade sobre Itália, Portugal, Espanha e Grécia. Marco Tarchi examina o caso italiano, o qual mostra com grande clareza analítica a correlação entre a natureza dual da queda do fascismo (uma, nas regiões Centro-Norte do país, que foram assoladas por uma cruel guerra civil entre *partigiani* e a República Social Italiana de 1943 a 1945; a outra, nas regiões do Sul, onde o fascismo caiu em 25 de julho de 1943) e as contradições da justiça de transição italiana. Conclui que não é possível, neste caso, falar de um "saneamento falhado".

No capítulo seguinte, Filipa Raimundo analisa o papel dos partidos políticos no processo de criminalização e julgamento da principal instituição repressiva do Estado Novo português — a PIDE/DGS — durante os dois primeiros anos da transição à democracia em Portugal (1974-1976). A análise centra-se nos principais partidos com assento na Assembleia Constituinte na sequência das primeiras eleições livres e justas, que tiveram lugar no dia 25 de abril de 1975.

Francisco Palomanes Martinho analisa, no terceiro capítulo, a construção da memória sobre o último primeiro-ministro da ditadura portuguesa, exilado no Rio de Janeiro após o golpe de Estado de 25 de abril de 1974. Para os quadros que apoiaram o regime do Estado Novo ou que, de uma forma ou de outra, tiveram alguma proximidade com Marcello Caetano, o político era, em certa medida, ofuscado pelo intelectual. Todos falaram de seu rigor acadêmico e de sua dedicação à universidade. O distanciamento provocado pelo cargo que Caetano ocupava e pelas escolhas políticas que havia feito não ofuscava este perfil determinante: Caetano era um grande intelectual e era assim que deveria ser lembrado. As oposições ao regime do Estado Novo, claro está, foram mais rigorosas em seus depoimentos. Ao mesmo tempo, é fato que os livros produzidos com mais tempo de formulação foram mais condescendentes com o personagem. Ficava o intelectual acima do político, e mesmo este era eivado de valores que as condições do lugar impediram de se manifestarem plenamente.

Numa tentativa de explicar o intrigante acordo informal para não instrumentalizar o passado franquista, o qual se manteve por quase trinta anos, neste ensaio sobre a justiça de transição

APRESENTAÇÃO

na Espanha, Carsten Humlebaek analisa as posições dos dois principais partidos políticos em relação a esse acordo. Investiga o reaparecimento de questões relacionadas com o passado autoritário nos últimos anos e dá particular ênfase à relação complexa entre os *media*, a esfera política e as exigências sociais quando se trata de explicar a recente erupção da memória.

Na contribuição que se segue, Dimitri A. Sotiropoulos analisa o processo punitivo da justiça de transição na Grécia. A democratização da Grécia foi uma transição por ruptura controlada por elites. Na sequência da transição democrática de 1974, o governo de Konstantinos Karamanlis considerou prioritárias a estabilidade política e as questões de política externa, em detrimento da justiça de transição, mas, depois de conspirações antidemocráticas de um segmento das Forças Armadas, esse governo de centro-direita optou por uma administração rápida e controlada da justiça de transição.

Entramos então no caso da justiça de transição no Brasil e no campo da memória da ditadura. Daniel Aarão Reis Filho caracteriza-a como tendo algo de uma esquizofrenia, pois de um lado a Comissão da Anistia, órgão do Estado, pede, em nome do Estado, desculpas aos torturados pelos prejuízos e males, materiais e morais, provocados pelas torturas e pelos torturadores, indenizando-os de acordo com a lei. De outro, as Forças Armadas, instituições desse mesmo Estado, onde se realizaram as torturas como política de Estado, negam terem sequer existido torturas, salvo as cometidas por indivíduos isolados, exceções lastimáveis à regra geral. Concluindo que o debate sobre a revisão da Lei de Anistia poderia, e deveria, contribuir para o questionamento, a revisão e a superação dessa cultura política anacrônica e deletéria, que faz das Forças Armadas brasileiras um quisto autoritário que é necessário remover.

Ainda num capítulo sobre a justiça de transição no Brasil, Alexandra Barahona de Brito conclui que esse caso sugere que os processos de "justiça de transição" foram examinados excessivamente como uma questão "transicional", quando de fato podem emergir na agenda política durante o período de transição, mas prolongar-se muito depois de esse período ter terminado. Com o passar do tempo, as medidas do Estado e da sociedade civil para lidar com o passado unem-se no que é uma "política do passado" mais ampla que, como o caso do Brasil sugere, não desaparece. A persistente necessidade de revelar o que aconteceu, uma necessidade humana natural de reconhecimento e admissão da culpa, pode acabar por corroer mesmo os acordos mais "seguros" da elite transicional.

No penúltimo capítulo, Leonardo Morlino repensa o conceito de legados autoritários e justiça de transição e reconsidera as atitudes perante o passado nas democracias da Europa do Sul. A sua conclusão é uma tentativa preliminar de sugerir definições possíveis domínios para análises futuras, em termos de elites e de massas, com base na investigação que foi apresentada neste livro.

No ensaio de conclusão, Alexandra Barahona de Brito e Mario Sznadjer traçam uma visão comparada de como os países da Europa do Sul e da América Latina — Grécia, Portugal e Espanha, e Argentina, Uruguai e Chile — lidaram com o legado de violações dos direitos humanos sob o poder autoritário na transição para a democracia e depois. Afirmam que, embora o contexto regional e internacional, ou *Zeitgeist,* possa ajudar a explicar como a questão foi enquadrada e as expectativas e ações dos diversos protagonistas foram envolvidas, é essencial que se compreenda como as condições internas moldaram esses processos.

* * *

Alguns dos capítulos desta obra foram inicialmente resultado de um projeto de investigação sobre democratizações e as atitudes perante o passado autoritário na Europa do Sul e na América Latina, levado a cabo no Instituto de Ciências Sociais (ICS) da Universidade de Lisboa, com apoio da Fundação para a Ciência e Tecnologia [PTDC/CPO/66001/2006]. Mais tarde, num colóquio

APRESENTAÇÃO

na USP, organizado por Francisco Carlos Palomanes Martinho, surgiu a ideia deste livro, alargando a comparação ao Brasil. Gostaríamos de expressar o nosso reconhecimento às assistentes de investigação do projeto Isabel Alcario, investigadora no Instituto Português de Relações Internacionais da Universidade Nova de Lisboa, e Cláudia Almeida, do ICS, pela ajuda na preparação do manuscrito.

António Costa Pinto
Francisco Carlos Palomanes Martinho

1. O passado autoritário e as democracias da Europa do Sul: uma introdução

António Costa Pinto

Os autores que colaboraram neste livro têm como objetivo comparar o modo pelo qual algumas democracias da Europa e da América Latina reagiram aos seus regimes autoritários do passado. Nos últimos anos, a agenda de "como lidar com o passado" foi sendo cada vez mais associada à qualidade das democracias contemporâneas. Muitos anos depois do processo do colapso autoritário, democracias consolidadas revisitam o passado, quer simbolicamente, para superar legados históricos, quer, por vezes, para punir as elites associadas com os anteriores regimes autoritários. Novos fatores, como o ambiente internacional, a condicionalidade, as clivagens partidárias, os ciclos da memória e comemorações, as políticas de perdão e outros, trazem efetivamente o passado de volta à arena política.

O fim da Guerra Fria e a emergência de uma comunidade internacional mais ativa na exportação de valores e instituições democráticas, da condicionalidade no acesso a comunidades políticas como a União Europeia (UE) e o desenvolvimento, tanto no âmbito doméstico como no internacional, das políticas de perdão e de reparações pelas injustiças do passado tornaram-se símbolos de uma maior "qualidade" da democracia liberal, enquanto, ao mesmo tempo, foram dados passos significativos no sentido de uma transnacionalização da justiça política associada com a violação de direitos humanos.[1] Essa "cascata de justiça", na viragem do século, foi também caracterizada pela responsabilização de indivíduos (sobretudo, políticos) pelos seus papéis anteriores nas violações de direitos humanos, em muitos casos através de julgamentos.[2]

A mudança de regime obriga as novas autoridades a enfrentar a herança do passado, e as transições democráticas foram terreno fértil para atitudes que são mais ou menos radicais em relação à eliminação dos legados do autoritarismo e, em particular, à punição política das suas elites e à dissolução das instituições com as quais elas estavam associadas.[3]

O presente volume aborda duas dimensões dos legados autoritários nas democracias: elites políticas associadas aos regimes autoritários e violações de direitos humanos associadas a instituições repressivas. Este estudo sugere que devemos encarar a justiça de transição como parte de uma mais ampla "política do passado" nas democracias contemporâneas: um processo no qual tanto as elites como a sociedade nos regimes democráticos reveem o significado do passado autoritário e agem sobre os seus legados em termos do que esperam alcançar no presente.

Como fizeram notar Wüstenberg e Art numa análise recente da literatura sobre os legados autoritários para a democracia, "prestamos pouca atenção à memória histórica como uma variável causal na política interna".[4] De fato, até hoje, "justiça de transição" e "estudos sobre a memória" evoluíram a par, mas raramente se encontraram. Os estudos da justiça de transição fazem parte da

---

[1] Torpey, 2003; Nobles, 2008.
[2] Lutz e Sikkink, 2001; Sikkink, 2011.
[3] Elster, 2006.
[4] Wüstenberg e Art, 2008, p. 73.

"transitologia", ou, mais genericamente, pertencem à política comparada e à família da "Ciência Política". Por contraste, os "estudos sobre a memória" emergem da Sociologia e da História. Em muitos casos, os historiadores, em particular, desempenham um duplo papel como estudiosos do autoritarismo e guardiões da "verdade sobre o passado" nas democracias pós-autoritárias.

Apesar da existência de um número significativo de estudos para países como Espanha e Itália, esses processos não foram objeto de uma investigação sistemática entre países, com o resultado de que a perspectiva comparada foi negligenciada. Neste volume, cientistas políticos e historiadores oferecem estudos teóricos, comparados e aprofundados de alguns países sobre a justiça de transição e a "política do passado" na Europa do Sul e na América Latina, tentando identificar padrões mais amplos e fatores que explicam tanto as semelhanças como as diferenças entre os casos.

Esta introdução tem duas partes. Na primeira, procuramos enquadrar os conceitos de legados autoritários, justiça de transição e política do passado como são hoje aplicados. Na segunda, analisamos as formas de justiça de transição que estavam presentes durante os processos de democratização na Europa do Sul.

Legados autoritários, justiça de transição e a política do passado nas novas democracias

Três conceitos — legados autoritários, justiça de transição e políticas do passado — estruturam este volume. A bem da clareza conceitual, temos de apresentá-los à luz do debate recente sobre este tema

A investigação sobre mudanças de regime, e particularmente sobre transições para a democracia, tem usado cada vez mais o conceito de legados autoritários, em especial no caso da transição das ditaduras comunistas para a democracia.[5] Embora seja muito

---
[5] Grzymala-Busse, 2002; Ekiert e Hanson, 2003; Laporte e Lussier, 2008.

difícil medir o impacto de um legado, e poucos acadêmicos utilizem definições explícitas do que constitui um "legado", alguns enfatizam as características institucionais e estruturais e outros sublinham os padrões comportamentais. Grigore Pop-Eleches introduziu uma definição de legados "como os pontos de partida estruturais, culturais e institucionais de uma ditadura ex-comunista (ou — pode-se acrescentar — qualquer ditadura) no princípio de uma transição".[6] Um problema importante aqui é como destrinçar legados específicos dos regimes autoritários anteriores de legados históricos *tout court*, uma vez que o que se encontra no armário quando as transições abrem as portas das ditaduras é muito mais do que autoritarismo.

Num esforço pioneiro para compreender as ligações entre legados autoritários de direita e a "qualidade" da democracia consolidada, Cesarini e Hite[7] definem-nas como "todos os padrões comportamentais, regras, relações, situações sociais e políticas, normas, procedimentos e instituições, quer introduzidos quer claramente reforçados pelo regime autoritário imediatamente anterior", que sobrevivem à mudança de regime, argumentando que as três variáveis-chave são: a estabilidade do anterior regime autoritário; a inovação institucional desse regime; e o modo de transição. Em outras palavras,

> quanto mais estável e institucionalmente inovador o regime autoritário, maior a potencial influência de legados autoritários. Quanto mais privilegiados os responsáveis autoritários no modo de transição do poder autoritário, maior a potencial influência de legados autoritários.[8]

Como referimos anteriormente, neste volume estamos sobretudo interessados em dois legados de regimes autoritários: elites polí-

---

[6] Pop-Eleches, 2007, p. 910.
[7] 2004, p. 4.
[8] Hite e Morlino, 2004, p. 25.

ticas e instituições repressivas. Ironicamente, se esses não são os mais importantes para determinar a qualidade das democracias pós-autoritárias, são sem dúvida os legados que mais dividem as elites durante os processos de transição, e são aqueles que determinam percepções de ruptura e/ou continuidade para grandes setores da sociedade. São também os mais persistentes nos debates e nas atitudes de democracias consolidadas em relação ao passado.

Uma das hipóteses — muitas vezes mais afirmada do que demonstrada — que inicialmente dominou a literatura sobre democratização é a de que a sobrevivência e a reconversão de importantes segmentos das elites autoritárias e a impunidade daqueles que no regime anterior estavam mais ativamente envolvidos na repressão tiveram um impacto pesado na qualidade das democracias pós-autoritárias. No seu trabalho pioneiro *Transitions from Authoritarian Rule*, Guillermo O'Donnell e Philippe Schmitter afirmam que "é difícil imaginar como uma sociedade pode regressar até um certo nível de funcionamento que daria apoio social e ideológico para a democracia política sem, de certo modo, enfrentar os elementos mais penosos do seu próprio passado".[9]

O que significa, para uma nova democracia, herdar do anterior regime autoritário uma parte significativa da sua classe política? A qualidade dos políticos profissionais com valores autoritários e baixos níveis de lealdade para com a democracia e o seu impacto em perceções negativas das elites, por parte de sociedades em transição, são os elementos mais comumente referidos na literatura.[10] Por um lado, a continuação de parcelas significativas da elite política e da administração pública autoritárias no novo regime pode ter importantes repercussões numa nova democracia, que fica provida de uma elite cuja lealdade ao novo regime democrático é duvidosa, o que leva a uma falta de confiança nas novas institui-

---

[9] O'DONNELL e SCHMITTER, 1986, p. 30.
[10] DAHL, 1971; LINZ, 1978; O'DONNELL, 1992.

ções.[11] Por outro lado, um outro efeito é minar o apoio social ao novo regime, tendo como resultado um sentimento geral de desconfiança em relação às elites políticas, às instituições e ao Estado como um todo, por serem identificados com o autoritarismo e a repressão anteriores.[12]

Outra dimensão, muitas vezes subestimada na investigação, é a da construção, pelas novas democracias, de uma memória coletiva dominante da ruptura com o passado. De fato, "é uma tese comum entre atores transicionais, e que é muitas vezes repetida na literatura sobre democratização, que desacreditar a governação dos ditadores é importante".[13] Como observa Alexandra Barahona de Brito, ao estabelecer uma ruptura moral e política com um passado não democrático e repressivo — cuja marca essencial é mudar os limites e padrões de inclusão e exclusão social e política —, a voz das vítimas é legitimada, a repressão é condenada, os democratas tornam-se os novos vencedores, e os antigos opressores, párias.[14] A legitimação democrática leva tempo, e esta "legitimação invertida" pode ajudar a estabelecer uma quebra clara com o passado.[15]

A justiça de transição envolve toda uma série de medidas tomadas durante o processo de democratização, as quais vão além da mera criminalização da elite autoritária e dos seus colaboradores e agentes repressivos e implicam igualmente uma grande diversidade de esforços extrajudiciais para erradicar o legado do anterior poder repressivo, tais como investigações históricas oficiais sobre a repressão dos regimes autoritários, saneamentos, reparações, dissolução de instituições, comissões da verdade e outras medidas que se tomam durante um processo de transição democrática.[16] Como conjunto de atitudes e decisões relativas ao passado autoritário, a

---

[11] O'Donnell, 1992; Power, 2000.
[12] Backer, 2009.
[13] Pridham, 2000, p. 47.
[14] Barahona de Brito, 2011.
[15] Valenzuela, 1992, p. 48.
[16] Cesarini, 2009, p. 498-499.

justiça de transição é ao mesmo tempo uma consequência e uma parte de um processo de mudança de regime, pelo que deveríamos situá-la exclusivamente em países a viver transições democráticas.[17] Nos últimos anos, tanto no mundo das ciências sociais como nos *think tanks* dos profissionais da reconciliação, o conceito perdeu parte do seu rigor e adquiriu um certo grau de elasticidade, a ponto de ter ficado associado a todas e a cada uma das decisões, sejam elas punitivas, de reconciliação ou ambas as coisas, respeitantes ao passado autoritário e/ou a injustiças passadas, que uma democracia ou instituição internacional procura impor. Contudo, a bem da clareza conceitual, deveríamos ligar claramente justiça de transição com democratização: esse "intervalo entre um regime político e outro".[18] Em outras palavras, a justiça de transição é componente de um processo de mudança de regime, cujas diferentes facetas são uma parte integrante desse processo incerto e excepcional que tem lugar entre a dissolução do autoritarismo e a institucionalização da democracia.

A responsabilização é essencial para a própria definição de democracia e podem-se desencadear novos processos em qualquer regime democrático pós-autoritário. Como acertadamente observa um estudioso de processos de depuração nas democracias da Europa Central e do Leste, citando Adorno, "a justiça política não pode ser separada da moral como um contínuo ao lidar com o passado".[19] Por outro lado, decisões de desencadear a justiça retroativa em democracias consolidadas podem ter já um conjunto muito maior de fatores e, mais importante, estão já enquadradas por instituições democráticas consolidadas e pelo Estado de direito. Como sublinha Alexandra Barahona de Brito, o passado autoritário pode ser ativado e manipulado por atores sociais e políticos em momentos particulares, e atores específicos, como

---

[17] Teitel, 2000, p. 6.
[18] O'Donnell, 1992, p. 10.
[19] Tismaneanu, 2009, p. 11.

partidos, identidades ou grupos de interesses, podem apoiá-los ou não numa dada conjuntura.[20] Neste estudo, como foi salientado anteriormente, consideramos a justiça de transição como ponto de partida de uma mais ampla "política do passado" que é inerente às democracias liberais: um processo em desenvolvimento, no âmbito do qual as elites e a sociedade reveem, negoceiam e por vezes se desentendem em relação ao significado do passado autoritário e das injustiças passadas, em termos daquilo que esperam alcançar na qualidade presente e futura das suas democracias.

O tipo de transição democrática é o indicador mais operativo para uma explicação da forma da justiça de transição num processo de democratização, em particular nos seus aspectos punitivos. O controle das elites sobre a determinação do tempo de transição e a grande continuidade de elites políticas ao longo do processo de transição levam transições "por transação", ou transições "contínuas", a evitar, em geral, a punição ou o saneamento das elites autoritárias. Isso constitui, no entanto, apenas uma faceta, uma vez que, a par de transições simplesmente "impostas" por elites governantes, as transições "pactuadas", desde 1974, ultrapassaram em número as formas historicamente mais comuns de transição democrática, que são a revolução e a reforma. Assim, vale a pena destacar um problema que as transições pactuadas e impostas partilham: ambas têm a tendência de manter inalterados "privilégios existentes" em vários domínios.[21]

Na sua obra clássica *A terceira vaga*, Samuel Huntington argumenta que a emergência ou não emergência da "justiça de transição" não é tanto uma questão moral, mas uma questão relacionada com a "distribuição de poder durante e após a transição".[22] Em termos simples, só nos países onde a autoridade política se desmoronou e foi substituída por uma oposição se apresenta a

---

[20] Barahona de Brito, 2011.
[21] Schmitter, 2010, p. 23.
[22] Huntington, 1990, p. 215.

possibilidade de punição. Em transições por reforma, nas quais a elite autoritária é um parceiro poderoso no processo de transição, o espaço para a introdução de medidas retributivas é limitado. Huntington escrevia em 1990, quando as transições na Europa Central e do Leste estavam apenas começando, e em muitos casos os pedidos de punição e de reparações prosseguiram, mesmo tendo havido transições negociadas de que já tinham resultado democracias consolidadas, em contraexemplos para as suas hipóteses.[23] No entanto, Huntington estava basicamente certo, e o aumento exponencial de transições democráticas no final do século XX, com quase 80 países a passarem por processos de democratização, mostra que ele tinha razão neste ponto.

Na Europa do Sul, na década de 1970, como na América Latina, nos anos 1980, e na Europa Central, nos anos 1990, as pressões para a criminalização das elites autoritárias e dos corpos repressivos estiveram presentes desde os primeiros momentos da transição, mas apenas em transições por ruptura se verificou de fato a oportunidade de isso acontecer. Outras formas de justiça de transição, como as reparações, anistias ou comissões da verdade, eram a única opção disponível em democratizações em que as antigas elites exerciam poder de veto direto ou indireto no processo de mudança de regime.[24]

Se a dissolução das instituições repressivas e das organizações políticas e paraestatais associadas a ela está presente, mesmo nas "transições contínuas", a punição política e criminal das elites é muito mais complicada, mesmo quando uma anistia para as elites acompanha esse tipo de transição. Como observaram muitos acadêmicos, algumas formas de justiça de transição podem melhorar a consolidação democrática de várias maneiras, desde demonstrando um corte com o passado e a igualdade perante a lei até forjando interpretações históricas comuns, "mas a res-

---

[23] NALEPA, 2010.
[24] BARAHONA DE BRITO *et al.*, 2001; STAN, 2009.

ponsabilização criminal tem a vantagem adicional de eliminar opositores políticos".[25]

Os processos de transição democrática desde 1945 nos proporcionam uma vasta panóplia de exemplos de punição de elites autoritárias. A criminalização e dissolução dos seus partidos e a suspensão temporária dos seus direitos políticos, como nas democracias que foram estabelecidas depois da Segunda Guerra Mundial, ou em Portugal em 1974, poderiam ser um dos polos no espectro de punição. A Espanha e o Brasil ficariam no lado oposto, constituindo exemplos de casos em que seções da direita, que tinham estado associadas, respectivamente, ao franquismo e à ditadura brasileira, controlaram em grande parte o ritmo da transição política, na qual uma elite que estava associada com o regime anterior manteve um nível elevado de poder dentro do regime democrático subsequente, nomeadamente em novos partidos de direita. No último caso, por exemplo, quase metade da classe política pós-transição tinha apoiado o regime militar durante vinte anos.[26] A situação era semelhante para algumas das transições democráticas que ocorreram na Europa Central e do Leste, onde seções muito significativas da elite, e até dos partidos comunistas no poder, sobreviveram, em alguns casos não abdicando das suas convicções e noutros transformando-se em sociais-democratas moderados. Isso apanhou de surpresa muitos observadores contemporâneos, apesar de já existir o exemplo da queda das ditaduras de direita nos anos 1970 e 1980 para demonstrar até que ponto os politicamente flexíveis conseguem adaptar-se com êxito a uma nova democracia.

Quem se preocupa com a punição de elites autoritárias do passado? Decerto, segmentos da sociedade e as elites, mas os políticos também se importam, sobretudo porque isso afeta as suas perspectivas de carreira. A consolidação democrática é, por

---

[25] GRODSKY, 2008.
[26] POWER, 2000, p. 2.

definição, dominada por partidos e, em certos casos, como na Europa Central e do Sul, é uma "consolidação através de partidos".[27] Contudo, o seu papel foi subestimado pela literatura inicial sobre justiça de transição. Sabemos que o apoio dos partidos políticos à justiça de transição pode ser enfraquecido por circunstâncias políticas fortuitas e que a incorporação institucional de segmentos das elites autoritárias anteriores é, em muitos casos, um objetivo da consolidação democrática. Contudo, mesmo quando não é uma decisão de contingência de elites pró-democratas em processos de transição para a democracia, a capacidade dos partidos de se transformarem e sobreviverem ao colapso de regimes autoritários é um elemento decisivo no desenvolvimento de atitudes em relação ao passado em jovens democracias. Se, na América Latina, estudiosos das transições democráticas salientam o caráter negativo desse legado, para alguns acadêmicos que estudam a Europa Central e do Leste, "os legados do passado podem também exercer uma influência positiva" e, paradoxalmente, "a força por detrás do regresso dos partidos sucessores reside na sua herança comunista".[28]

Num período de cerca de um ano, caíram 22 ditaduras comunistas, a grande maioria em transições negociadas. Durante muitas dessas transições, dominou o princípio de anistia dos autocratas que deixavam o poder em troca de eleições livres, como tinha ocorrido na Espanha e na América Latina. Muitos membros das elites autoritárias não tardaram a converter-se, tanto no setor público da economia, que foi entretanto privatizado, como nos partidos sucessores, que, em muitos casos, obtiveram sucesso nas eleições. A Lei da Lustração afetou não só políticos individualmente, mas também os seus partidos, e abundam exemplos disso na Europa Central. Como demonstrou a investigação sobre o processo de enfrentar o passado nas democracias que emergiram

---

[27] Morlino, 1998, p. 249.
[28] Grzymala-Busse, 2002, p. 12.

das ditaduras comunistas, a oposição "dissidente" concordou em respeitar esse pacto informal, não só por causa do poder da elite autoritária, mas também por receio dos seus próprios segredos embaraçosos — colaboração com a polícia política dentro dos seus partidos.[29] Por que estão eles, então, reabrindo os processos tantos anos após a transição — em alguns casos, duas décadas mais tarde? Como mostra Monika Nalepa, na Polônia, por exemplo, é porque "tinham a certeza de que se beneficiariam com a lustração". Mais do que a eventual exigência do eleitorado, os proveitos a obter através da eliminação política dos adversários tornaram-se seguros. Até os próprios pós-comunistas propuseram leis de lustração moderadas, numa tentativa de evitar legislação mais severa. Por outro lado, algumas leis pró-lustração foram "aplicadas, não para satisfazer o eleitorado, mas antes para eliminar a competição eleitoral".[30]

Ainda que a dimensão tempo tenda a atenuar pressões retributivas e que o assunto já não esteja na agenda política,[31] a lustração pode continuar a ser uma questão política importante para a elite política, "mesmo quando os eleitores já não têm nenhuma preocupação particular com o passado autoritário" e não têm as típicas motivações da justiça de transição.[32] A reabertura do legado do passado autoritário na Espanha, em 2007, com a chamada "Lei da Memória Histórica", e a instauração de processos contra antigos membros das instituições repressivas na Argentina e no Chile são variações de processos promovidos pela elite ou pela sociedade muitos anos depois da transição democrática. Como afirma Nancy Bermeo, a democracia é "recriada peça a peça, instituição a instituição, e os seus criadores são em geral antigos inimigos".[33] Com

---

[29] NALEPA, 2010.
[30] Ibidem, p. 29.
[31] ELSTER, 2004.
[32] NALEPA, 2010, p. 21.
[33] BERMEO, 1992, p. 276.

a consolidação democrática, as velhas clivagens da transição não desaparecem como por milagre: podem reemergir em conjunturas específicas, ainda que enquadradas pela "rotinização" das instituições democráticas.

Democratização e justiça de transição nas democracias da Europa do Sul

As democracias da Europa do Sul enfrentaram o legado de ditaduras de direita que tinham sido influenciadas pelo fascismo e pelas suas instituições. Independentemente das diferenças, Itália (1922-1943), Portugal (1933-1974) e Espanha (1939-1975) conheceram ditaduras duradouras, com lideranças personalizadas e um elevado grau de inovação institucional. Tal não foi o caso da Grécia, onde a ditadura militar implantada em 1967 estava mais próxima de um típico "regime de exceção". Além disso, a ditadura espanhola era também o legado de uma guerra civil.

Na Europa do Sul, a natureza da democratização sobrepôs-se à natureza do legado autoritário e ao tipo de justiça de transição.[34] O Quadro 1.1 apresenta o progresso de seis dimensões principais de processos de justiça de transição na Itália, em Portugal, na Grécia e na Espanha. Não surpreende que os três países que viveram a democratização por ruptura também experimentassem, durante a mudança de regime, formas de criminalizar e de sanear a elite política e administrativa associada ao regime anterior, embora, no caso da Espanha, apenas fossem concretizadas medidas reparadoras. Agora, vamos olhar mais pormenorizadamente para os quatro casos e para os tipos de justiça de transição aplicados, os principais agentes e o papel da consolidação democrática.

---

[34] Pinto e Morlino, 2011.

Quadro 1.1
Justiça de transição na Europa do Sul

Subtipos	Objetivos	Itália	Portugal	Espanha	Grécia
Criminal	Retribuição	x	x		x
Histórica	Verdade	x	x		
Reparadora	Reabilitação das vítimas		x	x	
Administrativa	Marginalização das elites autoritárias e dos colaboradores	x	x		x
Institucional	Democratização	x	x	x	x
Redistributiva	Justiça socioeconômica		x		

Fonte: Adaptado de CESARINI (2009).

Itália

À semelhança de outros casos da segunda vaga de democratizações que se seguiu à Segunda Guerra Mundial, a transição na Itália foi marcada pela dinâmica de ruptura, pela crise de Estado, por uma multiplicidade de agentes (forças militares dos Aliados, milícias antifascistas e partidos políticos), e radicalizada pela quase guerra civil entre os apoiantes da República de Salò e a resistência antifascista no norte do país, o que conduziu ao predomínio de formas criminais e administrativas de justiça de transição. A justiça de transição na Itália foi desenvolvida entre a queda de Mussolini e a formação do Governo de Badoglio em 1943 e as anistias de 1946 — embora alguns julgamentos se prolongassem até o início dos anos 1950.[35]

Com a destituição de Mussolini e a sua prisão em 1943, a dissolução das instituições fascistas foi iniciada pelo governo de Badoglio como meio de se antecipar aos Aliados e à resistência

---

[35] DOMENICO, 1991.

antifascista. O Partido Fascista (PNF — Partito Nazionale Fascista) foi dissolvido, tal como o foram outras instituições políticas e paraestatais fascistas, bem como o tribunal especial para a defesa do Estado, que tinha pronunciado as sentenças contra todos os opositores do regime. As universidades e os compêndios escolares foram desfascistizados, um primeiro sinal de justiça de transição histórica (ver Quadro 1.1). Um segundo fator significativo emergiu com o avanço dos Aliados na Itália — a Administração Militar Aliada.

Uma combinação de saneamentos, tanto legais como "selvagens", caracterizou essa primeira fase. Perante hesitações do governo, em algumas áreas, os partidos antifascistas tomaram a iniciativa de demitir funcionários públicos que acusavam de ter tido mão pesada durante o regime anterior. Como observa Marco Tarchi no seu capítulo, depois de o armistício ter sido assinado, o saneamento do Estado passou a ser da responsabilidade do governo civil, dos partidos políticos e do governo militar. Com os desenvolvimentos da guerra no Norte e a radicalização da violência alemã na República de Salò, o governo endureceu a sua posição e foi reintroduzida a pena de morte e criado um novo Alto Comissariado para a punição de crimes fascistas, ao qual foi confiada a compensação das vítimas do fascismo.

Depois de Roma ter sido libertada, foi formado o primeiro governo civil, em que estavam representados seis partidos da coligação antifascista. Os saneamentos tornaram-se uma prioridade devido às ações dos comunistas e dos socialistas, sendo alargados para abranger os dirigentes econômicos, judiciais e da polícia. Os democratas-cristãos (DC — Democrazia Cristiana) e os liberais apelaram a uma abordagem mais cautelosa. Como noutras democratizações da segunda vaga, "partidos socialistas e comunistas competiam [...] para ser mais retributivos",[36] embora os comunistas italianos fossem mais prudentes quanto

---

[36] ELSTER, 2006, p. 12.

ao dilema de permitir que ex-fascistas participassem na nova democracia.

Os dias que se seguiram à insurreição de 25 de abril de 1945 e à queda da República Social Italiana foram marcados por uma onda de atos de justiça sumária, que resultaram num número de vítimas que ainda não foi possível definir com exatidão. De acordo com o melhor estudo sobre este assunto, entre 1943 e 1946, foram mortas cerca de 12 mil pessoas, para "retribuir aos fascistas em espécies".[37] Os Tribunais Especiais Civis pronunciaram sentenças pesadas, não raras vezes de pena de morte, embora muito poucas execuções tenham sido concretizadas.[38]

Aumentou o dilema entre punição e integração, forçando os comunistas, que não desejavam ter como inimigo a massa de ex-fascistas, a aceitarem uma anistia. A medida, redigida e assinada por Togliatti enquanto ministro da Justiça, autorizava a libertação da prisão de vários milhares de fascistas. Isso obrigou à comutação, redução e anulação de sentenças, dando aos juízes uma maior liberdade de decisão. A proposta era acompanhada por um relatório em que era apresentada a necessidade de pacificação e reconciliação dos italianos.

Em breve, os democratas-cristãos começaram a apelar para que os erros e a violência do passado fossem deixados no passado e para que o país começasse a olhar para o futuro. Confrontos abertos levaram os liberais a deixar o governo, forçando-o a demitir-se e voltando-se ao primeiro executivo chefiado pela DC. Em apenas alguns meses, De Gasperi, líder da DC, suprimiu o Alto Comissariado, e a influência da "resistência antifascista" nos procedimentos de sanção foi virtualmente eliminada. Entre 1946 e 1947, pôs-se fim aos saneamentos.

Das quase 20 mil pessoas que tinham sido saneadas, muitas recorreram da decisão e receberam clemência dos órgãos de re-

---

[37] WOLLER, 1998, p. 541.
[38] DOMENICO, 1991.

curso. Em fevereiro de 1948, os partidos de direita conseguiram reabilitar os saneados. Contudo, os julgamentos, em particular os de personalidades do regime fascista e da República Social Italiana, levaram a que os italianos "examinassem a sua consciência coletiva" e publicamente reafirmassem a sua condenação do regime de Mussolini.[39]

A justiça de transição criminal não terminou com essa anistia, que foi duramente criticada, tanto pelos *partigiani* como pelos socialistas; no entanto, sofreu efetivamente uma mudança decisiva. Ao todo, entre 1943 e dezembro de 1953, foram acusadas de colaboração 43 mil pessoas, das quais 259 receberam pena de morte (sendo 91 executadas), 23 mil foram anistiadas a seguir ao julgamento e a 5.328 foi concedido perdão total ou parcial.[40]

A consolidação da democracia significou o abandono do processo de saneamento, enquanto a herança hegemônica "antifascista" ia sendo institucionalizada como um elemento da legitimação da democracia. Embora, por um lado, uma "cultura antifascista" tentasse moldar a legitimidade da nova democracia e a visão oficial do passado, também ajudou a enraizar, na cultura política da elite e na parte da sociedade próxima da esquerda política, a ideia de que o processo de ajuste de contas com o passado fascista era "inadequado", para citar Judt.[41] Vários historiadores rotularam esse processo de "saneamento falhado"; no entanto, concordando com o estudo mais completo, é tempo de abandonar essa posição, de modo a definir o processo da justiça de transição de Itália numa perspectiva comparada.[42] Tal como na França, a institucionalização da democracia simbolizou o fim das punições e a reintegração dos saneados, sem que nenhum dos partidos políticos — nem mesmo o comunista — trouxesse o assunto de novo para a agenda política.

---

[39] WOLLER, 1998.
[40] MONTERO, 2010, p. 203.
[41] 2000, p. 302.
[42] WOLLER, 1998, p. 545.

Portugal

A queda da ditadura portuguesa em 1974 foi inesperada e o processo de democratização caracterizou-se por uma crise do Estado, interferência militar na política e um súbito rompimento com o autoritarismo. Os fundamentos dos processos de dissolução e punição foram elaborados durante o período de 1974-75, quando o país era governado por executivos de coligação antiautoritários e chefiado por um militar. Formas criminais, administrativas e históricas de justiça de transição dominaram o processo português de justiça de transição, que foi mais semelhante ao das democratizações pós-1945, com uma combinação de saneamentos legais e "selvagens", estigmatização da elite política e policial do regime anterior e uma forte dinâmica política e cultural antifascista. Contudo, rapidamente a combinação da Guerra Fria e a vitória eleitoral dos moderados conduziu a uma alteração de prioridades, ao mesmo tempo que sobressaíam outras divisões. A fratura entre comunistas e militares e civis da esquerda radical, por um lado, e moderados tanto de esquerda como de direita, por outro, tornou-se mais acentuada, trabalhando os últimos rapidamente para eliminar as bases essenciais dos saneamentos durante o processo de consolidação democrática.

O processo de justiça de transição que se desenvolveu durante aproximadamente dois anos a seguir ao golpe de Estado afetou as instituições, a elite, os funcionários públicos e até o setor privado. A democratização portuguesa caracterizou-se por uma forte ruptura com o passado, facilitada pela crise de Estado e pela radicalização política, enquanto a nova elite política e a sociedade civil pressionavam para a punição e a responsabilização. A maior parte das medidas punitivas contra os colaboradores mais visíveis e conhecidos foi tomada antes do estabelecimento das instituições democráticas recém-legitimadas, e o poder judicial teve um papel menor. Isso incluiu a criminalização do aparelho repressivo — sobretudo a polícia política —, uma forte denúncia pública da ditadura, saneamentos legais, a dissolução de instituições, saneamentos "selvagens" e a demissão de administradores de empresas privadas, uma ação simbólica de uma forte onda anticapitalista.

Os funcionários públicos e os do setor privado foram provavelmente muito afetados pela radicalização da ação popular. Uma comissão ligada diretamente ao Conselho de Ministros foi encarregada da coordenação das comissões de saneamento existentes nos ministérios. Em fevereiro de 1975, relatórios oficiais sobre o processo de saneamento afirmavam que cerca de 12 mil pessoas tinham sido ou demitidas ou suspensas dos seus lugares.[43] Entre março e novembro de 1975, o número de demissões e suspensões aumentou significativamente: até 25 de novembro de 1975, quando pararam os saneamentos, se tomarmos em consideração todas as instituições e todos os tipos de sanção, o número tinha ascendido provavelmente a 20 mil.[44]

A elite econômica foi também duramente atingida pelo processo de nacionalização e intervenção estatal, assim como pela fuga do país de industriais e empresários. O saneamento de administrações de empresas, tanto públicas como privadas, foi rapidamente transformado numa componente da ação coletiva, que assumia cada vez mais características anticapitalistas, tornando Portugal o único exemplo de justiça de transição "redistributiva" na Europa do Sul (ver Quadro 1.1).

Com a retirada do poder de militares simpatizantes do Partido Comunista e com a derrota da esquerda radical em 25 de novembro de 1975, os saneamentos pararam quase imediatamente. Em poucos meses, os partidos moderados tinham total controle da institucionalização da democracia. Com a vitória do Partido Socialista nas eleições legislativas de 1976, o discurso oficial dos dois primeiros governos constitucionais, liderados

---
[43] Pinto, 2008.
[44] Ibidem.

por Mário Soares, e do primeiro presidente eleito democraticamente, Ramalho Eanes, favoreceu a "reconciliação" e a "pacificação", moldando a forma como o governo lidou com o legado da ditadura.

Sob a pressão dos partidos de direita e de centro-direita, os saneamentos em breve terminaram e o seu papel foi reavaliado à luz da reclamação de que eram um excesso do princípio do período de transição. Ao mesmo tempo, uns quantos comunistas e civis e militares da esquerda radical foram destituídos das suas posições dentro da função pública e das empresas detidas pelo Estado, numa espécie de contrassaneamento, que foi particularmente visível nas Forças Armadas. As comissões de saneamento nos ministérios deixaram de funcionar em 1976 e foram reforçados mecanismos legais para garantir um processo de reabilitação. Muitos daqueles que tinham sido demitidos durante os saneamentos viram a sua punição alterada para reforma compulsiva.[45]

Com a consolidação democrática, a reconciliação passou a dominar a visão oficial e o discurso oficial dos socialistas e dos partidos democráticos de centro-direita. Segundo esses partidos, a democracia portuguesa ficou assim modelada por uma "dupla herança": o autoritarismo da direita sob o Estado Novo e a ameaça autoritária da extrema-esquerda de 1975, oficialmente considerada uma tentativa de "tomada do poder pelos comunistas". Esse discurso procurou estabelecer a "memória institucional" respeitante às origens da democracia portuguesa contemporânea e sobreviveu, com pequenas alterações, à consolidação da democracia, tanto dentro do Partido Socialista (PS) como do principal partido de centro-direita, o Partido Social Democrata (PSD), mantendo apenas os comunistas uma cultura antifascista.

---
[45] Ibidem, p. 326.

Espanha

A democratização espanhola é "o mais famoso caso na história recente de uma nova democracia enfrentar um passado difícil e doloroso escolhendo não o enfrentar de todo".[46] O aspecto intrigante do caso espanhol foi a persistência, por mais de vinte anos a seguir à transição, de um acordo informal entre os dois partidos mais importantes da Espanha democrática. Esse acordo manteve-se depois de o Partido Socialista Espanhol (PSOE — Partido Socialista Obrero Español) subir ao poder em 1982, quando era mínimo o risco de desestabilizar a jovem democracia espanhola. Contrariamente à maioria dos países da América Latina, onde emergiram (mas foram rapidamente abandonados) idênticos bloqueios associados à natureza pactuada das transições, na Espanha, o pacto informal de ignorar o passado teve uma duração notavelmente prolongada. Paloma Aguilar Fernández chamou a esse comum entendimento entre as elites políticas um acordo tácito de não instrumentalizar politicamente o passado e tentou demonstrar que as memórias da guerra civil explicam a moderação dos recém-legalizados partidos de esquerda.[47]

Não foi aplicada nenhuma medida judicial retroativa contra apoiantes do regime de Franco, nem o Estado foi saneado de forma sistemática, e também não foi constituída uma comissão da verdade, ou algo do gênero, para investigar violações dos direitos humanos. Continuidade foi a regra, e a dissolução pacífica do partido único e de algumas das suas agências teve como resultado a transferência de cerca de 30 mil funcionários franquistas para a função pública pós-autoritária.[48] A mudança de regime tomou a direção de uma transição por reforma que tinha a introdução de uma democracia consensual como último objetivo. Como tal, foi um

---

[46] ENCARNACIÓN, 2008, p. 436.
[47] AGUILAR FERNÁNDEZ, 2006, p. 260-270.
[48] ALBA, 1995.

rompimento com o passado, mas um rompimento em que cada passo tinha de ser uma reforma caracterizada pelo respeito ao sistema autoritário, em termos de estrutura, instituições e moldura jurídica.[49]

A esse acordo informal foi conferida força de lei através da Lei de Anistia de outubro de 1977, aprovada pelo Parlamento eleito democraticamente e apoiada por todos os grandes partidos políticos. A anistia para os seus presos políticos foi uma das reivindicações mais importantes da oposição à ditadura, mas, de modo igualmente importante, também garantiu que os perpetradores da ditadura ficariam protegidos de serem processados judicialmente. Desse ponto de vista, a justiça de transição na Espanha pós-Franco terminou com a Lei de Anistia de 1977. Entre março de 1978 e setembro de 1979, quatro diplomas legais alteraram a lei, determinando a reparação material a certos grupos, tornando a justiça de transição reparadora a única dimensão presente no caso espanhol (ver Quadro 1.1).

A legitimidade foi uma questão delicada durante o período inicial da transição espanhola. O regime democrático em formação sofreu de uma aguda falta de um mito fundador. Não podia basear-se na reabilitação de uma tradição democrática anterior e, através disso, construir uma continuidade com um período ou regime anterior, e as atitudes em relação ao passado autoritário foram sobretudo ditadas pela divisão entre vencedores e vencidos da guerra civil.

O grau em que o PSOE e os outros partidos de esquerda respeitaram o acordo informal passou por diversas fases, mas foi geralmente mantido. O *putsch* de 23 de fevereiro de 1981 congelou essa atitude em relação ao passado autoritário, defendendo, tanto os partidos de esquerda como os de direita, os acordos informais. Em outubro de 1982, o PSOE venceu as eleições gerais e assumiu o governo. Poder-se-ia ter considerado a hipótese de que o seu êxito eleitoral

---
[49] Gunther *et al.*, 2004.

criasse uma nova situação *vis-à-vis* o acordo informal. Agora no poder, e com uma confortável maioria no Parlamento, o PSOE podia ter renunciado ao acordo e exigido investigações aprofundadas dos crimes do passado. Contudo, apoiou em geral os princípios do acordo tácito de não instrumentalizar o passado, e fê-lo em especial nos anos 1980. Como observou Omar Encarnación, o PSOE, sob a liderança de Felipe González, tinha vindo a atravessar um processo de modernização política interna que envolvia tornar-se um partido *catch-all*. Por consequência, o PSOE distanciou-se do seu próprio passado republicano e mostrou-se relutante em exigir uma investigação cabal dos crimes cometidos durante a guerra civil.[50]

Só em 2004 se verificou uma mudança de atitude dos partidos de esquerda em relação ao passado autoritário, quase trinta anos depois da transição, quando o PSOE, chefiado por José Luis Rodríguez Zapatero, voltou ao poder.[51] Toda uma série de leis e medidas de reparação foi promulgada desde então, prestando homenagem explícita às vítimas de represálias e considerando o regime de Franco responsável pela discriminação e violência que sofreram. A mais notável entre essas medidas foi a Lei de Reparação de 2007, popularmente conhecida como "lei sobre a memória histórica". Os principais fatores que conduziram à promulgação dessa lei expressam, mais do que qualquer reivindicação social, a centralidade dos partidos na política do passado das democracias contemporâneas. Apesar da ausência de provisões punitivas, a lei faz uma afirmação clara de que o reexame do passado devia ser a norma de uma democracia consolidada.

O caso espanhol é o mais emblemático de uma nova democracia que, sem confrontar seu passado nem abrir processos de justiça de transição punitiva, consolidou sua democracia enquanto, durante muitos anos, os principais partidos aderiram a um acordo informal de não analisar o passado autoritário.

---

[50] ENCARNACIÓN, 2008, p. 441-442.
[51] AGUILAR FERNANDEZ, 2009.

Grécia

A transição para a democracia na Grécia foi resultado da queda de uma ditadura militar e da transferência incondicional do poder para um antigo primeiro-ministro autoexilado, Konstantinos Karamanlis, que não perdeu tempo a convocar eleições, as quais venceu. Isso abriu caminho para o primeiro regime verdadeiramente democrático da Grécia. O país passou por uma transição por ruptura, mas controlada pelas elites. O caso também foi único no aspecto em que foi um governo de direita que geriu um programa calculado e rápido de justiça de transição, criminal e administrativa.

Como salienta Dimitri Sotiropoulos, os governos de Karamanlis pós-1974 não tinham pressa de prosseguir com a administração da justiça de transição. Não obstante, depois da primeira ação judicial contra os coronéis ter sido avançada por um indivíduo particular em setembro de 1974 e, em especial, a seguir ao abortado *putsch* militar de fevereiro de 1975, o governo seguiu-lhe o exemplo. Essa inflexão política pode ser explicada pelo fato de Karamanlis ter compreendido que, se não saneasse as Forças Armadas, ficaria com as mãos atadas por muito tempo: Karamanlis podia ser um político conservador, mas apercebeu-se de que os ventos sopravam para a esquerda. Em comparação com o seu anterior mandato como primeiro-ministro (1955-1963), tornou-se mais sensível às tendências dominantes na sociedade.

O governo de Karamanlis optou por uma rápida e calculada administração de justiça de transição.[52] Em setembro de 1974, o governo publicou legislação que visava os colaboradores da Junta Militar nas universidades e no sistema judicial. Ao longo dos meses seguintes, foram impostas sanções a professores universitários, ao mesmo tempo que juízes que tinham sido saneados pela Junta, por conta das suas convicções democráticas, foram readmitidos

---

[52] SOTIROPOULOS, 2007.

no sistema judicial, enquanto aqueles que haviam colaborado com a Junta foram punidos, quer sendo despromovidos, quer sendo forçados a reformar-se. Os saneamentos prosseguiram também noutras instituições, incluindo a polícia, os órgãos de informação controlados pelo Estado e o setor público.

Em outubro de 1974, cinco dos oficiais superiores da Junta Militar foram presos e deportados para uma pequena ilha ao largo da costa da Ática. No mesmo mês, foi promulgado um decreto presidencial que determinava que não haveria anistia para ofensas criminais, como a alta traição cometida pelos envolvidos no golpe de Estado de 1967. Na esteira do golpe abortado de fevereiro de 1975, o governo alterou a sua atitude, anteriormente cautelosa, para com as Forças Armadas, ordenando a reforma compulsiva de duzentos oficiais. Em julho de 1975, o supremo tribunal decidiu que, com exceção dos militares, os membros da elite governativa da Junta não seriam julgados por alta traição pela sua participação na derrubada de um governo democraticamente eleito e na manutenção de um regime político repressivo durante sete anos. O tribunal decidiu que apenas os oficiais que tinham participado na tomada do poder em 1967 podiam ser julgados por traição. No julgamento dos protagonistas do golpe de 1967, os três chefes receberam penas de morte, oito dos seus seguidores foram condenados à prisão perpétua, sete, sentenciados a de cinco a vinte anos, e dois, considerados inocentes.

Usando o sistema judicial e concentrando-se no número restrito dos responsáveis pelo golpe militar de 1967, a nova democracia da Grécia deu as mais severas punições de todos os processos de justiça de transição criminal da Europa do Sul (ver Quadro 1.1). Foi também um processo de justiça de transição com recurso ao sistema judicial. Além disso, o processo de consolidação democrática, que terminou com a vitória socialista nas eleições de 1981, foi notável pelo rápido abandono de medidas punitivas.

Para concluir, a justiça de transição nas democratizações da Europa do Sul esteve intimamente ligada ao tipo de transição, e a variável mais importante parece ter sido a força relativa dos atores políticos durante esse período. Contudo, uma das lições que devemos tirar da experiência da Europa do Sul é que a prioridade da liderança política — independentemente do tipo de transição — foi a reforma institucional pró-democrática, e não a punição retroativa. Além disso, grande parte da investigação sobre justiça de transição subestimou o importante papel dos partidos políticos e a sua capacidade de incluir ou retirar esse assunto da agenda política, sem atender à sua importância para a sociedade civil.

Na Europa do Sul, a consolidação democrática representou o fim da justiça de transição e a introdução de políticas de reconciliação na Itália, em Portugal e na Grécia. Na Espanha, porém, a consolidação democrática significou manter-se o "acordo de esquecer" até a chamada "lei da memória histórica" de 2007.

Referências bibliográficas

ALBA, C. "L'administration publique espagnole: réforme ou modernisation?". *Revue Française d'Administration Publique*, 1995, nº 75, p. 387-399.
AGUILAR FERNÁNDEZ, P. "Presencia y ausencia de la guerra civil y del franquismo en la democracia española: reflexiones en torno a la articulación y ruptura del 'pacto de silencio'". In: ARÓSTEGUI, J. e GODICHEAU, F. (eds.). *Guerra civil: mito y memoria*. Madri: Marcial Pons, 2006, p. 245-295.
_____. "Las politicas de la memoria". In BOSCO, A. e SANCHEZ-CUECA, I. (eds.). *La España de Zapatero: Años de cambios, 2004-2008*. Madri: Editorial Pablo Iglesias, 2009, p. 153-178.
BACKER, D. "Cross-National Comparative Analysis". In: MERWE, H. V.; BAXTER, V. e CHAPMAN, H. R. (eds.). *Assessing the Impact of Transitional Justice: Challenges for Empirical Research*. Nova York: United States Institute of Peace Press, 2009, p. 23-72.
BARAHONA DE BRITO, A. "Transitional Justice and Memory: Exploring Perspectives". In: PINTO, A. C. e MORLINO, L. (eds.). *Dealing with the Legacy of Authoritarianism*. Londres: Routledge, 2011, p. 21-54.
BARAHONA DE BRITO, A. *et al. The Politics of Memory: Transitional Justice in Democratizing Societies*. Oxford: Oxford University Press, 2001.

BERMEO, N. "Democracy and the lessons of dictatorship". *Comparative Politics*, 1992, vol. 24, n° 3, p. 273-291.

CESARINI, P. "Transitional Justice". In: LANDMAN, T. e ROBINSON, N. (eds.). *The Sage Handbook of Comparative Politics*. Londres: Sage, 2009, p. 497-521.

CESARINI, P. e HITE, K. "Introducing the Concept of Authoritarian Legacies". In: HITE, K. e CESARINI, P. (eds.). *Authoritarian Legacies and Democracy in Latin America and Southern Europe*. Notre Dame: University of Notre Dame Press, 2004, p. 1-24.

DAHL, R. *Polyarchy: Participation and Opposition*. New Haven: Yale University Press, 1971.

DOMENICO, R. P. *Italian Fascists on Trial, 1943-1948*. Chapel Hill: The University of North Carolina Press, 1991.

ELSTER, J. *Closing the Books: Transitional Justice in Historical Perspectives*. Nova York: Cambridge University Press, 2004.

_____ (ed.). *Retribution and Reparation in the Transition to Democracy*. Nova York: Cambridge University Press, 2006.

EKIERT, G. e HANSON, S. E. (eds.). *Capitalism and Democracy in Central and Eastern Europe: Assessing the Legacy of Communist Rule*. Nova York: Cambridge University Press, 2003.

ENCARNACIÓN, O. G. *Spanish Politics: Democracy after Dictatorship*. Cambridge: Polity Press, 2008.

GRODSKY, B. "Weighing the Costs of Accountability: the Role of Institutional Incentives in Pursuing Transitional Justice". *Journal of Human Rights*, 2008, vol. 7, n° 4, p. 353-375.

GRZYMALA-BUSSE, A. M. *Redeeming the Communist Past: The Regeneration of Communist Parties in East Central Europe*. Nova York: Cambridge University Press, 2002.

GUNTHER, R. et al. *Democracy in Modern Spain*. New Haven: Yale University Press, 2004.

HITE, K. e MORLINO, L. "Problematizing the Links Between Authoritarian Legacies and 'Good' Democracy". In: HITE, K. E MORLINO, L. (eds.). *Authoritarian Legacies and Democracy in Latin America and Southern Europe*. Notre Dame: University of Notre Dame Press, 2004, p. 25-83.

HUNTINGTON, S. *The Third Wave. Democratization in the Late Twentieth Century*. Norman: University of Oklahoma Press, 1990.

JUDT, T. "The Past is Another Country: Myth and Memory in Postwar Europe". In: DÉAK, I.; GROSS, J. T. e JUDT, T. *The Politics of Retribution in Europe. World War II and its Aftermath*. Princeton: Princeton University Press, 2000, p. 293-323.

LAPORTE, J. M. e LUSSIER, D. N. "Revisiting the Leninist Legacy: Conceptualization and Measurement for Meaningful Comparison". Comunicação apresentada na Conferência Anual da APSA. Boston, Massachusetts, 28-31 de agosto de 2008.

LINZ, J. J. *The Breakdown of Democratic Regimes: Crisis, Breakdown and Reequilibration*. Baltimore: Johns Hopkins University Press, 1978.

LUTZ, E. e SIKKINK, K. "The Justice Cascade: the Evolution and Impact of Foreign Human Rights Trials in Latin America". *Chicago Journal of International Law*, 2001, vol. 2, n° 1, p. 1-33.

MONTERO, C. C. *Study on How the Memory of Crimes Committed by Totalitarian Regimes in Europe is Dealt with in the Member States*. Comissão Europeia, Direção-Geral da Justiça e Assuntos Internos, Bruxelas, 2010. Disponível em: http://ec.europa.eu/justice_home/doc_centre/rights/studies/doc_rights_studies_en.htm.pdf.

MORLINO, L. *Democracy between Consolidation and Crisis: Parties, Groups and Citizens in Southern Europe*. Oxford: Oxford University Press, 1998.

NALEPA, M. *Skeletons in the Closet: Transitional Justice in Post-Communist Europe*. Nova York: Cambridge University Press, 2010.

NOBLES, M. *The Politics of Official Apologies*. Nova York: Cambridge University Press, 2008.

O'DONNELL, G. "Transitions, Continuities, and Paradoxes". In: MAINWARING, S.; O'DONNELL, G. e VALENZUELA, J. S. *Issues in Democratic Consolidation: The New South American Democracies in Comparative Perspective*. Notre Dame: University of Notre Dame Press, 1992, p. 17-56.

O'DONNELL, G. e SCHMITTER, P. C. *Transitions from Authoritarian Rule*. Baltimore: Johns Hopkins University Press, 1986.

PINTO, A. C. "Political Purges and State Crisis in Portugal's Transition to Democracy, 1975-76". *Journal of Contemporary History*, 2008, vol. 43, n° 2, p. 305-332.

PINTO, A. C. e MORLINO, L. *Dealing with the Legacy of Authoritarianism*. Londres: Routledge, 2011.

POP-ELECHES, G. "Historical Legacies and Post-Communist Regime Change". *The Journal of Politics*, 2007, vol. 69, n° 4, p. 908-926.

POWER, T. J. *The Political Right in Post-Authoritarian Brazil: Elites, Institutions and Democratization*. University Park: The Pennsylvania State University Press, 2000.

PRIDHAM, G. *The Dynamics of Democratization: a comparative approach*. Londres: Continuum, 2000.

SCHMITTER, P. C. "Twenty-five Years, Fifteen Findings". *Journal of Democracy*, 2010, vol. 21, n° 1, p. 17-28.

SIKKINK, K. *The Justice Cascade. How human rights prosecutions are changing world politics*. Nova York: W. W. Norton, 2011.

STAN, L. (ed.). *Transitional Justice in Eastern Europe and the Former Soviet Union*. Londres: Routledge, 2009.

SOTIROPOULOS, D. A. "Swift Gradualism and Variable Outcomes: Vetting in Post-Authoritarian Greece". In: MAYER-RIECKH, A. e DE GREIFF, P. (eds.). *Justice as Prevention: Vetting Public Employees in Transitional Societies*. Nova York: Social Science Research Council, 2007, p. 121-145.

TEITEL, R. G. *Transitional Justice*. Nova York: Oxford University Press, 2000.

TISMANEANU, V. "Foreword. Truth, Memory, and Reconciliation: Judging the Past in Post-Communist Societies". In: STAN, L. (ed.). *Transitional Justice in Eastern Europe and the Former Soviet Union*. Londres: Routledge, 2009, p. 11-13.

TORPEY, J. (ed.). *Politics of the Past: On Repairing Historical Injustices*. Lanham: Rowman e Littelfield, 2003.

VALENZUELA, J. S. "Democratic Consolidations in Post-Transitional Settings: Notion, Process, and Facilitating Conditions". In: MAINWARING, S.; O'DONNELL, G. e VALENZUELA, J. S. (eds.). *Issues in Democratic Consolidation: The New South American Democracies in Comparative Perspective*. Notre Dame: University of Notre Dame Press, 1992, p. 57-104.

WOLLER, "The Political Purge in Italy". In: LARSEN, S. (ed.). *Modern Europe after Fascism*, vol. 2. Nova York: SSM-Columbia University Press, 1998, p. 526-545.

WÜSTENBERG, J. e ART, D. "Using the Past in the Nazi Successor States from 1945 to the Present". *The Annals of the American Academy of Political and Social Science*, 2008, vol. 617, n° 1, p. 72-87.

2. O passado fascista e a democracia na Itália
Marco Tarchi

O regime fascista italiano teve uma duração muito mais curta e terminou três décadas antes dos dois regimes autoritários existentes no panorama político do século XX na Europa do Sul que mais se lhe comparam: o Portugal de Salazar e a Espanha de Franco. No entanto, a sua contínua reaparição no discurso público italiano permite que a influência que o fascismo exerceu desde o seu fim persista. Assim, mais do que com base na sua duração, o efeito do legado fascista na sociedade e na política italianas deve ser medido na relação com o impacto de outras duas variáveis: a capacidade de inovação institucional demonstrada pelo regime liderado por Mussolini e a forma como esse regime caiu.[1]

Apesar de ser fruto de um compromisso com uma ampla componente da velha classe política liberal, o regime fascista introduziu novidades significativas: desenvolveu a política de massas em áreas do país onde até então não se tinha enraizado, em particular no Sul;[2] modificou radicalmente o sistema de relações laborais, im-

---
[1] Hite e Morlino, 2004.
[2] Morlino, 1998.

pondo primeiro o sindicato único e, em seguida, uma estrutura corporativa; reformou o sistema de educação e o sistema universitário e introduziu um novo código penal; estabeleceu novos órgãos judiciais, tais como os tribunais de trabalho; e retirou do Parlamento muito do seu poder, ao mesmo tempo que reforçava o Executivo. Apesar de deixar à monarquia grande parte das suas prerrogativas, incluindo o controle efetivo das Forças Armadas, e de garantir à Igreja Católica considerável espaço de manobra, o fascismo expressou a sua vocação totalitária infiltrando-se na sociedade civil.[3] Por isso, no momento do colapso do fascismo, o esforço que tinha feito para expandir a sua influência social deixou traços consideráveis na memória coletiva italiana.

O modo como o fascismo foi extinto contribuiu para o prolongamento da sua influência póstuma na sociedade italiana. A sua queda não foi nem a consequência de uma insurreição popular, nem a conclusão de um desinteresse progressivo dos seus princípios por parte das elites, nem o golpe de misericórdia de uma guerra desastrosa. Foi antes o resultado de um emaranhado confuso e complicado de causas, que levaram uma grande parte da opinião pública a ficar tão estupefata como insatisfeita. A demissão de Mussolini pelo rei a 25 de julho de 1943 foi determinada por um golpe interno e se, por um lado, comprovava a frustração do povo italiano com as mortes e os sacrifícios sofridos a combater numa guerra indesejada, por outro, teve apenas um efeito marginal sobre a continuidade institucional do regime.

A mudança nas alianças político-militares produzida pelo armistício de 8 de setembro de 1943 piorou a situação, causando a fuga do rei e do primeiro-ministro, o general Badoglio — ambos comprometidos pela sua anterior associação ao regime autoritário —, resultando num dramático declínio do prestígio da monarquia diante de acusações de covardia. O acordo com os Aliados deu origem a acusações de traição que revitalizaram os fascistas

---

[3] De Grazia, 1981; Gentile, 2009.

que se mantiveram fiéis a Mussolini. Imediatamente a seguir à libertação do seu líder da prisão, reorganizaram-se, refundaram o partido disperso e deram vida à República Social Italiana (RSI — Repubblica Sociale Italiana) na região do Norte e Centro do país. Entre setembro de 1943 e abril de 1945, a Itália ficou, assim, dividida em dois estados, com uma zona norte e centro (gradualmente reduzida às regiões do Norte pelo avanço dos Aliados) devastada por uma guerra civil, e o Sul, controlado pelas forças britânicas e americanas e administrado em conjunto pelo Governo Militar Aliado para os Territórios Ocupados (AMGOT — Allied Military Government for Occupied Territories) e pelo Executivo civil nomeado pelo rei, estando essa área inicialmente confinada a poucas províncias. O restabelecimento da democracia não foi, portanto, nem rápido nem fácil e teve de enfrentar tanto o legado direto do antigo regime como as consequências dos confrontos político-militares entre fascistas e antifascistas que continuaram mesmo até a primavera de 1945.

O objetivo deste capítulo é analisar como a classe política democrática tentou superar esses obstáculos, por um lado, adotando medidas especiais tais como saneamentos e julgamentos para sanear as instituições do Estado e, por outro, criando uma "política do passado" de modo a incutir na opinião pública um repúdio ao fascismo.

Os dois legados do fascismo e o problema dos saneamentos

Com a execução de Mussolini em 28 de abril de 1945, podia considerar-se que a experiência fascista tinha chegado ao fim. A nova classe dirigente viu-se então confrontada com dois legados diferentes do passado fascista; legados associados a dois contextos geográficos distintos. Nas regiões do Norte-Centro, uma sangrenta guerra civil marcou uma rígida divisão que foi agravada pelos massacres de civis durante a retaliação das tropas alemãs e as subsequentes vendetas contra os seguidores derrotados de Mussolini. Nessa parte do país, a Itália dos anos anteriores à guerra parecia pertencer a um passado distante.

Nas regiões do Sul, a queda sem derramamento de sangue do regime autoritário, depois da demissão de Mussolini, permitiu o regresso do que restava da classe dirigente anterior ao fascismo, a qual estava disposta a coabitar com os setores menos comprometidos e menos politizados da administração pública que se tinham alinhado com o regime, em um cenário que se caracterizava pela continuidade das instituições e pela prevalência da lealdade à monarquia.[4] O dilema que os apoiantes da democracia enfrentavam era, portanto, entre recuperar o caráter do antigo regime ou construir um novo. A grande maioria da população no Sul inclinava-se para a primeira opção, rejeitando qualquer hipótese de renovação política e/ou social. Contudo, no Norte, estava consolidado o apoio à mudança revolucionária.[5]

As respostas a esse problema variaram consideravelmente segundo a matriz ideológica de cada um dos partidos antifascistas, que ou se tinham restabelecido ou tinham conseguido legalizar a sua anterior estrutura clandestina, graças à qual tinham mantido uma presença limitada na sociedade italiana durante o fascismo. Durante o primeiro período de transição depois de 25 de julho de 1943, todos esses partidos tinham concordado em coordenar as suas atividades dentro do Comitê de Libertação Nacional (CLN — Comitato di Liberazione Nazionale). Embora a sua colaboração continuasse por algum tempo depois do fim da guerra, desde o princípio notavam-se diferenças consideráveis na cúpula da CLN: diferenças que afetavam tanto as perspectivas de uma Itália democrática unificada como as decisões mais imediatas que haviam de ser tomadas.

---

[4] Catalano, 1972.
[5] Pavone, 1991; De Felice, 1995.

Os partidos antifascistas moderados viam com agrado a ideia de construir um Estado democrático que mantivesse um grande grau de continuidade com as instituições pré-fascistas. Essa sua visão baseava-se no fato de que uma grande parte da legislação, a estrutura fundamental da administração pública e o sistema judicial tinham sobrevivido, mais ou menos incólumes, às duas décadas de fascismo, dado que, com efeito, tinham apenas feito compromissos com as instituições mais importantes — a Igreja e as Forças Armadas —, sem abrir inteiramente mão da sua autonomia. Os partidos antifascistas radicais, que eram de longe os partidos mais fortes entre os grupos armados de voluntários que combateram os alemães e os seus aliados fascistas — os *partigiani* —, tinham opiniões diferentes que, ainda que não coincidissem inteiramente, eram pelo menos convergentes, em particular ao princípio, em relação à necessidade de trabalharem juntos para garantir uma clara descontinuidade entre a situação que tinha precedido (e, na opinião deles, facilitado) a ascensão do fascismo e a Itália progressista e democrática que desejavam ver emergir.

O primeiro terreno de batalha entre essas duas posições prendia-se com suas diferentes visões da justiça de transição ou, melhor dizendo, os métodos pelos quais podiam realizar materialmente o seu objetivo teoricamente comum de desfascistizar o país.[6]

O primeiro fator que complicou as coisas foi o fato de o ajuste de contas com o fascismo ter começado enquanto ainda não se tinham calado as armas da guerra. Depois de 25 de julho de 1943, a hostilidade generalizada para com os responsáveis por arrastar a Itália para a guerra explodiu em manifestações efervescentes. Contudo, depressa se tornou claro que a maioria apenas desejava ver um rápido fim das hostilidades. Houve poucos atos de vingança, e os que de fato se verificaram aconteceram no Norte do país. As multidões limitaram-se a atacar os símbolos do regime: monumentos, retratos de Mussolini, sinalização das estradas e

---

[6] Neppi Modona, 1984.

sedes partidárias. O Governo Badoglio, no qual não havia nenhum antifascista genuíno, agiu com discrição, essencialmente assegurando um consenso no sentido de que a monarquia ficasse garantida. Dissolveu as principais instituições do regime autoritário e obteve a promessa do último secretário do Partido Fascista (PNF — Partito Nazionale Fascista) de que não criaria obstáculos ao novo governo. No entanto, não dissolveu a polícia política, a detestada Organização para a Vigilância e a Repressão do Antifascismo (OVRA — Organizzazione per la Vigilanza e la Repressione dell'Antifascismo). Houve muitas ações através das quais tentou estabelecer a ruptura simbólica com o regime anterior; porém, a censura manteve-se e foi declarado o estado de sítio quando se viu confrontado com as primeiras greves e manifestações de rua.

Os verdadeiros saneamentos tiveram um ímpeto inicial:[7] muitos jornalistas notoriamente fascistas foram despedidos, vinte dos noventa prefeitos e um terço dos presidentes de Câmara foram demitidos e teve-se um cuidado especial com o setor da educação. Todavia, quando se formou uma comissão para supervisionar os saneamentos na administração pública, as preocupações da classe governante aumentaram e o rei, aborrecido com o rumo que as coisas estavam tomando, ameaçou o primeiro-ministro, dizendo-lhe que, se não pusesse fim aos saneamentos, teria de resignar ao cargo.

O cenário complicou-se ainda mais com a presença da AMGOT, que tinha de tratar da descontaminação política das áreas conquistadas pelas tropas britânicas e americanas. Os governos britânico e americano não estavam de acordo quanto à maneira de tratar essa questão: Roosevelt era a favor de um saneamento radical, enquanto Churchill receava que demissões generalizadas de funcionários públicos que tinham estado a serviço do Estado fascista deixassem um vazio que seria preenchido pela esquerda, o único grupo que tinha mantido a organização sob a ditadura. Como

---
[7] WOLLER, 1997; 1998.

resultado, a administração militar limitou-se a tomar medidas para liquidar o fascismo, mas não se aventurou em nenhum programa de democratização ou de reeducação. As administrações locais foram dissolvidas, prefeitos e presidentes de Câmara foram demitidos e os fascistas mais proeminentes foram presos; contudo, levantou-se quase logo o problema de como lidar com os fascistas comuns — muitos dos quais estavam protegidos pelo silêncio conivente da população. A fim de compreender que papéis haviam tido e estabelecer responsabilidades, foram distribuídos questionários ao pessoal administrativo e às chefias; essa medida, porém, revelou-se totalmente inadequada. As forças ocupantes, por consequência, concentraram-se nos estabelecimentos de educação, onde retiraram do cargo presidentes, diretores e supervisores e despediram membros do pessoal docente.

O terceiro ator na primeira fase da justiça de transição teve a ver com os partidos antifascistas. Confrontados com prevaricação do governo, organizaram protestos para forçar a demissão de funcionários públicos que tinham sido acusados de participar de perseguições e de agir com arrogância sob a ditadura fascista. O receio de que esses tumultos pudessem desencadear movimentos revolucionários instigou Badoglio a tomar algumas medidas mais incisivas. Enquanto o funcionamento dos governos locais era retomado sem o envolvimento de fascistas e com a inclusão de jovens quadros dos partidos antifascistas, foram publicados os primeiros decretos — ainda que não sem disputa dentro do governo — determinando medidas a tomar contra funcionários públicos que tinham sido membros do PNF. Foram criadas comissões, que incluíam vítimas das perseguições políticas do fascismo, para analisar a posição de todos os suspeitos. O seu objetivo era identificar aqueles que podiam participar na reconstrução democrática do país e aqueles que deviam ser excluídos.

Justiça de transição e luta política

Depois de assinado o armistício, o saneamento tornou-se o assunto central de uma relação triangular entre o governo civil, os partidos políticos e o governo militar. Os decretos de dezembro de 1943 e abril de 1944 tiveram resultados controversos e, em alguns casos, o Partido Comunista (PCI — Partito Comunista Italiano), em divergência com as comissões nomeadas pelo governo, tomou a iniciativa de despedir os funcionários públicos que ainda mantinham o seu lugar, mas que tinham apoiado o regime anterior. Enquanto a guerra civil se intensificava no Norte e as tropas aliadas tinham começado a avançar de novo, o jogo político tornou-se mais complicado. O governo foi confrontado com o dilema de decidir se violava ou não o princípio legal de não aplicação retroativa das leis e punia atos que anteriormente tinham sido não só legais como obrigatórios e se oferecia compensação àqueles que tinham sido marginalizados ou perseguidos, bem como se impedia explosões descontroladas de vingança por meio de penas exemplares que não prejudicassem o restabelecimento da paz social.[8] O único resultado desses esforços foi a nomeação, em fevereiro de 1944, de um "alto-comissário para o saneamento do fascismo". Quase imediatamente se percebeu que as possibilidades operacionais dessa função estavam limitadas pelas discordâncias entre as duas frentes políticas, constituídas, de um lado, por aqueles que acreditavam que, a fim de promover a pacificação social, era preciso primeiro acelerar e intensificar o saneamento e, do outro, por aqueles que pensavam que, para atingir o mesmo objetivo, era necessário manter os saneamentos no mínimo.

As coisas não melhoraram quando o governo foi remodelado numa base decididamente mais antifascista, em abril de 1944. Continuava a ser difícil identificar as responsabilidades dos quadros intermédios do fascismo. Para o fazer, seria preciso acusar a

---
[8] LEEBAW, 2008.

classe média como um todo, e isso certamente não era a intenção dos partidos moderados. Além disso, quando os britânicos e os americanos viram o crescimento de um movimento de *partigiani* que era dominado pelo PCI nas áreas ainda por libertar, passaram a opor-se a um saneamento excessivamente rígido, crendo que muitos antigos fascistas poderiam dar um apoio útil aos esforços anticomunistas depois de a guerra acabar.

Os liberais eram a favor de uma solução moderada para o problema, defendendo que, apesar de ter cometido atos criminosos, o regime fascista tinha se mantido dentro dos limites legais formais e, por consequência, aqueles que o serviam não podiam ser acusados de um crime, a menos que tivessem cometido ofensas específicas. Não obstante, devido também às notícias que chegavam da RSI, onde as atrocidades iam num crescendo, prevaleceu a linha dura dentro do governo. Foi restabelecida a pena de morte e criado um alto-comissariado para a punição dos crimes e ações ilegais do fascismo, para compensar as suas vítimas — pelo menos em nível psicológico —, revendo punições de natureza política que tinham sido aplicadas a algumas pessoas durante o período fascista. Outra novidade significativa realçou a reviravolta política: as sentenças definitivas nos processos de saneamento foram confiadas a tribunais especiais, constituídos por um juiz ordinário e um júri de sete pessoas "politicamente irrepreensíveis".[9]

Depois de Roma ser libertada, foi formado um governo em que estavam representados os seis partidos do CLN. O saneamento dos fascistas tornou-se uma prioridade e foi alargado à polícia, ao sistema judicial e ao poder econômico. O risco de ver a estrutura do Estado desmoronar-se na sequência do despedimento de tantos funcionários públicos aumentou a cautela dos democratas cristãos (DC — Democrazia Cristiana) e do Partido Liberal (PLI — Partito Liberale Italiano) e levou o governo militar aliado a ficar desconfiado e contra um "saneamento totalitário".

---

[9] WOLLER, 1997.

O verão de 1944 marcou uma nova fase tanto no Centro-Norte como no Sul do país. O governo publicou um decreto estabelecendo sanções contra o fascismo.[10] Membros do governo fascista e responsáveis do partido seriam julgados pelo Supremo Tribunal de Justiça, enquanto os de níveis mais baixos compareceriam diante de tribunais civis ou militares. O saneamento foi transformado numa arma de luta política e os partidos de esquerda, com as classes mais abastadas em vista, pretendiam tirar a máxima vantagem dele. O alto-comissariado foi restaurado e recebeu poderes mais alargados; poderes que alcançavam as Forças Armadas, as grandes empresas e aquelas que detinham concessões para o fornecimento de serviços públicos. Por sua vez, a quem fosse condenado era permitido apelar para uma comissão central nomeada pelo primeiro-ministro, a qual podia rever os julgamentos feitos pelas comissões provinciais. O PCI conseguiu que um dos seus membros mais importantes, Mauro Scoccimarro, fosse nomeado vice-alto-comissário para o saneamento da administração pública, e muitos membros do partido integraram o aparelho de saneamento em nível local, dando origem a acusações da DC de que os comunistas estavam a usar as suas posições para persuadir pessoal administrativo e chefias que antes tinham pertencido ao PNF a juntar-se a eles, de modo a escapar a punições.[11]

Ao mesmo tempo, para norte da linha da frente, intensificaram-se os saneamentos "espontâneos" levados a cabo pela resistência. A dureza dos conflitos originou um rápido aumento do número de atos de vingança e de retaliação contra os suspeitos de simpatia pelo fascismo, no passado ou no presente. A ala mais radical do movimento dos *partigiani* não tinha intenção de esperar pelo fim da guerra para ajustar velhas contas nem paciência para leis e procedimentos. À medida que os fascistas e os alemães recuavam, um saneamento político de fato nos territórios libertados — onde

---

[10] CANOSA, 1978.
[11] SCOPPOLA, 1977, p. 276.

as administrações que tinham sido demitidas ou tinham fugido foram substituídas por novos responsáveis do partido — foi acompanhado por um saneamento sangrento, que foi uma mistura de guerra antifascista e de luta de classes. Ao mesmo tempo, irrompeu em cena a "necessidade de ajustar velhas contas com um fascismo que rejeitava qualquer tipo de considerações morais, jurídicas ou humanas".[12] Embora se alastrassem ações sumárias de vingança sem a mínima pretensão de justiça, foi criado um aparelho extrajudicial de tribunais populares e comissões de justiça *ad hoc* constituídas por membros dos *partigiani*. Dessas sentenças não havia possibilidade de apelo e o aparelho expandiu-se sem resistência nos dias imediatamente a seguir à queda da RSI.

Uma vez quebrada a resistência alemã, em Cassino, os Aliados, vendo-se em áreas que anteriormente tinham sido administradas por fascistas impenitentes que haviam apoiado a RSI, adotaram uma política mais radical de saneamento, com a qual tentaram livrar-se de elementos potencialmente traiçoeiros e prosseguir com demissões em massa e o aprisionamento de muitos funcionários públicos. Contudo, em breve se aperceberam de que isso conduziria a uma paralisia administrativa e acarretaria uma enorme quantidade de trabalho que apenas atrasaria o seu esforço de guerra. Por consequência, viram-se na necessidade de optar por medidas menos drásticas.

Enquanto a guerra civil ainda decorria, a expansão de saneamentos legais e os excessos dos saneamentos "selvagens" instilaram o medo de uma destruição iminente da hierarquia social entre os antifascistas mais conservadores, em particular nas regiões do Sul. O sistema judicial, cujos membros tinham em grande medida continuado a trabalhar e avançado nas suas carreiras durante o período fascista, resistiu com determinação quando confrontado com a aplicação de uma lei que, devido à natureza da emergência, forçava os limites dos princípios naturais dos direitos. A sua

---

[12] WOLLER, 1997.

resistência passiva consistiu em desobediência, atrasos e minúcias processuais. A fim de contrabalançar esta forma de bloqueio, os partidos de esquerda intensificaram medidas punitivas contra a administração: 309 dos 420 senadores foram suspensos dos seus cargos e todos nos níveis mais altos da administração pública foram afastados.[13] O secretário-geral do PCI, Palmiro Togliatti, apoiou essa linha por algum tempo, defendendo a necessidade de o "sagrado ódio do povo" se manifestar contra aqueles que tinham espezinhado a sua liberdade durante vinte anos. Não tardou, porém, a aperceber-se dos sinais de uma crescente intolerância da classe média — em particular no Sul — relativamente a esta forma vingativa de jacobinismo, a mudar de tática. Embora o PSI e o Partido da Ação (PdA — Partito d'Azione) deixassem o governo, o PCI manteve-se e aceitou abrandar os saneamentos.

Perto do fim da guerra, a iniciativa coube de novo aos Aliados, que pressionaram o governo para que introduzisse leis que garantissem o saneamento do setor econômico e criasse tribunais que julgassem os culpados de colaboracionismo com os alemães.[14] Isso, ao mesmo tempo que impediu que os industriais que tinham enriquecido negociando com o inimigo ficassem impunes, também ajudou a evitar que o inevitável ímpeto de vingança crescesse até o caos incontrolável. Poucos dias antes da rendição do inimigo, o governo de Roma decretou a criação de tribunais civis extraordinários para punir crimes de colaboracionismo. O objetivo era contrabalançar as ações dos comitês locais do CLN, sendo os novos tribunais encarregados igualmente de identificar cidadãos dentre os quais podiam ser escolhidos, por votação secreta, quatro membros de júri para se sentarem ao lado de um juiz. O decreto estabelecia que qualquer pessoa que detivesse alguma forma de autoridade dentro da RSI era passível de condenação, que os tribunais aplicariam o código de justiça militar em tempo de guerra,

---

[13] Missori, 1978, p. 152-155.
[14] Harris, 1957.

que a atividade dos tribunais duraria até seis meses e que se podia recorrer ao Supremo Tribunal.

Os saneamentos "selvagens" no Norte e as desavenças na Frente Antifascista

Apesar dessas precauções formais e do fato de que, em dezembro de 1944, o CLN do Norte se comprometeu a obedecer às ordens das autoridades aliadas durante e depois da libertação, os dias a seguir à insurreição de 25 de abril de 1945 e à queda da RSI ficaram marcados por uma sangrenta onda de justiça sumária. As mortes e os internamentos arbitrários em prisões prolongaram-se por semanas sem qualquer intervenção dos Aliados, tendo como resultado um número de mortes estimado algures entre 12 mil e 15 mil.[15] Os comunistas permitiram que a vingança dos *partigiani* seguisse o seu curso e apoiaram uma política de reconhecimento de fato consumado, de modo a "promover o mito de que o país, graças à luta pela liberdade, se tinha libertado por si próprio".[16] Contudo, quando as represálias em algumas áreas se transformaram num instrumento de luta de classes, depararam-se com a resistência dos Aliados, que se ergueram contra aqueles tribunais populares improvisados.

    A reposição da legalidade e os primórdios da justiça de transição sujeita a controles formais não foram fáceis. Durante os primeiros meses após o fim das hostilidades, comitês operários controlados pelo PCI decretaram ilegalmente saneamentos maciços, tanto os tribunais populares como os militares pronunciaram e executaram muitas penas de morte, e alguns atos de vingança contra colaboracionistas de ambos os sexos foram extremamente violentos. Os Aliados atribuíram a si mesmos o papel de supervisionar os saneamentos no setor econômico, mas em muitos casos permitiram que

---
[15] OLIVA, 1999.
[16] WOLLER, 1997, p. 351.

os comitês que se tinham formado para esse propósito específico agissem sem interferência.

Contrariamente ao que afirmam alguns historiadores, não é possível qualificar a experiência italiana como um saneamento fracassado.[17] Como resultado da pressão da opinião pública e muitas vezes limitando dramaticamente os direitos dos acusados, os tribunais civis extraordinários impuseram penas duras — com frequência, a pena de morte. Só gradualmente abrandaram a sua atitude: apenas à medida que aumentou a autoridade de juízes profissionais integrados neles e declinou a ameaça de jurados com intenções políticas. Entre 1945 e 1947, houve quase 30 mil julgamentos por colaboracionismo, dos quais mais de mil resultaram em pena de morte (embora menos de um décimo das sentenças fossem executadas). Os julgamentos não tinham apenas a função de atuar contra indivíduos; também levaram ao tribunal todo um sistema político, procurando condenar uma ideologia que tinha sido a inspiração das ações desse sistema.[18] O seu papel político não se perdeu nem nos partidos de esquerda nem nos de centro e de direita, que, centrados nos saneamentos, se empenharam numa batalha decisiva pela futura direção do país. A DC foi espicaçada pelas palavras do papa Pio XII, que, em outubro de 1945, fez saber que estava preocupado em assegurar que a sociedade italiana recuperasse a paz, depois das feridas que lhe tinham sido infligidas durante a guerra. Os democratas-cristãos começaram a apoiar a ideia de esquecer as ofensas e a violência do passado, preferindo olhar para o futuro. O PLI também sentia que o papel do CLN se tinha esgotado. O conflito com a esquerda ainda se agravou mais quando o Alto-Comissariado para os saneamentos foi confiado, pelo governo dirigido pelo líder *partigiano* Ferruccio Parri, ao líder do PSI Pietro Nenni, que tinha manifestado intenções particularmente intransigentes a respeito desse assunto.

---

[17] MERCURI, 1988.
[18] ALGARDI, 1958; NEPPI MODONA, 1984; DOMENICO, 1991.

Enquanto, no Sul da Itália, continuava a crescer a intolerância dos processos de saneamento que tinham afetado um grande número de funcionários públicos, o alto-comissário pediu uma extensão para os tribunais civis extraordinários e declarou a sua intenção de processar, para além dos níveis superiores da função pública, também quadros de empresas privadas. As desavenças levaram o PLI a abandonar o governo, causando a sua queda.

Em poucos meses, o novo primeiro-ministro — o líder da DC, Alcide de Gasperi — encerrou o Alto-Comissariado, unificou o aparelho de saneamento e transferiu as suas responsabilidades para o gabinete para as sanções contra o fascismo, que respondia diretamente perante o gabinete do primeiro-ministro. As investigações passaram dos funcionários públicos para aqueles que tinham atuado como informantes da polícia política do regime fascista. A influência do CLN nos processos de sanções foi virtualmente eliminada quando, entre 1946 e 1947, o saneamento foi completado. Das quase 20 mil pessoas saneadas, muitas apelaram e foram tratadas com mais indulgência pelos órgãos de recurso. Os partidos de direita, revitalizados pelo sucesso do movimento Uomo Qualunque (Homem Comum) — que tinha feito da luta tanto contra os saneamentos como contra os partidos do CLN a sua bandeira principal — nas eleições para a assembleia constituinte, ficaram insatisfeitos e, em fevereiro de 1948, conseguiram assegurar a reabilitação daqueles que tinham sido saneados.[19]

Apesar de tudo, a justiça de transição alcançou a maior parte dos resultados esperados, pois a imprensa, as universidades e os manuais escolares foram desfascistizados. Os julgamentos contra personalidades bem conhecidas do regime e da RSI levaram os italianos a examinar "a consciência coletiva" e à reiteração da condenação pública do regime de Mussolini.[20] A ala mais radical do fascismo foi destruída em consequência da justiça sumária,

---

[19] SETTA, 1975.
[20] WOLLER, 1997, p. 551.

tendo ficado presos mais de 20 mil dos seus membros. A derrota da monarquia no referendo de 2 de junho de 1946 tornou fútil qualquer esperança ou receio em relação à restauração do *ancien régime* sob qualquer forma. Isso obrigou o PCI, que não queria fazer um inimigo da massa de ex-fascistas, a aceitar a anistia política proposta pelo rei Humberto II, que tinha sucedido a seu pai. A medida, que foi redigida e assinada por Togliatti, na qualidade de ministro da Justiça, permitiu a vários milhares de fascistas e a muitos dos responsáveis pela onda de violência antifascista da primavera de 1945 serem libertados da prisão.[21] Isso requereu a comutação, a redução e o cancelamento de sentenças, permitindo aos juízes uma ponderação mais liberal. A proposta foi acompanhada de um relatório em que era defendida a necessidade de estabelecer um "regime de paz e reconciliação para todos os bons italianos".[22]

Embora a justiça de transição não tenha terminado com a anistia, fez uma inflexão decisiva. O número de presos por crimes políticos passou para a metade e, no espaço de um ano, esse número tinha sido reduzido a 2 mil, apesar de os julgamentos continuarem até 1950. Muitos crimes ficaram sem pena e o Supremo Tribunal foi criticado pela sua tendência para mitigar as sentenças pronunciadas pelos tribunais inferiores. Não obstante, o próprio PCI se apercebeu de que, numa altura em que o antifascismo tinha esgotado o seu impulso inicial e o clima internacional da Guerra Fria estava a despontar, mais intransigência só lhe poderia ser prejudicial.

A legitimação da democracia e a "política do passado"

O colapso do regime em 25 de julho de 1943, os acontecimentos sangrentos da guerra civil, os julgamentos sumários, os procedimentos legais dos tribunais encarregados de julgar as ações crimi-

---

[21] Franzinelli, 2006.
[22] Canosa, 1978, p. 126.

nosas de que eram acusados membros destacados do regime e da RSI e, por último, mas não menos importantes, os saneamentos, tudo isso teve o efeito de desprover a experiência fascista de legitimidade aos olhos de muitos italianos que se tinham sujeitado ao regime autoritário. No entanto, isso não foi suficiente para conferir legitimidade ao regime democrático, pois este carregava o fardo das consequências da derrota numa guerra devastadora, de 18 meses de um conflito fratricida numa parte do país e ocupação militar na outra e das divisões por demais óbvias entre as forças antifascistas, que, apesar de unidas no CLN, tinham multiplicado os desentendimentos. O que era agora necessário era uma política específica do passado, isto é, uma série de medidas com vista a induzir a população e a elite social a reverem o significado do passado fascista em termos daquilo que os partidos democráticos esperavam alcançar no presente.

A legitimação da recém-nascida democracia italiana foi atingida por meio de diversas medidas, algumas das quais tinham a ver com o controle político da dinâmica social e do conflito. Dentro deste contexto, o peso do legado autoritário pode ser medido com base numa multiplicidade de indicadores, que vão da influência persistente de alguns dos atores que tinham feito parte da coligação dominante do regime autoritário até a preservação de algumas das estruturas que o fascismo tinha criado a fim de facilitar a intervenção do Estado nas áreas econômica e social. Aqui, limitamo-nos a destacar alguns dos fatores que tiveram uma relação mais direta com os esforços da nova classe dirigente para tirar lições do passado:

(a) O primeiro e mais importante desses fatores foi o resultado do referendo constitucional que levou ao fim da monarquia e à proclamação da República. Como consequência, a política do passado deu o primeiro passo, condenando aqueles que tinham permitido que o fascismo chegasse ao poder e que o tinham apoiado por mais de vinte anos.

(b) Entretanto, foi feita uma tentativa de tranquilizar os amplos setores da opinião pública que tinham apoiado o fascismo. Nesse sentido, os prefeitos que tinham sido nomeados no Norte da Itália depois do fim da guerra e em resultado do ímpeto da libertação foram quase todos demitidos dos seus cargos entre 1946 e 1947. O fim dos saneamentos permitiu que o pessoal administrativo expressasse o seu apoio ao Estado democrático e renovou a lealdade de muitos funcionários superiores que tinham passado do pré-fascismo para o fascismo sem quaisquer problemas de consciência.

(c) Teve um papel muito importante o acordo constitucional que permitiu aos maiores partidos, apesar das suas inspirações ideológicas contrastantes, redigirem a magna carta de princípios que criaria as fundações para a nova república italiana, superando temporariamente o conflito que tinha sido mais agudo nos anos que precederam o sucesso do fascismo, e que, em breve, voltaria com o início da Guerra Fria.

(d) A "política do passado" também incluiu a tentativa de eliminar os muitos vestígios simbólicos que o regime fascista tinha deixado.[23] A elaboração de uma espécie de religião cívica baseada no paradigma antifascista foi, no entanto, obstruída pela influência preponderante que o PCI exercia dentro do movimento dos *partigiani*. A proposta de considerar a resistência como a continuação e conclusão ideal do Risorgimento não obteve aprovação unânime[24] e, até os anos 1960, apenas administrações locais dominadas pela esquerda construíram monumentos comemorativos das ações dos *partigiani*. A data de 25 de abril, que comemora a insurreição antifascista, adquiriu a solenidade de uma celebração de libertação nacional, mas a interpretação do seu significado dividiu os partidos que tinham partilhado a experiência do CLN.[25]

(e) Dentro desse cenário político, teve um papel significativo a "integração negativa" dos seguidores do fascismo. Apesar da proibição formal decretada pelas normas transitórias da consti-

---
[23] GENTILE, 2007.
[24] PAGGI, 1999.
[25] CENCI, 1999; RIDOLFI, 2003; CHIARINI, 2005.

tuição e confirmada pela Lei Scelba de 1952, foram autorizados a organizar um partido — o Movimento Social Italiano (MSI — Movimento Sociale Italiano) — e a participar em eleições. Essa opção frustrou as tentativas do pequeno grupo neofascista de realizar atividades terroristas e facilitou-lhe a longa marcha através das instituições,[26] que, com o passar do tempo, moderaram a ideologia inicial neofascista.

A legitimação das instituições democráticas também passou, mesmo que não inteiramente, por quatro níveis — instituições, elites, grupos sociais e as massas —, o que permitiu ao novo regime utilizar instrumentos de consenso explorando, embora com um objetivo diferente, os mesmos canais de penetração e mobilização da sociedade civil que o regime fascista tinha construído no intuito de estabelecer as bases dos seus planos totalitários incompletos.[27]

Um papel-chave na transição do fascismo para a democracia, e na aceitação ou rejeição das várias componentes do legado deixado pelo regime fascista, foi desempenhado pelos partidos antifascistas. As suas posições foram influenciadas por dois objetivos, que eram, de certo modo, contrastantes: em primeiro lugar, conseguir o maior consenso possível daqueles — a maioria dos italianos — que tinham apoiado o regime fascista; e, em segundo lugar, ser-lhes permitido participar legitimamente do governo através do reconhecimento da sua contribuição para a queda da ditadura.

A princípio, tanto a DC como o PCI tentaram fazer jogo duplo, apoiando a conveniência da reconciliação nacional ao mesmo tempo que condenavam publicamente o passado fascista e participavam juntos das celebrações oficiais da resistência. Contudo, com a crise do CLN e a exclusão dos partidos de esquerda do governo, as coisas mudaram. A DC empenhou-se na deslegitimação simétrica do fascismo e dos "extremos" comunistas, com o intuito de atrair o consenso dos moderados, ao mesmo tempo que abrandava as suas

---

[26] IGNAZI, 1989; TARCHI, 1995.
[27] MORLINO, 1991.

críticas do passado autoritário. Esperava atrair o apoio dos setores conservadores da opinião pública que, em 1946, tinham votado no Uomo Qualunque (Homem Comum), no PLI ou nos partidos monárquicos[28] e, com esse objetivo, acusou o movimento *partisan* de se envolver num banho de sangue desproporcionado no que tocava aos crimes fascistas e de uma tendência para subverter a ordem social em nome da luta de classes. Além disso, a fim de penetrar a sociedade civil mais efetivamente, na qual já gozava do apoio ativo da Igreja, a DC precisava chegar a um acordo com os grupos que tinham apoiado ativamente o fascismo — em particular, no Sul do país. A rápida obliteração do passado, a par de práticas clientelistas, era o instrumento mais eficaz para alcançar esse resultado.

Em consequência disso, a utilização política das comemorações da resistência passou completamente para a esquerda, que tentou identificar a nação inteira com o antifascismo, dando credibilidade à imagem da resistência à ditadura por parte de toda a população italiana. Porém, essa operação, que procurava ultrapassar a brecha na sua legitimidade causada pelo começo da Guerra Fria, teve a oposição da DC e dos partidos do centro e acabou por abrir espaço para uma memória dos *partigiani* de uma batalha travada apenas por uma minoria heroica.[29] Essa memória não podia ser partilhada pela maioria dos italianos, que tinha mantido uma atitude de esperar para ver, durante o período da guerra civil, e contribuiu para o isolamento político do PCI.

O debate público sobre o passado fascista e os seus legados

O debate público sobre o passado autoritário e os seus legados multiformes caracterizou-se por duas posições contraditórias que foram alimentadas e ressoaram tanto no campo político como

---

[28] IMBRIANI, 1996.
[29] DONDI, 1999; LUZZATTO, 2004.

entre os intelectuais: a tendência para esquecer o passado, por um lado, e a imposição de um paradigma antifascista de legitimação democrática, por outro.[30] Nos primeiros anos do pós-guerra, o conflito entre esses pontos de vista expressou-se em duas frentes principais de discussão, com alguns pontos comuns, mas não se sobrepondo inteiramente: uma dizia respeito à eficácia dos saneamentos, enquanto a outra tinha a ver com o grau de continuidade entre o regime fascista e a democracia que fora criada a seguir à queda daquele.

Depois da vitória da DC nas eleições de 18 de abril de 1948, conseguida como resultado de uma abordagem fortemente anticomunista, a esquerda acusou-a de reabilitar uma grande parte da classe dirigente do regime anterior e, com isso, trair a resistência e frustrar os ideais de uma renovação moral cultivados pelos combatentes antifascistas. Os comunistas e os socialistas acusaram o governo centrista de evitar deliberadamente quaisquer penas exemplares daqueles que tinham obtido os maiores proveitos sob o regime anterior, impedindo que os saneamentos se tornassem uma oportunidade para o país inteiro examinar coletivamente a sua consciência em relação às causas que tinham conduzido ao sucesso o fascismo. Os partidos moderados responderam a isso, declarando que não teria sentido atacar a massa de funcionários públicos e as suas chefias, que se tinham alinhado com o regime simplesmente para manter uma vida tranquila. A sensação geral era de que a dupla queda do fascismo, em 1943 e em 1945, constituía um aviso suficientemente assustador para prevenir que no futuro se cedesse a quaisquer tentações autoritárias.

Ao contrário, os defensores da necessidade de se pôr o fascismo para trás rapidamente declaravam que o regime fascista não tinha conseguido promover uma mentalidade de base ideológica no povo italiano. Como resultado, não havia necessidade de levar a cabo a tarefa traumática de reeducar os apoiantes do velho re-

---
[30] Zunino, 2003; La Rovere, 2008.

gime de uma maneira semelhante à que estava a ser levada a cabo relativamente à desnazificação da Alemanha. A explosão geral de alegria que acompanhou a resignação forçada de Mussolini foi apresentada como uma prova de que o apoio ao regime não era mais do que uma demonstração de oportunismo de massas, ao qual apenas duas minorias com motivações ideológicas eram alheias: os mais fanaticamente leais ao credo fascista e a oposição ligada aos partidos clandestinos. Esta interpretação foi fomentada por uma leitura dicotômica da participação da Itália na Segunda Guerra Mundial, que, entre 1940 e 1943, era considerada uma guerra de toda a nação e que foi transformada, durante os dois anos seguintes, numa guerra ideológica entre duas facções radicais hostis ao desejo de paz que era sentido pela maioria do povo italiano. Esta chamada "zona cinzenta" da sociedade italiana era composta por aqueles que não queriam tomar partido durante a guerra civil.[31]

À esquerda, a essa memória despolitizada do fascismo e da guerra era contraposta uma versão hiperpolitizada, que se centrava numa interpretação que considerava a resistência antifascista — em particular, durante a sua fase armada — uma promessa da redenção do país dos vícios e defeitos que o tinham levado a apoiar o estabelecimento de um regime autoritário.[32] De acordo com essa ideia, e apesar de ser rejeitado pela parte saudável da população, o fascismo havia revelado o gérmen do autoritarismo entre os setores mais reacionários da sociedade italiana, o qual continuaria a representar uma ameaça latente se não fosse erradicado por meio de políticas socialmente progressistas, capazes de estabelecer uma democracia robusta.

A competição em torno da memória, alimentada por esses pontos de vista opostos, subia de tom sempre que se avizinhava alguma alteração decisiva na política italiana do pós-guerra, gerando

---

[31] CHIARINI, 2005.
[32] Ibidem, 2005.

periodicamente alarmes da parte dos comunistas e dos socialistas sobre o risco de um iminente renascimento do fascismo. Os primeiros foram, por sua vez, acusados de agitar esse espectro para induzir na dinâmica do sistema político uma viragem à esquerda. O alarme que era desencadeado pelos partidos de esquerda, e ocasionalmente partilhado pela DC e pelos seus aliados do governo, trazia de novo à ribalta, periodicamente, a ameaça de dissolução do MSI que estava implícita na "Lei Scelba". O espectro do sucesso de um "Regime de Salvação Pública", inspirado em ideias mais ou menos neofascistas, esteve no centro do debate público ao longo dos anos 1960. Isso incluiu a descoberta das conspirações da loja maçônica P-2, que tinha ramificações em alguns setores institucionais. No contexto desse clima ideológico e cultural, todos os outros partidos italianos representados no Parlamento assinaram o "pacto dos partidos constitucionais", por meio do qual se comprometiam a rejeitar qualquer acordo governamental com o MSI, tanto em âmbito nacional como local. Apesar da dissipação gradual das tensões políticas durante os anos 1980, esse pacto sobreviveu até 1993, quando foi varrido de cena, na altura em que uma grande parte da classe política que estivera por trás da sua criação foi apanhada nos escândalos Tangentopoli.

O desaparecimento ou transformação radical dos partidos que tinham dominado a Primeira República e a passagem para um novo sistema eleitoral que favorecia a criação de grandes coligações num contexto bipolar assinalaram a legitimação de fato do MSI, que passou, em apenas alguns meses, de uma posição marginal para participante no governo. Em certa medida, isso foi o resultado de um efeito bumerangue: visto que as acusações de conluio com o fascismo tinham sido utilizadas pelos partidos de esquerda e de centro para desacreditar a direita, a inevitável reabilitação da última, a seguir ao desaparecimento da DC e dos seus aliados, requeria, para os parceiros que constituíam o novo Polo da Liberdade (Polo delle Libertà), de centro-direita, que se lançasse luz sobre as zonas mais sombrias da memória do regime autoritário. O antifascismo foi acusado de ter desempenhado o papel de cavalo de Troia do comunismo.

Essa troca de opiniões abriu caminho ao debate público mais azedo do qual participaram intelectuais, jornalistas, políticos e figuras institucionais, tais como antigos presidentes da República — Francesco Cossiga, Oscar Luigi Scalfaro, Carlo Azeglio Ciampi e Giorgio Napolitano. A esquerda acusou a direita "revisionista" de procurar minimizar os crimes do fascismo; a direita lembrou que a maior contribuição para a luta dos *partigiani* tinha sido dada por pessoas que aspiravam levar para a Itália um regime não menos ferozmente totalitário do que o de Hitler, reavivando desse modo a ideia de equiparar o nazismo ao comunismo.

Um contributo considerável para a disputa entre as várias interpretações do conflito entre antifascismo e fascismo e, em particular, dos acontecimentos associados à guerra civil proveio do enorme sucesso dos livros do famoso jornalista de esquerda Giampaolo Pansa.[33] Nessas obras, ele denunciava os "ajustes de contas" logo a seguir à guerra como parte de um plano comunista para tomar o poder através de meios à margem da lei. Ao mesmo tempo, a esquerda questionava mais vigorosamente do que antes a ideia de retirar ao fascismo a responsabilidade pela perseguição aos judeus: foram recordadas as leis raciais de 1938, negando-se que fossem inspiradas — como frequentemente tinha sido afirmado — por um desejo de satisfazer os aliados alemães.

O passado, cuja memória está sempre destinada a desempenhar o papel da variável independente na política doméstica,[34] regressou assim à sua posição de tema de disputa cultural com insinuações imediatamente políticas, estando a direita a governar numa coligação que inclui membros de um partido cujas origens neofascistas declaradas são questionadas.

---

[33] 2003; 2005; 2006; 2007; 2009.
[34] WÜSTENBERG E ART, 2008.

Conclusões

As contradições e os condicionalismos segundo os interesses dos partidos políticos que marcaram a administração da justiça de transição e, em seguida, a adoção de uma política do passado na Itália pós-fascismo não impediram a consolidação da democracia. Apesar de as discussões em torno do fascismo ainda estarem vivas, o legado do regime de Mussolini foi domesticado e normalizado.

Contudo, as memórias do fascismo cultivadas pelos italianos continuam divididas. Os apelos a uma avaliação partilhada do passado, incessantemente reavivados por representantes de instituições, são aceitos quase unanimemente pelos membros da classe política, mas são ignorados pela maioria dos cidadãos.[35] A esquerda radical insiste em afirmar a atual aplicabilidade do antifascismo e utilizou isso frequentemente contra Berlusconi, que foi acusado de aspirar a ser um novo Mussolini. Muitos eleitores de direita continuaram a sentir-se e a definir-se como fortemente anticomunistas, ao mesmo tempo que são indulgentes em relação ao fascismo.

Não obstante, parece não haver sinais, no seio da sociedade italiana, de uma rejeição da democracia ou de qualquer simpatia por um modelo autoritário de regime. Apesar de a popularidade dos partidos políticos se ter reduzido ao mínimo e de se estar a espalhar cada vez mais uma atitude antipolítica na opinião pública, a se somar à atração considerável que exercem o estilo e as ideias de atores políticos populistas, as sondagens não revelam nenhum aumento de inclinações para apoiar um regime autoritário[36] e os indicadores disponíveis levam-nos a concluir que a situação continua a ser mais ou menos a mesma que foi encontrada em três estudos realizados em décadas sucessivas.[37]

---

[35] Rusconi, 1995.
[36] Morlino e Tarchi, 2006; Tarchi, 2007.
[37] La Palombara e Waters, 1961; Barnes, 1972; *Four Nations Survey*, 1985.

Essas sondagens mostraram como, na Itália, a imagem do passado autoritário entre a geração mais nova, e na sociedade em geral, se manteve positiva, sem, no entanto, se traduzir num estímulo para adotar atitudes e/ou o comportamento daqueles que cultivam esse passado. Uma avaliação positiva do fascismo foi acompanhada em décadas passadas por uma preferência pela democracia, demonstrando a presença disseminada entre a população italiana de neodemocratas, isto é, daqueles "que não negam o passado autoritário [...], [que] aceitaram o governo autoritário no passado e [que] agora aceitam um regime democrático".[38] A presença de fascistas nostálgicos que desconfiam do pluralismo foi sempre muito mais limitada e, até hoje, não parece representar uma ameaça concreta para a democracia italiana.

Referências bibliográficas

ALGARDI, Z. *Processi ai fascisti*. Florença: Parenti, 1958.
BARNES, S. H. "The Legacy of Fascism: Generational Differences in Italian Political Attitudes and Behaviour". *Comparative Political Studies,* 1972, vol. 5, nº 1, p. 41-57.
CANOSA, R. *Le sanzioni contro il fascismo*. Milão: Mazzotta, 1978.
CATALANO, F. *L'Italia dalla dittatura alla democrazia*. Milão: Feltrinelli, 1972.
CENCI, C. "Rituale e memoria: le celebrazioni del 25 aprile". In: PAGGI, L. (ed.). *Le memorie della Repubblica*. Florença: La Nuova Italia, 1999, p. 325-378.
CHIARINI, R. *25 aprile: la competizione politica sulla memoria*. Veneza: Marsilio, 2005.
DE FELICE, R. *Rosso e nero*. Milão: Baldini e Castoldi, 1995.
DE GRAZIA, V. *The Culture of Consent: Mass Organizations in Fascist Italy*. Nova York: Cambridge University Press, 1981.
DOMENICO, R. P. *Italian Fascists on Trial, 1943-1948*. Chapel Hill: University of Indiana Press, 1991.

---

[38] Morlino e Mattei, 1998, p. 1757.

DONDI, M. *La lunga liberazione: giustizia e violenza nel dopoguerra italiano*. Roma: Riuniti, 1999.

Four Nation Survey: Portugal, Spain, Italy and Greece (1985), não publicado.

FRANZINELLI, M. *L'amnistia Togliatti*. Milão: Mondadori, 2006.

GENTILE, E. *Il fascismo di pietra*. Roma-Bari: Laterza, 2007.

_____. *The Italian Road to Totalitarianism*. Londres: Routledge, 2009.

HARRIS, C. R. S. *Allied Military Administration of Italy*. Londres: UK Military Stationery Office, 1957.

HITE, K. e MORLINO, L. "Problematizing the Links Between Authoritarian Legacies and 'Good' Democracy". In: HITE, K. e CESARINI, P. (eds.). *Authoritarian Legacies and Democracy in Latin America and Southern Europe*. Notre Dame: University of Notre Dame Press, 2004, p. 25-83.

IGNAZI, P. *Il polo escluso: profilo del Movimento Sociale Italiano*. Bolonha: Il Mulino, 1989.

IMBRIANI, A. M. *Vento del sud: moderati, qualunquisti, reazionari*. Bolonha: Il Mulino, 1996.

LA PALOMBARA, J. e WATERS, J. B. "Values, Expectations and Political Predispositions of Italian Youth". *Midwest Journal of Political Science*, 1961, vol. 5, n° 1, p. 39-58.

LA ROVERE, L. *L'eredità del fascismo*. Turim: Bollati Boringhieri, 2008.

LEEBAW, B. A. "The Irreconcilable Goals of Transitional Justice". *Human Rights Quarterly*, 2008, vol. 30, n° 1, p. 95-118.

LUZZATTO, S. *La crisi dell'antifascismo*. Turim: Einaudi, 2004.

MERCURI, L. *L'epurazione in Italia 1943-1948*. Cuneo: L'Arciere, 1998.

MISSORI, M. *Governi, alte cariche dello stato e prefetti del Regno d'Italia*. Roma: Ministero per i beni culturali e ambientali, 1978.

MORLINO, L. (ed.). *Costruire la democrazia*. Bolonha: Il Mulino, 1991.

_____. "Is There Another Side to the Fascist Legacy?". In: LARSEN, S. (ed.). *Modern Europe after Fascism 1943-1980*. Boulder-Nova York: Social Science Monographs, 1998, p. 662-696.

MORLINO, L. e MATTEI, F. "Old and New Authoritarianism in Southern Europe". In: LARSEN, S. (ed.). *Modern Europe after Fascism 1943-1980*. Boulder-Nova York: East European Monographs, 1998, p. 1752-1774.

MORLINO, L. e TARCHI, M. "La società insoddisfatta e i suoi nemici: I partiti nella crisi italiana". In: MORLINO, L. e TARCHI, M. (orgs.). *Partiti e caso italiano*. Bolonha: Il Mulino, 2006, p. 207-243.

NEPPI MODONA, G. (ed.). *Giustizia penale e guerra di liberazione*. Milão: Franco Angeli, 1984.

OLIVA, G. *La resa dei conti*. Milão: Mondadori, 1999.

PAGGI, L. "Una repubblica senza pantheon: la politica e la memoria dell'antifascismo (1945-1978)". In: PAGGI, L. (ed.). *La memoria della Repubblica*. Florença: La Nuova Italia, 1999, p. 247-268.

PANSA, G. *Il sangue dei vinti*. Milão: Sperling e Kupfer, 2003.

_____. *Sconosciuto 1945*. Milão: Sperling e Kupfer, 2005.

_____. *La grande bugia*. Milão: Sperling e Kupfer, 2006.

_____. *I gendarmi della memoria*. Milão: Sperling e Kupfer, 2007.

_____. *Il revisionista*. Milão: Mondadori, 2009.

PAVONE, C. *Una guerra civile*. Turim: Bollati Boringhieri, 1991.

RIDOLFI, M. *Le feste nazionali*. Bolonha: Il Mulino, 2003.

RUSCONI, G. E. *Resistenza e postfascismo*. Bolonha: Il Mulino, 1995.

SCOPPOLA, P. *La proposta politica di De Gasperi*. Bolonha: Il Mulino, 1977.

SETTA, S. *L'Uomo Qualunque 1944-1948*. Roma-Bari: Laterza, 1975.

TARCHI, M. *Cinquant'anni di nostalgia: la destra italiana dopo il fascismo*. Milão: Rizzoli, 1995.

TARCHI, M. "Italy: a Country of Many Populisms". In: ALBERTAZZI, D. e McDONNELL, D. (eds.). *Twenty-First Century Populism*. Nova York: Palgrave Macmillan, 2007, p. 84-99.

WOLLER, H. *I conti con il fascismo: l'epurazione in Italia 1943-1948*. Bolonha: Il Mulino, 1997.

WOLLER, H. "The Political Purge in Italy". In: LARSEN, S. (ed.). *Modern Europe after Fascism 1943-1980*. Boulder-Nova York: Social Science Monographs, 1998, p. 526-545.

WÜSTENBERG, J. e ART, D. "Using the Past in the Nazi Successor States from 1945 to the Presente". *The Annals of the American Academy of Political and Social Science*, 2008, vol. 617, n° 1, p. 72-87.

ZUNINO, P. *La Repubblica e il suo passato*. Bolonha: Il Mulino, 2003.

3. Partidos políticos e justiça de transição em Portugal: o caso da polícia política (1974-1976)

Filipa Raimundo[1]

Desde 1976 que a Constituição da República Portuguesa inclui, na seção "Disposições Finais e Transitórias", a marca de uma das dimensões mais visíveis da justiça de transição em Portugal — a criminalização dos ex-membros da polícia política do Estado Novo, a PIDE/DGS. Sob a epígrafe "Incriminação e julgamento dos agentes e responsáveis da PIDE/DGS", foi incluída na Constituição portuguesa uma disposição assente na "legitimidade revolucionária do poder democrático instituído pelo Movimento das Forças Armadas", que define a responsabilidade penal daqueles indivíduos pela sua pertença a uma "organização de terrorismo político e social". Ainda que a elaboração e aprovação da referi-

---

[1] A autora gostaria de agradecer os comentários e sugestões a versões anteriores deste capítulo a: Alexandra Barahona de Brito, António Araújo, António Costa Pinto, Kathryn Sikkink e os membros do Grupo de Trabalho do ICS "Autoritarismo e Democracia", edição 2011/2012. Igual agradecimento é devido a todos os militares de abril que em 2007 colaboraram com essa investigação, quer através de entrevistas pessoais quer através da cedência de documentação e abertura de arquivos. Um agradecimento especial é devido ao coronel Rodrigo Sousa e Castro, pela sua generosidade e amizade. Qualquer erro fatual ou de interpretação é da exclusiva responsabilidade da autora.

da disposição não tenham sido da responsabilidade dos partidos políticos, a sua incorporação na Constituição foi um produto do equilíbrio de poderes existente à data, assim como da vontade política e da decisão estratégica dos partidos com assento na Assembleia Constituinte (1975-76).[2]

O presente capítulo analisa o papel dos partidos políticos no processo de criminalização e julgamento da PIDE/DGS durante os dois primeiros anos da transição para a democracia em Portugal (1974-76). A análise do caso português revela que, ao passo que os partidos de esquerda se manifestaram a favor da criminalização e do julgamento dos ex-membros da PIDE/DGS, os partidos de direita optaram por se posicionar fora do debate, não se manifestando a favor ou contra. Nesse sentido, o caso português é um caso de ausência de oposição aberta ao ajuste de contas com o passado por parte das principais forças políticas da época, diferentemente do que é hábito suceder em transições do autoritarismo à democracia. Tendo por base essa observação inicial, o presente capítulo pretende mapear o posicionamento dos principais partidos políticos portugueses ao longo daquele processo, com o intuito de perceber os fatores que levaram ao seu comportamento à esquerda e à direita do espectro político, fazendo uso da literatura existente sobre a democratização portuguesa e sobre o fenômeno habitualmente apelidado de "justiça de transição".

O capítulo está estruturado da seguinte forma. A primeira parte apresenta a definição de justiça de transição que está na base do capítulo, bem como as principais linhas teóricas que a enquadram. A segunda parte analisa a natureza dos agentes de decisão — o fato de o processo ter sido conduzido pelos militares e não pela elite política civil é relevante para compreender as estratégias dos

---

[2] Não nos alongaremos aqui sobre a questão da retroatividade da norma constitucional. Cumpre apenas referir que alguns constitucionalistas portugueses consideram se tratar de uma norma constitucional inconstitucional (como é o caso de Paulo Otero), enquanto outros consideram o artigo excepcional por razões histórico-revolucionárias muito compreensíveis e atendíveis (ver GOUVEIA, 1998).

partidos. A terceira parte examina a principal legislação publicada no âmbito da justiça de transição em Portugal, enfatizando a sua origem e o período histórico em que foi aprovada. A quarta parte analisa os programas eleitorais para as eleições de 1975 e 1976, assim como a imprensa partidária da época. Esses dados revelam o tipo de promessas apresentadas pelos partidos bem como a saliência do tema. A quinta parte analisa os debates da Assembleia Constituinte, em particular o debate quando da aprovação do artigo 309 da Constituição: "Incriminação e julgamentos dos agentes e responsáveis da PIDE/DGS". Na última parte são apresentados os dados globais disponíveis sobre os julgamentos dos ex-elementos da PIDE/DGS, analisados à luz das conclusões sobre a vontade política e a estratégia dos partidos.

Justiça de transição e partidos políticos

Por justiça de transição se entende o ajuste de contas com o passado autoritário por meio de instrumentos legais ou extralegais, por iniciativa quer da elite política, quer de organizações da sociedade civil, durante o período de mudança de regime. Os estudos sobre a justiça de transição publicados nos últimos 20 anos têm incidido essencialmente sobre uma de três dimensões. Em primeiro lugar, existe uma predominância dos estudos que incidem sobre a dimensão legal da justiça de transição, nomeadamente através do estudo do papel do sistema judicial, dos instrumentos legais usados para punir ou perdoar a elite e os colaboradores da ditadura, assim como do papel do direito internacional na criação das estruturas necessárias à punição, à reconciliação ou mesmo ao perdão.[3] Em segundo lugar, existe um interesse crescente sobre a dimensão social da justiça de transição, em especial sobre os meios extralegais mobilizados pelas organizações da sociedade

---
[3] TEITEL, 2000.

civil, assim como o impacto dos legados de repressão sobre a memória coletiva.[4] Por fim, a dimensão político-institucional da justiça de transição só recentemente começou a ser objeto de análise sistemática, na qual se incluem os estudos sobre a influência do equilíbrio de poderes e das estratégias partidárias, sobre o impacto dessas medidas na confiança nas instituições, ou sobre as oportunidades ou constrangimentos político-institucionais que influenciam o processo decisório.[5] É sobre essa dimensão que este capítulo se centra.

O interesse das ciências sociais pela dimensão política da "justiça de transição" remonta à teoria de Samuel Huntington. Em 1991, antes mesmo de ter sido cunhada a expressão "justiça de transição", Huntington concluiu que o caráter mais ou menos punitivo do ajuste de contas com o passado era amplamente determinado pelo equilíbrio de poderes, que, por sua vez, resultava do modo como o regime autoritário dava lugar à democracia.[6] Segundo o autor, é de se esperar que transições por ruptura criem uma janela de oportunidades para o ajuste de contas com o passado; ao passo que transições negociadas deverão condicionar a ação dos agentes potencialmente interessados em ajustar contas com o passado.

Ao longo das duas últimas décadas, a literatura sobre justiça de transição tem reconhecido a relevância da dimensão política *lato sensu*, mas tem dedicado relativamente pouca atenção à questão das dinâmicas político-partidárias. Que partidos formam o sistema partidário quando a questão da justiça de transição entra na agenda e como se distribuem ao longo do eixo esquerda-direita? Que estratégias adotam? Que uso fazem dessas questões durante as primeiras campanhas eleitorais? Como calculam os custos e os benefícios associados ao seu envolvimento no debate? Para

---

[4] OLSEN *et al.*, 2012.
[5] WILLIAMS *et al.*, 2005; GRODSKY, 2011; HORNE, 2012; RAIMUNDO, 2013.
[6] HUNTINGTON, 1991.

compreender a existência ou a ausência de vontade política de ajustar contas com o passado, é fundamental analisar as dinâmicas político-partidárias no período em questão.

Na Espanha, o tema da justiça de transição foi afastado da agenda política pela maioria dos partidos e mantido fora dela pelo PSOE ao longo dos governos de maioria absoluta até sua derrota eleitoral em 1996.[7] Nas transições que marcaram a década de 1990 na Europa, vários partidos manifestaram a sua oposição à adoção de medidas de justiça de transição, em especial os chamados partidos pós-comunistas, mas não só, fundamentalmente nos países em que a transição para a democracia se fez por via da negociação.[8] No caso português, os partidos de direita — que não são uma reorganização da elite anterior, ao contrário da Aliança Popular (AP) na Espanha ou dos partidos "pós-comunistas" da Europa do Leste — não se posicionaram abertamente contra o ajuste de contas com o passado, apesar da pressão exercida pela extrema-esquerda, optando por se manter fora do debate e da decisão. Essa diferença em relação a outros casos já estudados precisa ser analisada e explicada.

Considerando que não existem até a data grandes linhas teóricas ou hipóteses de investigação que possam constituir um ponto de partida para a análise das dinâmicas político-partidárias na justiça de transição, este estudo procura dar resposta às seguintes questões: Quais as estratégias adotadas pelos partidos políticos portugueses para dar resposta ao apelo à punição dos ex-membros da PIDE/DGS? Que tipo de alianças políticas se formaram quer na busca de medidas punitivas quer na sua rejeição? Que tipo de obstáculos institucionais se colocaram aos apoiantes de uma justiça de transição punitiva?

Com o objetivo de mapear a posição dos partidos políticos portugueses no ajuste de contas com a PIDE/DGS e de responder

---

[7] Aguilar Fernández, 2002.
[8] David, 2003; Calhoun, 2004; Zolkos, 2006.

a essas questões, foram tidos em conta os seguintes aspectos: em primeiro lugar, a natureza dos atores que dominaram a transição para a democracia em Portugal, o papel peculiar das Forças Armadas e as alterações no equilíbrio de poderes ao longo dos primeiros dois anos; em segundo lugar, a origem e o nível de fragmentação inicial do sistema partidário português e o posicionamento dos partidos no *continuum* esquerda-direita; em terceiro lugar, as estratégias dos partidos antes e depois das primeiras eleições livres e justas. Ao longo da análise, foram tidos em conta três outros aspetos salientados pela literatura: o desvio do espectro político para a esquerda; o impacto dos chamados "Pactos MFA/Partidos" na relação entre civis e militares, assim como na institucionalização do poder político militar; e o recurso a uma legalidade revolucionária quer por parte da ala mais radical do setor militar quer do Partido Comunista Português.[9] Esses aspectos foram tidos em conta ao longo da análise, ainda que por razões de espaço não tenha sido possível explorar ou mencionar cada um deles ao longo do capítulo.

Neste estudo sobre o posicionamento dos partidos políticos portugueses no debate e na decisão sobre um dos aspectos da justiça de transição nos primeiros anos de transição à democracia, se procedeu à análise qualitativa das seguintes fontes: legislação publicada no âmbito da justiça de transição; imprensa diária e semanal; imprensa partidária; programas eleitorais; debates da Assembleia Constituinte, e arquivos militares. Todos os dados analisados dizem respeito ao período entre 1974 e 1976. Se procedeu ainda à triangulação dos dados recolhidos através de entrevistas semiestruturadas com atores militares direta ou indiretamente envolvidos no processo.

---

[9] Pinto, 1989; Ferreira, 1993; Bacalhau, 1994; Stock 1985; Lobo, 1996; Robinson, 1996.

A transição por ruptura, a origem do sistema partidário e o poder militar

O Estado Novo português foi derrubado no dia 25 de abril de 1974 na sequência de um golpe de Estado liderado por capitães dos três ramos das Forças Armadas que formavam o Movimento das Forças Armadas (MFA). Na literatura sobre democratizações, o caso português é classificado como uma transição por ruptura. Este tipo de transição se define pelo afastamento forçado da elite anterior, com ou sem recurso à violência, e sem a existência de negociações entre o regime deposto e a elite democrática emergente.[10] O regime de António de Oliveira Salazar (1932-1968) e Marcello Caetano (1968-1974) foi derrubado sem recurso à violência e perante a surpresa das várias forças políticas de oposição, incluindo o maior partido político, que operava clandestinamente no país — o Partido Comunista Português (PCP). No dia da "Revolução dos Cravos", uma parte dos fundadores do Partido Socialista (PS), constituído apenas em 1973, ainda se encontrava no exílio, e os dois partidos mais à direita do espectro político — o Partido Social-Democrata (PPD/PSD)[11] e o Centro Democrático Social (CDS/PP) — ainda não existiam, tendo sido constituídos apenas em maio e julho de 1974, respectivamente. Estes últimos não só não participaram no despoletar da democratização em Portugal, como não nasceram de clivagens da sociedade civil, tendo sido forçados a procurar as suas bases de apoio no momento da sua constituição.[12] Esse aspecto da formação do sistema partidário português teve implicações sobre a posição assumida pelos partidos durante os dois primeiros anos da transição, como veremos adiante.

---

[10] Linz e Stepan, 1996.
[11] Esse partido foi criado em maio de 1974 com o nome Partido Popular Democrático (PPD). Dois anos e meio mais tarde, em outubro de 1976, na sequência de uma fação que constituiu o Movimento Social-Democrático, o PPD passou a chamar-se PSD, Partido Social-Democrata. Neste capítulo, utilizaremos sempre a sigla PPD/PSD por uma questão de coerência.
[12] Bruneau, 1997.

Até as eleições de 1975, as primeiras desde a queda do regime, a luta político-partidária ficou fortemente marcada pela incerteza quanto ao peso relativo das várias forças políticas, assim como pelas sucessivas tentativas da extrema-direita de controlar o poder. As eleições fundadoras da democracia tiveram lugar a 25 de abril de 1975 para a Assembleia Constituinte e a 25 de abril de 1976 para a eleição do primeiro governo constitucional. Os quatro principais partidos que elegeram deputados à Assembleia Constituinte foram: o Partido Socialista (PS), que conquistou 116 lugares; o Partido Social Democrata (PPD/PSD), que conquistou 81 lugares; o Partido Comunista Português (PCP), que conquistou 30 lugares — ainda que quando considerado juntamente com o Movimento Democrático Português (MDP/CDE),[13] o total seja de 35 lugares —, e o Centro Democrático e Social (CDS), que conquistou 16 lugares. Com exceção do MDP/CDE, esses continuam a ser os principais partidos políticos na democracia portuguesa contemporânea. O sexto partido a conquistar um lugar na Assembleia Constituinte (ainda que não tenha obtido os votos necessários para o efeito) foi o partido de extrema-esquerda de tendência maoísta designado União Democrática Popular (UDP).

Após a realização das primeiras eleições, a luta político-partidária passou a ser consideravelmente marcada pelo confronto entre o PS — inspirado e apoiado pela social-democracia europeia[14] — e o PCP — de corrente ortodoxa. Estes partidos se apresentaram perante o eleitorado com projetos políticos marcadamente distintos e travaram uma luta acentuada até o final de 1975. Durante esse período, o PS travou também uma batalha com o setor mais radical do MFA — usando a sua recém-adquirida legitimidade política e lutando pela submissão do poder militar

---

[13] O MDP/CDE — Movimento Democrático Português/Comissão Democrática Eleitoral, fundado em novembro de 1974, a partir da CDE, após o abandono por parte do PS, do MES e do PPD, passando assim a ser representado fundamentalmente pelo PCP.
[14] Fonseca, 2011.

ao poder político. A ortodoxia do PCP e as posições que assumiu durante o chamado "Verão Quente" de 1975[15] determinaram a sua exclusão do governo, contribuindo para a consolidação da democracia. A luta entre a via revolucionária e a via democrática só terminou em finais de 1975, um marco importante no processo de transição para a democracia assim como no ajuste de contas com o passado.[16]

O ajuste de contas com o passado dificilmente se faz com recurso a instrumentos puramente legais, e o caso português não é exceção. Mais do que isso, a transição por ruptura criou uma janela de oportunidades para a implementação de medidas de natureza extralegal.[17] Em Portugal, a alegada legalidade revolucionária serviu de plataforma para as duas principais frentes de ação das forças que lutaram por uma via punitiva de ajuste de contas com o passado: o saneamento dos colaboradores do regime e a incriminação dos ex-membros da principal instituição repressiva (a polícia política). O caso dos saneamentos legais e "selvagens", ocorridos quer no setor público quer no privado, foi distinto do processo de incriminação e julgamento da PIDE/DGS aqui analisado.[18] Acima de tudo, é importante notar que a legislação criada para proceder aos saneamentos emanou dos governos provisórios e que as comissões por eles criadas estavam dependentes do Conselho de Ministros. Como nos explica António Costa Pinto, "para além das medidas ado-

---

[15] O Verão Quente de 1975 foi caraterizado por tensões crescentes entre grupos de esquerda e de direita e por uma forte mobilização anticomunista. No norte do país, foram várias as sedes do PCP e de outros partidos revolucionários que foram assaltadas e vandalizadas. Os atos de violência coletiva foram facilitados pela crise de Estado, caraterizada pela falta de reação das forças de ordem pública.
[16] A justiça de transição em Portugal teve outras dimensões de grande relevo, tal como as purgas administrativas e "selvagens", a expropriação de terras e a estigmatização dos apoiantes do anterior regime. Para uma visão mais completa deste processo, ver PALACIOS CEREZALES (2003) e PINTO (2006).
[17] HUNTINGTON, 1991; PALACIOS CEREZALES, 2003; PINTO, 2006.
[18] PINTO, 2006.

tadas pela JSN e pelo MFA imediatamente depois do golpe, o PCP e os pequenos mas influentes partidos de extrema-esquerda foram os principais atores envolvidos. Apesar disso, os saneamentos no setor privado e no aparelho de Estado fugiram com frequência ao controle dos partidos. A criação das Comissões de Saneamento na administração pública foi aprovada pelos primeiros governos provisórios, que incluíam representantes do PCP, PS e PSD".[19]

No caso da incriminação da PIDE/DGS, as decisões relativas à dissolução e responsabilização (*accountability*) da instituição não ficaram a cargo da elite política civil, mas antes dos militares que lideraram o golpe de Estado de 25 de abril de 1974.[20] No próprio dia 25 de abril, a nova Junta de Salvação Nacional (JSN) publicou, entre outros, o Decreto-Lei nº 171/74, que dissolveu a polícia política no território continental e transformou as estruturas existentes em Angola, Guiné-Bissau e Moçambique em Polícia de Informação Militar (a qual devia colaborar com os militares ainda no terreno).[21] Essa decisão evidenciou os laços institucionais existentes entre a polícia política e as Forças Armadas e tornou claro que eles não chegariam facilmente a

---

[19] Pinto, 2006, p. 181. A questão dos saneamentos foi conduzida diretamente pelo governo, através das chamadas Comissões Ministeriais de Saneamento e Reclassificação criadas pelo Decreto-Lei nº 366/74. A partir de fevereiro de 1976, através do Decreto-Lei nº 117-A/76, essas comissões dão lugar à Comissão de Análise de Recursos de Saneamentos e de Reclassificação, que tratará de rever e reintegrar muitos dos indivíduos até então saneados, numa tentativa de corrigir os "excessos" da transição. É importante, contudo, salientar que um dos motivos centrais para os saneamentos era o passado de colaboração com a polícia política. No entanto, esse aspecto não será explorado aqui, se restringindo a análise à forma como se procedeu ao ajuste de contas com os membros da instituição
[20] Raimundo, 2007.
[21] Por motivos de limitação de espaço, este episódio não será aqui descrito em detalhe. Em entrevistas concedidas à autora, em Lisboa, em junho e julho de 2007, alguns militares que estiveram envolvidos no golpe do dia 25 de abril de 1974 explicaram que a polícia política não foi considerada uma prioridade da estratégia militar montada e que a decisão de colocar em prisão preventiva os funcionários da instituição se prendeu mais com uma tentativa de evitar a violência popular que se adivinhava do que com uma intenção premeditada de conduzi-los a julgamento. Para uma descrição detalhada do cerco à sede da DGS em Lisboa, ver Araújo (2005).

um consenso interno sobre a melhor forma de lidar com os "torturadores" do regime.

Durante o golpe de 25 de abril de 1974, o MFA cercou a sede da PIDE/DGS em Lisboa e forçou a rendição do seu diretor e dos restantes funcionários que se encontravam na Rua António Maria Cardoso.[22] Este local se transformou no único foco de resistência de toda a operação de derrube do regime, resultando em quatro mortos e 45 feridos.[23] Na sequência da rendição do diretor da polícia política, a JSN emitiu um comunicado apelando aos agentes da PIDE/DGS para que se entregassem, com o objetivo de evitar as ações de justiça popular que se previa pudessem vir a acontecer. Certamente mais motivados por essa preocupação do que por uma decisão deliberada de proceder à incriminação e ao julgamento dos "pides", o MFA optou por os colocar em prisão preventiva, não só em Lisboa, como também no Porto e em Coimbra.[24]

Ainda que a opção pela prisão preventiva não tivesse sido amplamente debatida ou fosse consensual entre os capitães — em especial entre esses e alguns generais que integravam a JSN —, é inegável que foi a detenção dos funcionários da PIDE/DGS na sequência do derrube do regime que conduziu à sua incriminação e ao apuramento de responsabilidades por crimes cometidos ao longo de quase 40 anos de ditadura, entre 1976 e 1982.

---

[22] Por motivos associados à fidedignidade dos números divulgados pela imprensa da época, não falaremos em números concretos. A imprensa refere cerca de 1.000 detidos, em Portugal continental e nas colônias, em junho de 1974. Tendo em conta que o número total de funcionários em 1972 se aproximava de 3.500, a ser verdade, significaria que em apenas dois meses teriam sido detidos quase um terço dos indivíduos em funções à data do 25 de abril.
[23] Araújo, 2005.
[24] O Programa do MFA, na sua versão de março de 1974, escrita por Melo Antunes, declarava: "A extinção imediata da DGS, Legião Portuguesa e Organizações Políticas de Juventude, sendo detidos para posterior julgamento os elementos da DGS culpados de crimes no exercício das suas funções" (Carvalho, 1977, p. 288). A segunda parte acabaria por desaparecer do texto final, por decisão do general Costa Gomes.

Por iniciativa do setor mais moderado, foi considerado que, antes que os ex-membros da polícia política pudessem ser incriminados, era necessário proceder à dissolução da instituição e ao apuramento de responsabilidades, recorrendo aos arquivos existentes. Com esse intuito, o Chefe do Estado-Maior General das Forças Armadas (CEMGFA) assinou o despacho do dia 7 de junho que criou a Comissão de Extinção da PIDE/DGS — designação habitualmente atribuída ao Serviço de Coordenação e Extinção da PIDE/DGS e LP (Legião Portuguesa). A comissão estava dividida em várias seções: arrolamento de material, administrativa, de investigação, de análise documental e de justiça — esta última responsável por coordenar a ação da Polícia Judiciária Militar, que devia instruir os processos.

A Comissão de Extinção da PIDE/DGS ficou responsável pelos arquivos da polícia política, o que a transformou num objeto de interesse para os partidos políticos de extrema-esquerda. Várias testemunhas relatam o aparecimento de voluntários, notoriamente associados a partidos políticos de extrema-esquerda, com o intuito de auxiliar a Comissão de Extinção da PIDE/DGS na tarefa de identificar os "torturadores" e preparar o material para a instrução dos processos. Foram igualmente frequentes as acusações, muitas vezes divulgadas pelos jornais, de que o Partido Comunista seria um dos partidos mais ativos, com o objetivo essencial de ter na sua posse os dossiês elaborados pela polícia política sobre os seus militantes.

Dado o reduzido grau de importância que os militares atribuíam à questão do desmantelamento da polícia política ou dos seus arquivos, a estrutura de funcionamento da Comissão de Extinção nunca chegou a ser rigorosamente implementada, mas a comissão se manteve em funções ao longo de todo o processo de transição para a democracia e conseguiu levar a tribunal mais de 2 mil casos, entre funcionários e informadores da PIDE/DGS, como veremos adiante.

Durante os dois primeiros anos após a sua criação, a comissão foi presidida e superintendida por militares que representavam as forças políticas dominantes na JSN e no Conselho da Revolução (CR), incluindo Rosa Coutinho, Galvão de Melo ou Rodrigo Sousa e Castro. Este fato é tanto mais importante pois os militares que formaram o MFA, a JSN e o CR se encontravam divididos entre forças radicais de esquerda, moderadas e conservadoras, à semelhança do que sucedia no cenário político-partidário nacional.

Relativamente à decisão inicial de julgar ou não julgar os ex-elementos da PIDE/DGS, o coronel Vítor Alves — um dos elementos centrais do MFA, mais tarde membro e porta-voz do CR e um dos subscritores do "Documento dos 9" — revelou numa entrevista em 2007:

> A partir do momento em que os chefes da PIDE/DGS fugiram, ajudados pelo Spínola, ficando só a arraia-miúda, não havia razão para fazer julgamentos. Isso iria apenas manter o país em ebulição durante muitos anos. Os julgamentos seriam, como foram, um folclore com gente gritando "Morte ao pide!" e politicamente era um erro. O melhor era evitar os julgamentos, dada a precariedade e a morosidade da justiça em Portugal. Julgar pides, ministros, presidente do conselho, podia conduzir a um estado revolucionário com tribunais populares e justiça sumária. Seríamos automaticamente invadidos pela NATO [OTAN] e acabava-se num instante o 25 de abril. Por outro lado, pela via legal ainda hoje estaríamos a julgar pides.[25]

Por seu lado, o general Galvão de Melo, membro da JSN e por alguns meses responsável pela Comissão de Extinção da PIDE/DGS — até ter sido detido no dia 29 de setembro de 1974 por suspeitas de envolvimento na manifestação da "Maioria Silenciosa" prevista para 28 de setembro de 1974 — e mais tarde deputado na

---

[25] ALVES, entrevista com a autora, junho de 2007.

Assembleia Constituinte pelo CDS, declarou num pequeno livro publicado em 1975 que

> Bastaria saber que eles (PIDE/DGS) constituíram pilares do regime ora derrubado para que a sua neutralização fosse automaticamente decidida e executada. [...] Do fato de aprovar sem quaisquer restrições o que fazer da DGS e Legião Portuguesa, não significa que aprove o processo como se fazia [...]. Além de tudo, a Justiça, para ser verdadeiramente justa, tem de ser rápida; tem de aplicar-se apenas consoante a culpa e só o culpado deve ser castigado. Não era o que se passava.[26]

Como ficará claro adiante, a posição dos moderados nessa questão se aproximou frequentemente da direita conservadora do que da esquerda (comunista, maoista ou trotskista).

As divisões ideológicas geraram efetivamente tensões no interior dos órgãos militares e tiveram um forte impacto ao longo dos dois primeiros anos de transição. De fato, essas tensões estiveram na origem de três episódios de conflito latente cujos momentos-chave foram: o 28 de setembro de 1974, o 11 de março de 1975 e o 25 de novembro de 1975.[27] Estes episódios tiveram também o seu reflexo no processo de ajuste de contas com o passado, nomeadamente no processo de punição dos elementos da polícia política.

Na primeira fase, até o 11 de março, a ação de grupos de extrema-direita e da direita conservadora dificultou a tomada de decisões e gerou um clima de incerteza e alguma inércia. Tal fato não impediu, contudo, a criação da comissão de desmantelamento da PIDE/DGS que referimos ou a transferência das suas funções estatais para novos organismos. A segunda fase, que decorreu entre o período entre 11 de março e 25 de novembro de 1975, se traduziu nalguma agilização dos processos-crime

---

[26] MELO, 1975, p. 40.
[27] FERREIRA, 1993.

e em importantes avanços no sentido da criminalização dos ex-elementos da PIDE/DGS, com recurso a uma alegada legalidade revolucionária. Na terceira fase, a vitória das forças moderadas e a progressiva institucionalização do Estado de Direito resultaram no abandono da legalidade revolucionária e na consolidação da legalidade democrática, conduzindo à realização dos julgamentos em tribunal militar, que se prolongaram até a década de 1980.[28]

Nesse sentido, verificamos que, enquanto ao longo de 1975 houve uma intensificação das medidas de punição, ao longo de 1976 se verificou um retrocesso do caráter punitivo e uma prevalência das medidas que poderiam ser designadas como medidas de "reconciliação". Essas duas grandes tendências estiveram em linha com as grandes mudanças do processo político nacional e são visíveis através da legislação que regulou o processo.

A próxima seção apresentará as principais leis que regularam o ajuste de contas com a PIDE/DGS nas suas várias vertentes e que traduzem o que acabou de ser descrito. Esta análise é importante para compreender o equilíbrio entre as forças políticas civis e militares e o contexto em que os partidos políticos delinearam as suas estratégias e a sua posição nessa matéria.

A PIDE/DGS e a justiça de transição: legislação e sua classificação

Com base na proposta de Grodsky,[29] consideraremos nove categorias de medidas: em primeiro lugar, as medidas extralegais de responsabilização que incluem desde tribunais populares até saneamentos e expropriações "selvagens"; em segundo lugar, as medidas de criminalização, quer retroativas quer não; em terceiro lugar,

---

[28] RAIMUNDO, 2007.
[29] 2009.

as medidas de caráter não criminal, que incluem o saneamento regulado, o afastamento de setores da classe política associados ao partido único (que na Europa do Leste se designa habitualmente "descomunização") e a suspensão de direitos políticos; em quarto lugar, a reabilitação de vítimas, que pode se traduzir na compensação financeira, restituição de propriedade ou anulação de sentenças aplicadas pelo regime anterior por motivos políticos; em quinto lugar, as medidas de verdade em que se incluem os processos de investigação e documentação de atos cometidos pelo anterior regime; em sexto lugar, as medidas de condenação do regime e da elite anteriores, que habitualmente assumem a forma de resoluções ou declarações oficiais; em sétimo lugar, as medidas de regulação dos arquivos, que determinam as regras pelas quais se devem reger a investigação científica e o acesso público aos arquivos do regime ditatorial; em oitavo lugar, as medidas de caráter simbólico, como a retirada de símbolos, a construção de museus e os atos ou prêmios de homenagem e reconhecimento; e finalmente, as medidas de perdão, que se materializam em manifestações públicas de perdão pelas perseguições e demais violações de direitos humanos por parte de altos responsáveis ou herdeiros de estruturas associadas ao anterior regime.

Como veremos adiante em detalhe, a extinção da principal instituição repressiva do Estado Novo (a PIDE/DGS) e a justiça de transição que lhe foi aplicada envolveram quatro categorias: criminal, não criminal, de verdade e de regulação de arquivos. O Quadro 4.1 apresenta um resumo da legislação fundamental que emanou das instituições político-militares e civis ao longo dos anos que se seguiram ao golpe dos capitães, até a dissolução da Comissão de Extinção da PIDE/DGS, em 1991.

Está bem documentada na literatura a questão da substituição da autoridade dos tribunais pelo poder militar como consequência da extensão dos poderes dos militares a partir do início de 1975 — algo que ficou materializado na Lei Constitucional

3/75, de 19 de fevereiro.[30] Nesse contexto, a quase totalidade da legislação criada para proceder à dissolução da PIDE/DGS e criminalização dos seus agentes teve origem nas instituições político-militares. Consequentemente, também o julgamento dos membros da PIDE/DGS, que se prolongou até o início dos anos 1980, foi conduzido por tribunais militares e se regeu pelo código de justiça militar.

É necessário ter presente que os militares se encontravam internamente divididos segundo as grandes linhas político-ideológicas da época. Assim, a legislação aprovada resulta de dinâmicas políticas mais amplas. Isso é visível no fato de as leis aprovadas em 1976 constituírem uma clara ruptura diante das medidas aprovadas em 1975, como mostra o Quadro 3.1. Entre as Leis descritas no quadro a seguir, a mais importante e mais amplamente debatida é a Lei 8/75, de 25 de julho de 1975, que entrou em vigor numa das semanas mais conturbadas do "Verão Quente" de 1975. No preâmbulo daquela lei, a polícia política é definida como "organização terrorista" e os atos cometidos pelos seus funcionários e colaboradores são descritos como sendo bem conhecidos da população em geral. Nesse sentido, o preâmbulo pretende justificar o recurso à legalidade revolucionária e consequente retroatividade da lei como legítimo recurso para incriminar e punir os seus responsáveis.

---

[30] MAGALHÃES, 1995. Com efeito, essa lei tinha como artigo 1º, alínea 1ª, "completar o desmantelamento da DGS e organismos que a antecederam, bem como da LP e organizações delas dependentes, e promover, através do foro militar, o apuramento da responsabilidade dos seus dirigentes políticos, membros ou colaboradores". Nas suas memórias políticas, Freitas do Amaral descreve a sua vivência da discussão desse ponto no Conselho de Estado (AMARAL, 1995).

Quadro 3.1
Leis e Decretos-Lei publicados no âmbito da justiça de transição sobre os ex-elementos da PIDE/DGS (1974-82)

Tipo	Leis e Políticas	Medidas
Medidas de criminalização	Lei 8/75, 25 de julho	• Pena de prisão maior de 8 a 12 anos: a) membros do governo (presidente do Conselho de Ministros e ministro do Interior) responsáveis diretos pelas atividades criminosas da DGS e da sua predecessora PIDE; b) todos os funcionários da DGS nas categorias de pessoal dirigente e pessoal técnico de investigação criminal, superior e auxiliar, até chefe de brigada • Pena de prisão maior de 4 a 8 anos para todos os demais indivíduos que pertenceram aos quadros de investigação • Pena única de 12 anos de prisão para quem procurou causar perturbações por meios violentos ao processo revolucionário • Impossibilidade de as penas serem suspensas ou substituídas por multa, mas atenuação extraordinária • Imprescritibilidade do procedimento criminal • A competência para proceder ao julgamento e executar as sentenças é atribuída ao foro militar
	Lei 16/75, 23 de dezembro	Os tribunais territoriais de Lisboa têm a competência e o processo deve ser regulado pelas disposições do Código de Justiça Militar

Lei 18/75, 26 de dezembro	Da sentença final cabe recurso nos termos do Código de Justiça Militar
	Os indivíduos poderão aguardar em regime de liberdade provisória
DL 349/76, 13 de maio	• São atividades repressivas: a) atos descritos na alínea a) do Art. 1º praticados na pessoa de alguém preso e b) prática de quaisquer atos ou omissões de consequências danosas para terceiros perseguidos pela polícia política
	• O crime implica a finalidade de causar prejuízos morais ou materiais a qualquer pessoa física ou jurídica, utilizando por iniciativa própria os serviços da PIDE/DGS
	• São considerados meios violentos os referidos nos art. 168º e 169º do Código Penal
	• Perante atenuações extraordinárias poder-se-á: a) substituir a pena de prisão maior de 8 a 12 anos pela pena de 2 a 8 anos e b) substituir as demais pela prisão ≥ 1 ano ou pena de suspensão temporária de todos os direitos políticos por tempo ≥ 1 ano e ≤ 12
	• Para além das atenuantes fixadas no art. 39º do Código Penal, serão consideradas mais as seguintes:

(cont.)

1ª Não ter havido queixa contra o agente pela prática de ato ou omissão constitutivo de tortura ou de rigor ilegítimo contra presos, ou não ter o agente ordenado ou permitido a prática de tais atos

2ª Ter o agente sido exonerado a seu pedido da PIDE/DGS e se não faça prova plena de ter ordenado, permitido ou usado de tortura ou de rigor ilegítimo contra os presos, praticando atos da natureza dos descritos na alínea a) do art. 1º

3ª Não terem resultado prejuízos materiais ou morais para qualquer pessoa física ou jurídica

4ª À data de 25 de abril de 1974, já ter passado um prazo ≥ 10 anos desde a demissão, exoneração, aposentação ou cessação de atividade como informador ou colaborador

5ª A maioridade de 70 anos à data do julgamento

6ª A prática dos atos de assinalado valor ou serviços relevantes no exercício das suas funções na PIDE/DGS e como tais considerados pelo tribunal militar competente

7ª Ter o agente, no ultramar, após o 25 de abril de 1974, prestado serviço à ordem das Forças Armadas e designadamente à Polícia de Informação Militar (PIM)

Medidas de caráter não criminal	Lei 277/4, 25 de junho, e Lei 123/75, 11 de março	Em 1974, a lei determinou que fossem demitidos da função pública todos os funcionários da DGS ou polícias predecessoras bem como os seus informadores e aqueles que nelas prestaram serviço em comissão. Em 1975, uma lei mais punitiva acrescentou a essa lista os professores das escolas daquelas corporações e aqueles que nelas prestaram serviço não resultante do exercício necessário de outras funções. A lei passou a ser aplicável a todos os que voluntariamente contribuíram para facilitar a ação repressora daquelas organizações, quando tal não seja resultante do exercício necessário de outras funções, assim como a vigilantes das escolas de ensino superior e funcionários, agentes ou responsáveis por quaisquer serviços informativos de índole repressiva.
	DL 398/74, 28 de agosto	A providência extraordinária de *habeas corpus* não tem aplicação para os indivíduos sujeitos ao foro militar.
	DL 621-B/74, 15 de novembro	Não são eleitores da Assembleia Constituinte os que, entre 28 de maio de 1926 e 25 de abril de 1974, tenham sido designados para desempenhar as funções de dirigente ou funcionário do quadro ou prestador de serviços da PIDE/DGS e predecessoras.

(cont.)

Medidas de verdade	DL 110/78, 26 de maio	Cria a Comissão do Livro Negro sobre o Regime Fascista na dependência do primeiro-ministro e funcionando junto da Presidência do Conselho de Ministros. A comissão foi encarregada de proceder a um inquérito ao regime que vigorou em Portugal entre 28 de maio de 1926 e 24 de abril de 1974. Tem como competências a promoção e centralização da investigação, o recolhimento e a análise de documentos pertencentes ao Estado e demais entidades públicas, publicações de imprensa diária e não diária, filmes, registros sonoros e documentos particulares, excluindo as Forças Armadas.
Medidas de regulação de arquivos	Lei Const. 1/82, 30 de setembro	A primeira revisão constitucional extingue o Conselho da Revolução e transfere os arquivos da PIDE/DGS para a Assembleia da República.
	Lei 4/91, 17 de janeiro	Em 1991, é extinta a Comissão da Extinção da PIDE/DGS e LP (Legião Portuguesa) e os arquivos são integrados no Arquivo Nacional da Torre do Tombo, que deve proceder à sua transferência, conservação, ordenação, inventariação e descrição. • A consulta pública dos arquivos só poderá realizar-se a partir de 25 de abril de 1994.

Fonte: Elaboração da autora (diplomas consultados através da plataforma www.dre.pt).

O posicionamento político diante das medidas de justiça de transição

Nos pontos anteriores, foram analisadas as caraterísticas gerais do processo de democratização portuguesa e o tipo de legislação que regulou a justiça de transição em Portugal em relação à PIDE/DGS. Nesse ponto é apresentada uma breve análise da imprensa diária e semanal, dos programas eleitorais e da imprensa partidária com o intuito de avaliar a saliência do tema. Daqui em diante, a análise vai se centrar no papel dos partidos políticos e nas suas estratégias.

A literatura sobre a transição portuguesa demonstra que, apesar da rápida institucionalização dos principais partidos políticos, o seu posicionamento no *continuum* esquerda-direita não deve ser analisado *stricto sensu* no período da transição.[31] Na literatura sobre a democratização portuguesa é consensual considerar-se que, durante os primeiros anos após o derrube da ditadura (1974-76), o espectro político se deslocou para a esquerda.[32] Tal decorreu de vários fatores, sendo os mais determinantes a radicalização da luta política provocada pela forte presença de partidos e grupos de extrema-esquerda e a dinâmica de forte rutura com o passado. Por seu lado, os partidos de direita, fundados num contexto revolucionário, não assumiram explicitamente a ideologia que efetivamente defendiam. Os ex-membros da Ala Liberal, a semioposição ao regime, que integraram as listas do CDS/PP ou do PPD/PSD,[33] foram rapidamente apelidados de "colaboradores fascistas", pelo que tiveram que ser cautelosos na forma como se apresentaram perante o eleitorado, ainda que nunca tivessem abertamente condenado o anterior regime.[34] Esses partidos tiveram de sacrificar "interesses materiais imediatos e ser capazes de ultrapassar desvantagens simbólicas momentâneas

---
[31] Stock, 1985.
[32] Bruneau, 1997; Pinto, 2006; Javali, 2007.
[33] Fernandes, 2007.
[34] Frain, 1997.

para garantir a sua sobrevivência na nova ordem política".[35] Mas será que esse desvio do espectro político os levou a assumir uma posição favorável à punição dos "torturadores" da PIDE/DGS? Veremos o que sugere a análise da imprensa, dos manifestos e da imprensa partidária.

A imprensa da época — consideravelmente politizada — permite fazer uma análise das tendências gerais nos vários quadrantes ideológicos sobre a questão da punição da PIDE/DGS. Por um lado, a análise da imprensa diária de esquerda sugere que a punição dos funcionários da PIDE/DGS foi um dos temas centrais da transição para a democracia em Portugal. Jornais diários como o *Diário Popular*, *O Século* ou o *Diário de Lisboa* publicaram frequentemente notícias, comunicados de imprensa, cartas de leitores, crônicas e editoriais sobre diversos aspectos do processo, enfatizando questões como o atraso no início dos julgamentos, ou a influência das forças conservadoras em fases importantes do processo. Por outro lado, as conclusões são distintas quando analisamos a imprensa de centro-direita. Em jornais como o semanário *Expresso*, a punição dos ex-membros da PIDE/DGS esteve longe de ser um tema central. O período em que aquele jornal atribuiu maior destaque ao tema durou apenas dois meses, entre fevereiro e abril de 1975, o que corresponde à passagem da primeira para a segunda fase da transição. É de salientar o fato de esse período incluir os acontecimentos em torno do 11 de março de 1975, caracterizados por uma tentativa de golpe falhada e pelo crescente domínio das forças comunistas nas instituições de poder, que conduziram ao "Verão Quente" de 1975. Esse pico de cobertura midiática se deve a uma entrevista de Fernando Oneto — responsável pelas investigações do caso do general Humberto Delgado — e de Alfredo Caldeira, ambos despedidos da Comissão de Extinção da PIDE/DGS pelo major Nápoles Guerra, alegadamente próximo do Partido Comunista.

---
[35] Ibidem, p. 77.

Uma possível explicação para o destaque dado pelo jornal *Expresso* a essa notícia se prende não tanto com a questão da punição da PIDE/DGS, mas com o interesse político nas declarações feitas pelos dois indivíduos, que denunciaram a atuação do PCP dentro da Comissão de Extinção.

Depois do 11 de março de 1975, a notícia sobre a criação de um "Tribunal Revolucionário com julgamento público" constituiu uma das poucas manchetes do semanário *Expresso* sobre o tema da extinção da PIDE/DGS — aliás a única no período de dois anos. Esse tribunal serviria simultaneamente para julgar os culpados do 11 de março e os ex-agentes da PIDE/DGS, na sequência da criação de leis especiais com efeitos retroativos. Uma vez mais, o interesse da notícia parece se centrar nas questões relativas ao processo político mais amplo. Ou seja, com exceção da extrema-esquerda, o tema da extinção da PIDE/DGS e da punição dos seus agentes não parece despertar um interesse particular na centro-direita ou mesmo na centro-esquerda.

Para além disso, em sucessivas entrevistas conduzidas pelo *Expresso* em abril de 1975 junto dos líderes dos partidos e outras figuras políticas — numa altura em que se comemorava um ano de transição para a democracia —, o tema do julgamento dos ex-elementos da PIDE/DGS não foi abordado por nenhum dos entrevistados. O mesmo se passou com uma peça publicada no *Expresso* dedicada ao MFA e ao seu Programa. De igual forma, num inquérito realizado pelo mesmo jornal em maio de 1975, imediatamente após as eleições, nenhum partido mencionou a justiça de transição como um dos eixos prioritários da sua atuação.

Alguns meses mais tarde, em outubro de 1975, o *Expresso* fez o balanço de um mês de governo de Pinheiro de Azevedo confrontando as declarações acerca dos temas que o preocupavam dias antes de tomar posse com as declarações que divulgou um mês depois. Sobre a PIDE/DGS, a 13 de setembro Pinheiro de Azevedo escrevia: "Assegurar o julgamento num prazo máximo a estabelecer nos processos de todos os presos políticos, civis e militares. O julgamento dos ex-pides e legionários será feito de acordo com legislação já publicada pelo Conselho da Revolução." No dia 13 de outubro não houve nenhuma referência a esse tema. O mesmo se passou com o tema dos saneamentos. Sendo assim, quem tinha interesse político no tema da extinção e punição da PIDE/DGS?

No Quadro 3.2 são apresentadas as propostas dos partidos, quer nos seus manifestos fundadores de 1974, quer nos programas eleitorais de 1975 e 1976 relativamente ao ajuste de contas com o passado, em que se incluem também referências a uma ruptura geral com o passado e propostas de saneamento nos setores público ou privado. Ao alargar a análise a outras dimensões do processo de ajuste de contas, poderemos testar se os partidos apoiavam alguma das dimensões da justiça de transição para além da incriminação e do julgamento dos funcionários e colaboradores da polícia política, ou se rejeitavam ou omitiam integralmente qualquer referência a um possível ajuste de contas com o passado autoritário.

São três as principais conclusões a extrair da análise do quadro a seguir. Primeiro, CDS e PPD/PSD não fazem nenhuma declaração ou promessa sobre o tema. De notar a decisão do CDS de, em 1976, reforçar a ideia de que o partido não representa um regresso ao passado, mas uma alternativa de futuro, e de que as vítimas do 25 de abril (dos saneamentos) deveriam ser recompensadas. Segundo, o PS começa por se afirmar a favor da exclusão política dos colaboradores do regime, posição essa que abandona a partir de 1975. Por último, a extrema-esquerda se revela favorável à punição. Dissolução e julgamento são as palavras de ordem.

Quadro 3.2
O posicionamento dos partidos políticos portugueses relativamente à ruptura com o passado

Partido/ coligação	Programas dos partidos em 74	Programas eleitorais em 75	Programas eleitorais em 76
CDS (julho de 74)	—	—	"Objetivo: Reconciliação nacional. O CDS propõe como objetivo de governo, entre outros, que seja feita justiça também às vítimas verdadeiramente inocentes do 25 de abril." "O CDS é assim (...). Nem o regresso ao passado nem a continuação do presente, mas a construção dum futuro novo e promissor."
PPD/PSD (maio de 74)	—	—	—

(cont.)

	—
	—
PS (maio de 73)	"Ninguém poderá ser eliminado do recenseamento ou impedido de ser candidato com fundamento nas suas opiniões políticas, sociais, económicas ou na sua origem racial e crenças religiosas, exceto se tiver estado comprometido em qualquer organismo de repressão (Legião Portuguesa, PIDE-DGS, Liga 28 de maio, Frente Anticomunista, Mocidade Portuguesa ou Mocidade Portuguesa Feminina, União Nacional ou Ação Nacional Popular), e não tenha antes do 25 de abril de 1974 tornado pública atitude de repúdio contra o fascismo português, e bem assim os que, desde 28 de maio de 1926 até 25 de abril de 1974, exerceram os cargos de PR, Presidente do Ministério, membros do Governo e Presidentes da AN ou da CC (I Congresso, dezembro de 74)."

| PCP (1921) | "Dissolução de todos os órgãos e instrumentos do poder fascista: Assembleia Nacional, Câmara Corporativa, PIDE, Legião Portuguesa, GNR e demais forças repressivas, tribunais de exceção, organização corporativa, União Nacional, Mocidade Portuguesa etc. Afastamento de todas as funções públicas, incluindo as militares, dos fascistas e outros contrarrevolucionários" (VII Congresso, outubro de 74). | "A luta contra a reação continua na ordem do dia. Continua, por julgar os pides e os responsáveis do regime fascista. Continua a ser indispensável o combate à reação, a constante e infatigável vigilância popular, a detenção e a denúncia das atividades de conspiradores, o seu pronto castigo descobertos. Torna-se indispensável a pronta publicação de uma legislação revolucionária." | — |

(cont.)

MDP/CDE (novembro de 74)	"A Junta de Salvação Nacional, assistida por juristas democratas, deve definir os princípios pelos quais haverão de ser julgados os graves delitos cometidos pelos responsáveis pela situação a que o país chegou. (...) Uma comissão ad-hoc de inquérito, constituída por juristas de reconhecida providade, competência e isenção que instaure processos a todos quantos lesaram o país, desrespeitaram os direitos dos cidadãos e se serviram do poder, autoridade, influência económica ou política em benefício próprio, nomeadamente membros do governo" (Encontro Nacional do MDP/CDE, Memorando dirigido à Junta de Salvação Nacional, assinado pelo MDP/CDE, PS e PCP, abril de 74).	"Desmantelamento completo do Estado fascista: rigoroso saneamento, repressão dos conspiradores, ilegalização das organizações reacionárias, vigilância estatal e popular."

UDP (dezembro de 74)	"Total saneamento do Estado, em pessoas e órgãos, sob o princípio de que um Estado democrático não pode ser um órgão de fascistas. Ação popular no saneamento e reconhecimento estatal da sua importância. Legislação e disposições antifascistas e anticolonialistas que permitam a punição eficaz dos que conspiram e conspiravam tanto no plano político como no plano econômico, contra a ordem democrática e contra o povo." "Ativemos as assembleias de trabalhadores para correr com os fascistas! O saneamento em gabinetes é uma burla! Contra a dança dos saneados a saltar de uma empresa para a outra! Nem mais um fascista para a rua! Julgamento para os pides à vista de todos e já! Controle popular sobre o desmantelamento da PIDE e das organizações fascistas! Os arquivos da PIDE não são propriedade de nenhum partido, devem ser destruídos."	(Repetem-se as linhas dos programa de 1974, acrescentando novos pontos) "Não consentiremos que os fascistas votem nas eleições! Criemos por toda a parte grupos antifascistas UDP para ativar a luta e a vigilância popular!"	"Os partidos que representam os interesses do fascismo, como o CDS e o PPD, pretendem aparecer de cara limpa e mãos lavadas, como se não tivessem estado no Governo durante 48 anos de fascismo. Manobrando ao mesmo tempo os seus bombistas da PIDE do ELP e do MDLP tentam convencer o povo de que a 'alternativa' é abafar a sua luta por uma vida melhor e regressar ao passado. Lutar pela prisão dos pides e fascistas, pela repressão contra as organizações fascistas ou terroristas, pela proibição da propaganda fascista."

Fonte: DIMA 1975; *Expresso,* 28/3/1975; *Vida Mundial,* 3/4/1975; *Diário de Notícias,* 16/4/1976.

No primeiro número publicado após o 25 de abril de 1974, as primeiras páginas do *Avante!*, jornal oficial do PCP, foram preenchidas com um artigo intitulado "Exigimos justiça!". Nele eram lembradas as vítimas do "furor torcionário e assassino" da PIDE/DGS e enaltecidos aqueles que sofreram "espancamentos, ameaças de morte, alucinações derivadas da tortura do sono, os cigarros acesos ou os choques elétricos que queimavam a pele" e que ainda assim resistiram. O tema dos militantes que, sob tortura, denunciaram ou não os seus camaradas, é particularmente sensível para o Partido Comunista, pelo que a presença do tema da PIDE/DGS no órgão do partido deve ser interpretada não só como uma forma de denunciar a repressão exercida pelo regime, mas também como forma de legitimação no novo cenário político, enquanto verdadeiro bastião antifascista de luta e resistência, através das histórias de quem não sucumbiu à violência da polícia política.

Ao longo dos meses, o *Avante!* é veículo de divulgação de diversas histórias de resistência, numa coluna intitulada "Façamos o processo dos criminosos da PIDE/DGS", na qual antigos presos políticos descrevem em pormenor os horrores passados nas mãos daquela polícia política. Durante esse período, o PCP faz um apelo aberto à punição dos elementos da PIDE/DGS, exigindo "que o povo veja os rostos dessa subgente no banco dos réus, que se ouçam as acusações, que a televisão mostre a todo o país o que é um torturador. E que a justiça os condene".[36]

No *Portugal Socialista* — jornal oficial do PS — a posição assumida diante da questão da PIDE/DGS aproxima mais o partido do centro do que das suas origens antifascistas. Perante os seus militantes, e perante o eleitorado que esperava conquistar, o partido se apresentou de tendência moderada, de forma a conquistar o lugar de principal força política nacional. Assim, a única referência, e breve, nas páginas do jornal oficial do PS é à "fuga

---

[36] *Avante!*, 17 de maio de 1975.

de Alcoentre".[37] Os principais destaques do *Portugal Socialista*, entre 1974 e 1975, sugerem que o partido está fundamentalmente centrado na consolidação das suas bases, na legitimação pelo exterior — com a ida a Portugal de figuras como Willy Brandt, Olof Palme e François Mitterand — e na sua afirmação como força política moderada perante os principais temas da agenda política nacional. O PS assume a posição de um partido que está e pretende permanecer no poder, sem contudo se ausentar do debate público, mas atribuindo-lhe uma relevância limitada e defendendo uma solução moderada para a questão dos "pides", se diferenciando, assim, dos demais partidos de esquerda.

O *Povo Livre* e a *Democracia 74* — jornais oficiais do PPD e do CDS, respectivamente — não se pronunciaram sobre a evolução dos acontecimentos relativos à incriminação e ao julgamento dos ex-elementos da PIDE/DGS. Assim como a análise dos manifestos apresentados no Quadro 3.2, a análise dos órgãos desses dois partidos sugere que o silêncio resulta de uma opção estratégica, em parte pela necessidade de conquistar eleitorado, mas acima de tudo porque a radicalização da política nos anos 1974-1976 não tornaria prudente a afirmação de uma posição contrária aos pedidos de justiça e punição verbalizados pela esquerda.

Veremos em seguida se houve congruência entre a forma como os partidos se apresentaram perante o eleitorado e o comportamento que assumiram na Assembleia Constituinte na qual PS, PPD/PSD, CDS, PCP, MPD/CDE e UDP discutiram e aprovaram a nova Constituição da República Portuguesa.

---

[37] No dia 29 de junho de 1975, 89 ex-elementos da PIDE/DGS detidos no estabelecimento prisional de Alcoentre conseguiram se evadir. O acontecimento foi amplamente noticiado, chegando a ser solicitada a colaboração dos civis, que poderiam reconhecer os fugitivos através das fotografias e dos respectivos nomes divulgados pela imprensa diária.

O julgamento da PIDE/DGS na Assembleia Constituinte

As primeiras eleições depois do derrube do Estado Novo tiveram lugar em abril de 1975. O Decreto-lei nº 621-B/74, de novembro de 1974, impediu todos aqueles que exerceram cargos de chefia ou foram funcionários do quadro, ou ainda prestadores de serviços da extinta PIDE/DGS, de eleger ou serem eleitos para a Assembleia Constituinte. Aquele decreto-lei, juntamente com a dissolução do partido único e das instituições políticas do regime, contribuiu para que, dos indivíduos com atividade política nas instituições do anterior regime, apenas pudessem estar representados na Assembleia Constituinte alguns ex-membros da chamada Ala Liberal.

A primeira sessão, dedicada à composição e às funções da Comissão de Verificação de Poderes, ficou marcada por acusações sobre a ligação de alguns deputados com a PIDE/DGS. Dois deputados foram acusados de possuir reduzida legitimidade democrática: Mota Amaral (deputado pelo PPD, ex-deputado à Assembleia Nacional pela União Nacional) e Galvão de Melo (deputado pelo CDS, militar conservador sem funções políticas).

Mais tarde, a proposta da UDP de recorrer aos arquivos da PIDE/DGS para averiguar a legitimidade democrática dos deputados eleitos em abril de 1975 foi recusada, o que demonstra que, ainda que o tema tenha emergido de forma recorrente, os partidos que o queriam colocar na agenda não gozavam do apoio das restantes bancadas parlamentares.

Ao longo das várias sessões, foram feitas referências pontuais à morosidade dos julgamentos, ao processo de saneamento da classe política, à questão dos direitos políticos dos antigos membros da elite e dos colaboradores da PIDE/DGS, bem como ao uso dos arquivos da polícia política como fonte para o saneamento. Assim, podemos dizer que a questão da justiça de transição esteve sempre presente, mas sem nunca marcar a agenda.

Quando a Assembleia Constituinte iniciou os trabalhos, ainda não existia uma lei de criminalização da polícia política, pelo que os únicos atos que até a data podiam ser julgados eram os que diziam respeito a crimes previstos no código penal em vigor. Nesse sentido, o Partido Socialista manifestou interesse apenas pelo processo relativo ao assassinato do candidato às eleições presidenciais de 1958, general Humberto Delgado.[38]

É dos partidos à esquerda do PS que se ouvem as únicas vozes a favor de medidas urgentes e retroativas de ajuste de contas com o passado. A UDP foi o partido mais ativo no Parlamento no que toca à criminalização e ao julgamento da PIDE/DGS, e o seu deputado foi o único a insistir na necessidade de acelerar o processo de dissolução da polícia política e de julgar os responsáveis pelos crimes do regime fascista. Em junho de 1975, na sequência da fuga de 89 elementos da ex-polícia política da cadeia de Alcoentre, onde se encontravam em prisão preventiva, a UDP apresentou uma moção através da qual exigiu "o julgamento imediato, em tribunal revolucionário e popular, dos pides", assim como a "divulgação dos arquivos da PIDE/DGS e a destruição dos arquivos dos antifascistas". A moção foi votada meramente como uma "manifestação de opinião" (uma vez que a Constituinte estava submetida a um regimento provisório e tinha como único objetivo a redação da nova Constituição), mas a primeira parte foi chumbada pela maioria com cinco votos a favor e 33 abstenções, enquanto a segunda foi aprovada com 30 abstenções e nenhum voto contra.

---

[38] Humberto Delgado foi candidato às eleições presidenciais de 1958. Como era esperado, a vitória foi dada ao candidato do regime, e Delgado passou a ser perseguido pela polícia política, tendo pedido asilo político no Brasil. Alguns anos mais tarde regressou a Portugal e, na sequência de um golpe fracassado, passou a ser novamente perseguido, tendo sido morto pela polícia política em território espanhol já em 1965. Este foi um dos poucos episódios de assassinato político pelas mãos do regime de Salazar. No dia 30 de abril de 1974, a família do general e o seu advogado, Pires de Lima, requereram formalmente junto da Polícia Judiciária a abertura de um inquérito sobre a sua morte. O regime nunca havia admitido o seu assassinato, mas o sistema judicial acabou por dar como provada a culpa de seis agentes da PIDE/DGS, na maioria condenados *in absentia*. Em seu nome foi constituído em 1977 o Tribunal Cívico Humberto Delgado, inspirado no famoso Tribunal Russell, que tinha como principal objetivo mobilizar a opinião pública pela causa da criminalização e do julgamento não só da polícia como dos responsáveis políticos do regime.

Quadro 3.3
Medidas de justiça de transição incluídas nas propostas de Constituição

GP	Artigo	Conteúdo
CDS	—	—
PPD	—	—
PS	129º Disposições Transitórias	"1. Os arquivos das extintas organizações fascistas ficarão sob a fiscalização de uma comissão mista composta por elementos do MFA designados pelo Conselho da Revolução e por uma comissão parlamentar composta por representantes dos partidos políticos com assento na Assembleia Legislativa Popular. 2. Essa comissão providenciará no sentido de serem destruídos esses arquivos, salvo na medida em que os documentos em causa tiverem interesse histórico ou forem necessários para o desmantelamento da organização fascista e só enquanto o forem. 3. É proibida a utilização ou divulgação de quaisquer informações constantes desses arquivos fora dos limites apontados, sob pena de prisão de um a dois anos, a ser aplicada pelos tribunais imediatamente."
PCP	32º Liberdade Pessoal	"A lei penal incriminatória não é retroativa, salvo a lei incriminatória dos dirigentes fascistas e dos agentes e dirigentes da extinta PIDE/DGS e outras organizações repressivas do fascismo, bem como dos agentes de ações contrarrevolucionárias."
MDP	—	—

UDP	23º Perda dos Direitos Políticos	"Serão privados dos direitos políticos, nomeadamente dos previstos neste capítulo, todos os responsáveis do Estado fascista, os membros de organizações terroristas fascistas (PIDE/DGS, Legião Portuguesa e outras), os implicados em golpes e ações fascistas, os implicados em ações imperialistas, bem como todos os inimigos irredutíveis do povo."
	25º Julgamento dos Fascistas	"O governo procederá rapidamente ao julgamento revolucionário, com participação popular, de todos os implicados na ditadura fascista, promulgando para isso leis especiais, com efeito retroativo, que os incriminem enquanto membros de organizações fascistas." "A República Portuguesa reprimirá severamente todas as atividades fascistas e reacionárias, assim como todos os que se oponham à ampla democracia das massas. Os fascistas, reacionários e todos os inimigos do povo serão julgados em tribunais revolucionários populares, de acordo com legislação revolucionária apropriada a fixar."

Fonte: *Diário da Assembleia Constituinte*, n. s. 13S, 14S, 7-9 de julho de 1975, 1-30.

O Quadro 3.3 apresenta as propostas de medidas de punição relativas à PIDE/DGS inseridas nas propostas de Constituição de cada grupo parlamentar. Os resultados são consistentes com a análise dos manifestos e da imprensa partidária, ou seja, as propostas surgiram apenas do PS, do PCP e da UDP, enquanto os partidos mais à direita optaram por não fazer qualquer referência ao tema. A única surpresa é o MDP/CDE, que não introduz nenhum artigo sobre o tema, ao contrário do PCP. Contudo, todos estes partidos defendem a proibição de formação de partidos ou organizações fascistas, o que constitui uma outra forma de lidar com os legados do autoritarismo.

Se considerarmos a divisão entre radicais, moderados e reacionários, é importante salientar que a Assembleia Constituinte em Portugal não incluiu o setor reacionário, ou seja, aqueles que poderiam ter lutado pelo regresso ao *statu quo ante*.

Tal como foi já sugerido, os deputados do PPD tiveram a percepção de que não seria prudente se manifestarem contra a punição dos pides, sob pena de serem estigmatizados e perderem o eleitorado de centro que tentavam conquistar. Só assim se compreendem as declarações do deputado e fundador Marcelo Rebelo de Sousa: "A previsão de medidas revolucionárias para o julgamento dos agentes da ex-PIDE/DGS consta do Programa do MFA, portanto, naturalmente que o PPD/PSD logo que se constituiu considerou como indispensável essa, entre outras medidas constantes no Programa do MFA [...] agora naturalmente que pode haver discrepâncias quanto ao modo de julgamento." Dada a radicalização do debate político, o PPD optou por não se assumir contra o julgamento. A justificação para a não inclusão de qualquer artigo na Constituição que previsse a punição dos ex-membros da PIDE/DGS é feita pelo mesmo deputado aludindo ao direito internacional comum.

O tema foi novamente debatido no final do mandato da Constituinte. A 30 de março de 1976 (uma das últimas sessões da Assembleia Constituinte), a Comissão das Disposições Finais e Transitórias, composta por 12 deputados, apresentou o artigo que previa as medidas de justiça política em relação aos ex-elementos da

PIDE/DGS. Entre os 12 deputados que compunham essa comissão, dez eram licenciados em Direito (as exceções eram a deputada do PCP e o deputado da UDP). Mais significativo, tendo em conta o tema em causa, é o fato de todos os representantes de partidos de esquerda terem um passado de oposição ao regime, em particular nos Movimentos Estudantis de Coimbra e no MUD Juvenil.[39]

O artigo em discussão estava dividido em três pontos. O ponto 1 mantinha em vigor a Lei nº 8/75, de 25 de julho, com as alterações introduzidas pela Lei nº 16/75, de 23 de dezembro (que colocou os julgamentos no domínio dos tribunais militares), e pela Lei nº 18/75, de 16 de dezembro (que permitiu o recurso e a liberdade provisória). Assim, atendendo às pressões dos partidos da extrema-esquerda, assim como às pressões da sociedade civil, estava se aceitando a lei de criminalização tal como havia sido redigida em julho de 1975, mantendo de igual forma as leis adicionais atenuantes. No ponto 2 se afirmava que "a lei poderá precisar as tipificações criminais constantes do nº 2, do artigo 3º, da alínea b) do artigo 4º e do artigo 5º do diploma referido no número anterior". Finalmente, no ponto 3 se afirmava que "a lei poderá regular especialmente a atenuação extraordinária prevista no artigo 7º" do mesmo diploma. Na realidade, era atribuída aos juízes que julgassem os crimes contemplados nessas leis a liberdade de fazerem uso das atenuações previstas nas leis já produzidas, da forma que entendessem mais adequada a cada um dos processos individuais.

Com a finalidade de compreender o posicionamento dos partidos na Assembleia Constituinte, foram analisados dois aspectos da intervenção dos deputados de cada bancada parlamentar no debate decorrido no plenário. Primeiro, o tipo de argumentação que os partidos apresentaram. Segundo, que posição tomaram. O Quadro 3.4 apresenta a análise de conteúdo do debate ocorrido no Parlamento

---

[39] Entre eles se encontravam um ex-presidente desse movimento, um vice-presidente daquelas comissões distritais e alguns deputados que estiveram envolvidos nas candidaturas do general Norton de Matos, do general Humberto Delgado e do almirante Quintão Meireles. Por fim, alguns desses deputados estiveram também ligados à CDE.

no dia 30 de março de 1976, em que a "Comissão das Disposições Finais e Transitórias" apresentou o seu relatório de proposta de artigo.

Essa análise de conteúdo teve por base a proposta de Huntington.[40] Huntington sistematizou em dois grandes tipos a argumentação habitualmente usada pelos defensores de "punir e julgar" e pelos defensores de "perdoar e esquecer". Segundo o autor, os argumentos a favor do perdão se centram habitualmente em torno da necessidade de institucionalizar a democracia e respeitar os seus princípios, fundamentalmente através do conceito de Estado de Direito. Neste sentido, para essa análise foi medido o uso de expressões como "democracia", "democratização", "Estado democrático", "Direito" e "direitos". Estas expressões foram classificadas como argumentos favoráveis a "perdoar e esquecer" sempre que foram proferidas no contexto de um discurso favorável à limitação da legalidade revolucionária e à moderação por oposição ao radicalismo. Os argumentos favoráveis à punição são apresentados, ainda segundo Huntington, em torno da ideia de responsabilização. Assim, foi medido o uso de expressões como: "julgamento", "incriminação", "condenação", "perseguir", "combater", "punir" e "castigar", assim como expressões típicas do contexto português (habitualmente mobilizadas pelos maiores defensores da punição), como "carrascos", "torcionários", "facínoras" — muito específicas de certos grupos, mas muito presentes no contexto da época — juntamente com as expressões "responsáveis" e "responsabilidade", seguindo a lógica da ideia de responsabilização. Os valores apresentados correspondem à porcentagem de palavras usadas no conjunto das intervenções dos deputados de cada grupo parlamentar.

Da análise de conteúdo do debate parlamentar do dia 30 de março de 1976, podem ser extraídas três conclusões. Primeira, os partidos à direita do PS optaram por uma posição de neutralidade, não se mostrando nem contra, nem a favor das medidas

---
[40] 1991.

Quadro 3.4
Análise de conteúdo do debate do artigo 16 no plenário
(agentes e responsáveis da PIDE/DGS)

Argumentos a favor e contra	UDP	PCP	MDP/CDE	PS	PPD	CDS
Democracia/Democratização/Estado democrático	−0,07	0,15	0,07	0,52	—	—
Direitos fundamentais/"princípios humanistas"	—	−0,37	0,15	0,22	—	—
Leis/legalidade/normas (revolucionárias porque transitórias, mas limitadas)	−0,22	−0,07	−0,07	0,37	—	—
Direito/justiça/campo jurídico/juristas	−0,22	0,22	0,60	0,60	0,30	—
Julgamento/incriminação/condenação	0,07	1,20	0,97	0,15	0,07	—
Leis/legalidade/normas (revolucionárias e retroativas, severamente punitivas)	—	0,37	0,22	−0,07	—	—
Torcionários/facínoras/carrascos	0,67	0,15	—	—	—	—
Criminosos/assassinos/vítimas	0,15	1,20	—	—	—	—
Crime/tortura/repressão/assassinato	0,52	1,80	0,75	0,07	—	—
Responsáveis/responsabilidade	0,15	0,60	0,30	—	0,07	—

Fonte: Diário da Assembleia Constituinte n° 129, 31/3/76, p. 4267-4322.

propostas. Segunda, os partidos à esquerda do PS optaram por um discurso fortemente punitivo, inclusive rejeitando as propostas moderadas que não recusavam por absoluto a ideia da punição. Por último, o PS defendeu simultaneamente uma legalidade revolucionária transitória e limitada, e apresentou um tipo de discurso mais próximo de uma solução não punitiva, tentando gerir a sua condição de partido mais votado, partido de centro, com raízes na luta antifascista, mas acima de tuda empenhado na consolidação das estruturas democráticas. O Gráfico 3.1 apresenta uma representação gráfica dos argumentos a favor de cada uma das vias já mencionadas, através do qual é possível ter uma noção mais clara do posicionamento dos partidos.

Gráfico 3.1
Representação gráfica dos argumentos a favor do Perdão/Estado de Direito e a favor da Punição/ Responsabilização, com base no Quadro 3.4 (em porcentagens)

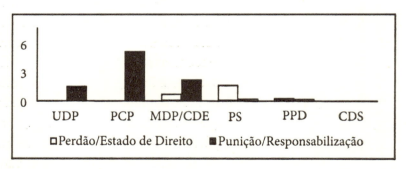

As propostas apresentadas pelos grupos parlamentares durante o debate foram individualmente votadas em plenário, tendo o artigo final sido aprovado de acordo com a sua redação inicial, isto é, tendo sido rejeitadas todas as propostas de alteração apresentadas pelos partidos à esquerda do PS (ver o Quadro 3.5). Apesar da radicalização do discurso dos partidos de extrema-esquerda e das pressões da sociedade civil, a disposição transitória introduzida na Constituição de 1976 só foi até onde o PS esteve disposto a ir. Para além da Lei 8/75, de 25 de julho, foram também reconhecidas as alterações introduzidas pelas Leis 16/75, de 23 de dezembro, e 18/75, de 25 de dezembro.

Analisemos então a forma como se manifestaram os partidos políticos perante as propostas apresentadas pelos seus pares e que implicações a inclusão da Lei 8/75 na Constituição da República Portuguesa teve para a continuação do debate. O Quadro 3.5 apresenta a forma como cada partido votou as propostas da UDP e do PCP, assim como as propostas da Comissão das Disposições Finais e Transitórias. Por um lado, a UDP pretendia revogar a Lei 18/75, ou seja, impedir que os ex-elementos da PIDE/DGS pudessem aguardar em liberdade provisória ou recorrer da sentença e forçar os militares a efetuarem os julgamentos dentro de um prazo máximo de três meses; por outro lado, o PCP pretendia que tanto a Lei 16/75 como a Lei 18/75 fossem excluídas da Constituição, de forma a que constasse apenas a Lei 8/75.

Como se pode observar no Quadro 3.5, o PS teve efetivamente o apoio dos partidos à sua direita, podendo assim se falar da formação de uma coligação centrista/moderada que, numa altura em que o processo de punição se encontrava numa fase descendente, se uniu para impedir a adoção de medidas mais radicais de ajuste de contas com o passado. Esse comportamento se repetiu, aliás, noutras áreas de decisão em que os mesmos "partidos se aliaram para conseguir a transição (e posteriormente consolidação) de um regime democrático liberal, em oposição ao PCP e aos seus aliados militares no MFA".[41]

No momento em que a Constituinte decidiu pela inclusão da Lei 8/75 na Constituição da República Portuguesa, em março de 1976, a Comissão de Extinção da PIDE/DGS havia já enviado

---

[41] JAVALI, 2007, p. 24.

Quadro 3.5
Resultado das votações em plenário do artigo 16, após o debate

Partido	Proposta da UDP: alteração ao n° 1 (revogação da Lei n° 18/75)	Proposta da Comissão: n° 1	Proposta do PCP: eliminação dos n°s 2 e 3	Proposta da Comissão: n°s 2 e 3	Proposta da UDP: aditamento de um n° 4 (julgamento no máximo em 3 meses)
PS	Contra	A favor	Contra	A favor	Abstenção (1 a favor)
PPD	Contra	A favor	Contra (1 abstenção)	A favor (1 abstenção ao n° 3)	Abstenção
PCP (MDP/CDE)	A favor (30)	A favor	A favor (30)	Contra (30)	A favor (30)
CDS	Contra	A favor	Contra	A favor	Abstenção
UDP	A favor	Contra	A favor	Contra	A favor
Resultado	Rejeitada	Aprovada	Rejeitada	Aprovada	Rejeitada

Fonte: Diário da Assembleia da República n° 129, 31/3/76, p. 4267-4322.

ao Conselho da Revolução um pedido de apreciação de uma proposta de revogação daquela mesma lei. Estava em marcha uma mudança política, iniciada em dezembro de 1975, cujo objetivo era a clara substituição da legalidade revolucionária pela legalidade democrática e que se materializou numa primeira instância (em fevereiro de 1976) na concessão de liberdade provisória aos elementos da ex-PIDE/DGS detidos, na sua maioria, desde abril de 1974. Neste sentido, a atuação da aliança centrista na Assembleia Constituinte não terá agradado nem às forças à esquerda do PS — que consideravam aquela lei insuficiente — nem às forças moderadas no seio das instituições militares — que pretendiam colocar um termo no processo de punição dos agentes da PIDE/DGS, algo que o artigo 309º da Constituição não vinha permitir.

Os julgamentos

Foi no final de 1976 que os antigos membros da PIDE/DGS começaram a ser julgados nos Tribunais Militares Territoriais (TMT) de Lisboa — cerca de 400 no 1º TMT; 422 no 2º TMT; 365 no 3º TMT; 478 no 4º TMT; e 454 no 5º TMT — mas também no Porto, em Coimbra e em Tomar. Segundo dados elaborados pela Comissão de Extinção da PIDE/DGS, foram enviados para julgamento 2.667 processos, relativos a pessoal dirigente, pessoal técnico e colaboradores (Quadro 3.6). De acordo com as estatísticas elaboradas pela comissão, cerca de 68% dos indivíduos foram condenados a penas entre um e seis meses de prisão maior. Contudo, a consulta dos processos, assim como dos recursos interpostos junto do Supremo Tribunal Militar, revela dois aspectos que alteram substancialmente essas conclusões: em primeiro lugar, a todas essas sentenças foi descontado o período de prisão preventiva sofrida — que de acordo com uma amostra de processos consultados pela autora no Arquivo Histórico Militar (AHM) de

Lisboa foi, em média, de cerca de 20 meses (entre abril de 1974 e fevereiro de 1976); em segundo lugar, os tribunais fizeram frequentemente uso de dois perdões de 90 dias, previstos pelos Decretos-lei nº 729/75, de 22 de dezembro e nº 825/76, de 16 de novembro. Para além disso, o 1º TMT de Lisboa decidiu com frequência que (para além daqueles dois perdões) iria perdoar metade da pena que deveria ser aplicada, segundo a Lei 8/75, recorrendo ao Decreto-lei nº 271/74, de 21 de junho.

Em consequência do anteriormente descrito, apesar das penas referidas no Quadro 3.6, a maior parte dos ex-elementos da PIDE/DGS saiu em liberdade no final do julgamento. Na maioria dos casos em que os perdões previstos nos decretos não foram suficientes para que a pena fosse considerada cumprida, foi interposto recurso junto ao Supremo Tribunal Militar, que na maioria das vezes deu razão parcial ao pedido, reduzindo a pena de forma a ser considerada totalmente expiada.

Por um lado, as estatísticas dos processos não podem ser lidas tal como são apresentadas pela Comissão de Extinção. Por outro lado, do ponto de vista comparativo, tal como sugerem alguns dos capítulos deste volume, o caso português não deixa de representar um caso de forte ajuste de contas com o passado. Em diversos casos de transição do autoritarismo para a democracia, fatores como o equilíbrio de poderes, as estratégias das elites e os constrangimentos político-institucionais representaram obstáculos à via punitiva.

Em Portugal, como em muitos dos casos europeus da década de 1950, a justiça de transição desencadeada durante os dois primeiros anos da transição acabou por dar lugar ao quase desaparecimento das políticas do passado da agenda e do debate público após a consolidação.

A vitória do PS em 1976 marcou o princípio do fim da politização do tema e a mudança de uma política punitiva para uma política de reconciliação e de reintegração, à semelhança do que se passou noutras democracias europeias do pós-guerra após a

Quadro 3.6
Julgamento dos elementos da PIDE/DGS: Sentenças dos tribunais militares (1976-82) (%)

	Absolvidos	Suspensão de direitos políticos	Até 1 mês	De 1 a 6 meses	De 6 meses a 1 ano	De 1 a 2 anos	Mais de 2 anos	N
Pessoal dirigente	—	7,30	26,80	36,60	7,30	19,50	2,40	41
Pessoal técnico (inspetores, subinspetores e chefes de brigada)	—	4,80	23,50	43,20	12,20	10,70	5,50	272
Pessoal técnico (agentes 1ª, agentes 2ª, motoristas e estagiários)	0,50	3,20	44,80	30,30	5,00	15,30	0,40	2.010
Colaboradores	38,90	6,70	57,00	24,10	6,90	12,80	5,20	344
% do total	5,40	3,80	37,30	30,90	6,00	14,80	1,60	2.667

Fonte: Arquivo pessoal coronel Rodrigo Sousa e Castro. À exceção da suspensão de direitos políticos, todas as penas são de prisão efetiva.

ascensão de partidos sociais-democratas. Poderíamos dizer que é aqui que o impacto do papel das instituições se torna mais evidente. Em 1977, o jornal *Página Um* (28 de abril de 1977) fez referência a uma entrevista de Mário Soares a um periódico francês, na qual o então primeiro-ministro e reconhecido antifascista se teria revelado favorável a uma lei de anistia que permitisse perdoar os crimes da ditadura e seguir em frente com a consolidação da democracia.

Ainda que os partidos e demais grupos políticos à esquerda do PS (incluindo uma facção dentro do próprio PS) tenham, ao longo da década de 1970, demonstrado o seu descontentamento com o resultado dos julgamentos, tal não deu lugar a reivindicações muito expressivas, nem mesmo a uma instrumentalização do passado com vista a prejudicar aqueles que não apoiaram um processo mais punitivo, nem mesmo depois de o Bloco de Esquerda — formado em 1999 a partir da fusão de vários grupos de extrema-esquerda — ter conseguido representação no Parlamento.

Conclusões e balanço final

A análise do posicionamento dos partidos diante da justiça de transição em Portugal nos anos 1974-1976 permitiu, em primeiro lugar, verificar que à esquerda do Partido Socialista os partidos apresentaram um comportamento próximo do que seria esperado. Os partidos à esquerda do espectro político não só reivindicaram o ajuste de contas com o passado, como se revelaram tanto mais favoráveis a leis retroativas e fortemente punitivas quanto mais próximos se encontravam de um posicionamento de extrema-esquerda. Enquanto o PCP lutou por um julgamento em tribunal, a UDP apelava a tribunais revolucionários e sentenças sumárias.

O Partido Socialista, o grande vencedor das primeiras eleições livres e justas em 1976, adotou uma posição moderada, em tudo semelhante ao comportamento que tiveram os partidos socialistas e sociais-democratas que subiram ao poder durante o início da segunda vaga de democratizações (pós-1945) na sequência de períodos de justiça política mais violenta. Se, por um lado, o comportamento do PS é compreensível, uma vez que o partido se aproximou progressivamente de uma estrutura do tipo *catch-all*, por outro, não deixa de ser surpreendente que um partido fundado por uma maioria de reconhecidos antifascistas opte por uma política de "perdoar e esquecer", sobretudo tendo em conta a ausência de condicionantes associadas ao modo de transição. Por fim, os partidos que mais se desviaram do comportamento esperado são o PPD/PSD e o CDS/PP, que durante os dois primeiros anos da transição nunca se opuseram abertamente a medidas de punição. Este comportamento inesperado pode ser compreendido com base no desvio do espectro político à esquerda referido no início deste capítulo.

Como potenciais fatores explicativos que poderão ser explorados em investigações futuras destacamos o sistema partidário — neste caso a ausência de qualquer partido pós-salazarista e a concentração dos partidos à esquerda do espectro político. Efetivamente, as forças políticas à direita do PS não podem ser designadas como pós-salazaristas, pois assumiram acima de tudo a função de semioposição nos últimos anos do regime, pressionando Marcello Caetano a proceder a uma abertura do regime. Não havendo um partido político que se assuma ou revele ser um herdeiro do salazarismo, a instrumentalização do passado produzirá menos lucros políticos.

Referências bibliográficas

AGUILAR, P. *Memory and Amnesia. The Role of the Spanish Civil War in the Transition to Democracy*. Nova York: Berghahn Books, 2002.
ALVES, V. Entrevista com a autora, junho de 2007, Lisboa.
AMARAL, D. F. do. *O antigo regime e a Revolução. Memórias políticas (1941-1975)*. Lisboa: Bertrand, 1995.

ARAÚJO, A. "O fim da PIDE/DGS: narrativa de um passado presente — Parte 1". *Revista Atlântico*, 27 de julho de 2005.

BACALHAU, M. *Atitudes, opiniões e comportamentos políticos dos portugueses: 1973-1993*. Lisboa: Edição financiada pela FLAD, 1994.

BRUNEAU, T. C. (ed.). *Political Parties and Democracy in Portugal. Organizations, Elections, and Public Opinion*. Colorado: Westview Press, 1997.

CALHOUN, N. *Dilemmas of Justice in Eastern Europe's Democratic Transitions*. Nova York: Palgrave/Macmillan, 2004.

CARVALHO, O.T. *Alvorada em abril*. Lisboa: Bertrand Editora, 1977.

CEREZALES, D. *O poder caiu na rua. Crise de Estado e acções colectivas na Revolução portuguesa 1974-75*. Lisboa: Imprensa de Ciências Sociais, 2003.

DAVID, R. "Lustration Laws in Action: the motives and evaluation of lustration policy in the Czech Republic and Poland (1989-2001)". *Law and Social Inquiry*, Indianapolis, 2003, n° 28, vol. 2, p. 387-439.

Diário da Assembleia Constituinte, 129, 31 de março de 1976, p. 4267-4322.

Diário da Assembleia Constituinte, n. s. 13S, 14S, 7-9 de julho de 1975, 1-30.

Diário de Lisboa, 14 de abril de 1976.

DIMAS, V. *O Programa do MFA e dos partidos políticos*. Lisboa: Edições Acrópole, 1975.

Expresso, 28 de março de 1975.

FERNANDES, T. "Authoritarian Regimes and Pro-Democracy Semi-Oppositions: the End of the Portuguese Dictatorship (1968-1974) in Comparative Perspective". *Democratization*, Londres, 2007, n° 14, vol. 4, p. 686-705.

FERREIRA, J. M. *Portugal em transe (1974-1985)*. Vol. VIII da História de Portugal, dir. de J. Mattoso. Lisboa: Editorial Estampa, 1993.

FONSECA, A. M. *É preciso regar os cravos. A social democracia alemã e a transição para a democracia em Portugal (1974-76)*. Tese de doutoramento apresentada ao Instituto Superior das Ciências do Trabalho e das Empresas, Lisboa, dezembro de 2011.

FRAIN, M. "The Right in Portugal: the PSD and CDS/PP". In BRUNEAU, T. (ed.). *Political Parties and Democracy in Portugal. Organizations, Elections, and Public Opinion*. Colorado: Westview Press, 1997, p. 77-111.

GOUVEIA, J. B. "A Declaração Universal dos Direitos do Homem e a Constituição Portuguesa". In *Ab Uno ad Omnes — 75 Anos da Coimbra Editora*. Coimbra: Coimbra Editora, 1998, p. 925 e segs.

GRODSKY, B. "Re-Ordering Justice: Towards a New Methodological Approach to Studying Transitional Justice". *Journal of Peace Research*, Oslo, 2009, n° 46, vol. 6, p. 819-837.

_____. *The Costs of Justice. How Leaders Respond to Previous Abuses*. Notre Dame: Notre Dame University Press, 2011.

HORNE, C. "Assessing the impact of lustration on trust in public institutions and national government in Central and Eastern Europe". *Comparative Politics*, 2012, n. 45, vol. 4, p. 412-446.

HUNTINGTON, S. *The Third Wave. Democratization in the Late Twentieth Century*. Norman: University of Oklahoma Press, 1991.

JALALI, C. *Partidos e Democracia em Portugal: 1974-2005*. Lisboa: Imprensa de Ciências Sociais, 2007.

LINZ, J. e STEPAN, A. *Problems of Democratic Transition and Consolidation*. Baltimore: Johns Hopkins University Press, 1996.

MAGALHÃES, P. C. "Democratização e Independência Judicial em Portugal". *Análise Social*, Lisboa, 1995, vol. xxx, nº 130, p. 51-90.

MELO, G. de. *MFA — Movimento Revolucionário*. Lisboa: Portugália Editora, 1975.

OLSEN, T. D.; PAYNE, L. e REITER, A. "An exploratory analysis of civil society and transitional justice". In: LIST, R. e DORNER, W. (coords.). *Civil Society, Conflict and Violence*. Nova York: Bloomsbury Academic, 2012.

PINTO, A. C. "Authoritarian Legacies, Transitional Justice and State Crisis in Portugal's Democratization". *Democratization*, Londres, 2006, nº 13, vol. 2, p. 173-204.

PINTO, J. N. "A direita e o 25 de abril: ideologia, estratégia e evolução política". In: COELHO, M. B. (coord.). *Portugal: O sistema político e constitucional 1974-1987*. Lisboa: Imprensa de Ciências Sociais, 1989, p. 193-215.

Programa Eleitoral do CDS 1975, 1976.

Programa Eleitoral do PCP 1975, 1976.

RAIMUNDO, F. *Post-Transitional Justice? Spain, Poland and Portugal Compared*. Tese de Doutorado, Departamento de Ciências Sociais e Políticas. Instituto Universitário Europeu, Florença, 2012.

_____. *The Double Face of Heroes. Transitional Justice in Portugal's democratization (1974-76)*. Dissertação de mestrado, Instituto de Ciências Sociais, Lisboa, 2007.

ROBINSON, R. A. H. "Do CDS ao CDS-PP. O partido do Centro Democrático Social e o seu papel na política portuguesa". *Análise Social*, 31, 1996, p. 951-973.

STOCK, M. J. "O Centrismo Político em Portugal: Evolução do Sistema de Partidos, Génese do 'Bloco Central' e Análise dos dois Parceiros da Coligação". *Análise Social*, 1985, vol. XXI, nº 85, p. 45-85.

TEITEL, R. *Transitional Justice*. Oxford: Oxford University Press, 2000.
Vida Mundial, 3 de abril de 1975.
WILLIAMS, K. *et al*. "Explaining Lustration in Central Europe. A Post-Communist Approach". *Democratization*, 2005, n° 12, vol.1, p. 22-43.
ZOLKOS, M. "The Conceptual Nexus of Human Rights and Democracy in the Polish Lustration Debates 1989-97". *Journal of Communist Studies and Transition Politics*, Londres, 2006, n° 22, vol. 2, p. 228-248.

Arquivos consultados
    Arquivo Histórico–Militar, Lisboa
    Arquivo da Hemeroteca Municipal de Lisboa
    Arquivo do Tribunal Constitucional, Lisboa
    Arquivo pessoal do coronel Rodrigo Sousa e Castro, Lisboa

4. As elites políticas do Estado Novo e o 25 de abril: história e memória

Francisco Carlos Palomanes Martinho

Introdução

No ano de 2007, estava eu a pesquisar na Sala de Leituras do Arquivo Nacional da Torre do Tombo. Em uma pausa para o café, fui indagado por um outro leitor a respeito do tema de minha investigação. Quando afirmei que pretendia realizar uma biografia de Marcello Caetano, ele sorriu e afirmou seu contentamento. Afinal, para ele, já era a hora de alguém resgatar o último presidente do Conselho de Ministros do Estado Novo e desvendar o fracasso da Revolução dos Cravos e de seu radicalismo. Tentei explicar ao cidadão que meu objetivo era uma pesquisa acadêmica. Não se tratava, pois, de uma propaganda, mas de um trabalho necessariamente crítico. Crítico com relação ao 25 de abril também, mas igualmente crítico com relação ao Estado Novo e ao próprio Marcello Caetano. Mas o meu interlocutor não deu ouvidos. Continuou a querer crer que eu faria uma espécie de hagiografia de Marcello Caetano. O olhar, portanto, a respeito de um dos mais importantes quadros do regime que muitos chamaram — e alguns continuam a chamar — de fascista foi sendo aos poucos relativizado. Chega mesmo hoje às raias do elogio, pelo menos para uma "franja" da sociedade portuguesa. Fica claro, assim, que o Estado Novo permanecerá como lugar de diversas memórias, tanto aquelas formalmente instituídas, como estátuas, centros culturais e museus, quanto as do imaginário coletivo, consequência da reprodução cotidiana que fazemos do nosso passado.[1]

Em diversos momentos, o legado de Marcello Caetano transformou-se em verdadeira "batalha de memória".[2] Refiro-me aqui, por exemplo, às passagens de seu falecimento, em outubro de 1980 e de seu centenário, em agosto de 2006. Durante este quarto de século, Portugal mudou muito. Em 1980, o país vivia ainda a fase final de conclusão de sua transição democrática, concluída dois anos depois, quando o Conselho da Revolução formalmente deixou de existir.[3] Ao mesmo tempo, o franco processo de afirmação democrática não obscurecia o relativo atraso econômico e social do país, herança inequívoca do Estado Novo. Quando do centenário de Caetano, em 2006, Portugal estava definitivamente à frente dos indicadores de 1980.[4] E, do ponto de vista político, o peso mobilizador do período revolucionário deixava espaço para um sistema democrático ocidental com relativa margem de participação da sociedade civil e grande estabilização de suas instituições.[5] Assim, pois, as tensões e os envolvimentos de um e de outro tempo são consideravelmente distintos.

Ainda assim, é fato que com graus maiores e menores de envolvimento emocional e/ou ideológico, as duas datas serviram para reavivar as memórias do Estado Novo e do consulado de Marcello Caetano. Em ambas as ocasiões, os temas que mais foram tratados

---

[1] Nora, 1985; Pinto, 2007. Em 2007, a discussão sobre o tema voltou a acirrar os ânimos portugueses com o anúncio da criação de um Museu Salazar na casa onde nasceu o velho ditador do Estado Novo, em Santa Comba Dão (Luís, 2007, p. 46-53).
[2] Pollak, 1998.
[3] Rezola, 2006.
[4] Barreto, 2005.
[5] Pinto, 2005.

diziam respeito à possibilidade de uma democratização da ditadura portuguesa e de uma alteração no quadro da guerra colonial. Os debates a respeito dessas duas questões expressavam, gostaria de ressaltar, memórias distintas a respeito do que foi o chamado período do marcelismo, a última fase do Estado Novo português.

Além das memórias dos quadros políticos e intelectuais contemporâneos do último presidente do Conselho de Ministros, produzidas no contexto das efemérides (falecimento e centenário de nascimento), vale também destacar a produção de textos mais reflexivos, memorialísticos também, mas que, produzidos com mais tempo para a reflexão, têm um caráter menos imediatista. Nesse caso, ganham destaque livros de memória escritos ou produzidos a partir de entrevistas de personagens que viveram o Portugal do Estado Novo e, sobretudo, conviveram com Marcello Caetano e, à época e ainda hoje, emitiram opinião sobre o consulado marcelista. Trata-se, pois, de relatos do passado nos quais a figura de Marcello Caetano adquire, por vezes, status de centralidade.

Trabalhar com a memória, claro está, é sempre um risco. Como disse Lídia Jorge: "Deveríamos rir-nos da fragilidade da memória, ou pelo menos sorrirmos das artimanhas do seu esquecimento."[6] Por isso, "lembrar é também esquecer um pouco". Entre lembranças e esquecimentos, os depoimentos e escritos a respeito desse personagem evidenciam nuanças às vezes claras, às vezes imperceptíveis, sobre aquele que seguramente é uma das personagens mais controversas da história contemporânea portuguesa.

As opiniões aqui expressas apresentam graus variados de intensidade e profundidade. São naturalmente diferentes os depoimentos dados ao calor da hora e aqueles que se produzem a partir de uma reflexão mais ou menos prolongada. Ainda assim, todas elas se referem a um período específico da história

---
[6] Jorge, 2007, p. 11.

portuguesa e de um de seus agentes mais importantes. Desse modo, não custa lembrar que a memória como um ator social é, em grande medida, dependente de sua recepção na opinião.[7] Por isso a importância, para mim, da opinião emitida espontaneamente pelo leitor da Torre do Tombo, como também daqueles que conviveram, de uma forma ou de outra, com Marcello Caetano. Afinal de contas, como já se disse a respeito de memória e opinião, "à diferença de outros temas mais tradicionalmente associados à memória, não se percebem de imediato as relações existentes entre as duas noções, e sim que elas remetem evidentemente ao mental-emocional coletivo, ao universo dos imaginários sociais".[8] Provavelmente, a distância entre as noções de memória e opinião decorre do fato de que os fenômenos de opinião estão mais evidentemente vinculados às circunstâncias, ao efêmero, às percepções do vivido, ainda que combinadas com as experiências pretéritas. Assim, elas expressam "as relações cambiantes do sentimento coletivo diante das interrogações ou dos acontecimentos do presente, mas também diante de questões atemporais reformuladas ao presente".[9] Ou seja: ainda que distintas, cada uma delas merecendo um tipo de análise própria, é fato que a memória só pode ser entendida como um agente capaz de influenciar um determinado grupo caso ela tenha impacto na opinião do coletivo. Cristopher Hill disse, certa vez, que o passado não muda, mas o presente sim. E, diante de constantes mutações, novas perguntas e formulações são feitas a respeito desse mesmo passado.[10] É por esse motivo que as diversas memórias produzidas a respeito de Marcello Caetano obedecerão às perguntas formuladas pelo tempo vivido.

---

[7] LABORIE, 2009, p. 90.
[8] Ibidem, p. 80.
[9] Ibidem, p. 80.
[10] HILL, 1987.

Marcello Caetano, o intelectual e a política: a ambivalência da memória

Marcello Caetano morreu em seu exílio brasileiro no dia 26 de outubro de 1980. Não deixa de ser curioso — para quem ocupou o cargo de Ministro das Colônias — que tenha vindo a falecer na única capital do Império português que algum dia esteve localizada no ultramar. Apresentava problemas cardíacos desde o tempo em que fora chefe do Executivo. Mas não frequentava médicos com regularidade e dava pouca importância aos seus problemas de saúde. Ao que tudo indica, de acordo com depoimentos de pessoas que com ele conviveram na virada das décadas de 1970 para 1980, sua condição física foi rapidamente se deteriorando. Ana Maria Moog, filha do jornalista e membro da Academia Brasileira de Letras Clodomir Vianna Moog, era aluna de doutorado em Direito da Universidade Gama Filho, onde Caetano foi trabalhar quando se instalou em definitivo na cidade do Rio de Janeiro. Relembra Ana Maria Moog um dia em que Caetano sofreu um desmaio e caiu em sala de aula, fato este que lhe causou profundo constrangimento.[11]

Também naquele ano de 1980, Caetano fez uma cirurgia de próstata e, em consequência, permaneceu 32 dias internado. Um ano antes dessa cirurgia já havia feito uma outra operação, esta para curar uma hérnia inguinal. Ainda assim, no dia anterior ao de seu falecimento, foi à casa do advogado e bibliófilo Plínio Doyle, onde participou da tradicional tertúlia literária de sábados, conhecida como "sabadoyle". Sentiu-se mal naquele dia, com uma indisposição cardíaca que assustou os presentes. Foi para casa, à rua Cruz Lima, no bairro do Flamengo, e, no dia seguinte, amanheceu bem. Recebeu pela manhã a visita de Vianna Moog, com quem conversou ainda umas poucas horas. O visitante retirou-se à hora do almoço. Foi o último dos diversos amigos brasileiros

---

[11] SOARES, 2009, p. 237.

com quem conversou. Poucas horas mais tarde, Marcello Caetano caiu no lavabo, onde veio a falecer instantes depois.[12]

O falecimento de Marcello Caetano foi, pois, uma surpresa. No dia seguinte, 27 de outubro, o jornal *Diário de Notícias* divulgava a opinião de alguns dos políticos e intelectuais que tiveram a oportunidade de com ele conviver. Tratava-se, pois, de uma memória imediata, construída a partir do fato de sua morte. Uma memória necessariamente marcada pela emoção diante do ocorrido. E também, como já disse, profundamente marcada pelo 25 de abril. Recorde-se que foi apenas a partir da década de 1980 que muitos dos antigos quadros do Estado Novo tiveram permissão para regressar ao país.[13]

Diogo Freitas do Amaral, seu ex-aluno e assistente na Faculdade de Direito da Universidade de Lisboa, lamentava o falecimento do mestre. Para ele, tratava-se de um grande professor e, como intelectual, uma personagem dotada de grande rigor científico. Ao mesmo tempo, Freitas do Amaral fazia questão de demarcar politicamente seu ex-professor, ao afirmar que a amizade está acima das divergências. Por isso: "É, pois, a morte de um grande amigo que eu sobretudo lamento."[14] As divergências políticas diziam respeito sobretudo aos problemas com a eventual transição política e com os impasses em relação ao colonialismo. Ainda assim, Freitas do Amaral não deixa de ver em Caetano o homem capaz e disposto a ser ele próprio o condutor de uma política em direção à democracia. Tratava-se de uma pessoa consciente e esclarecida com relação às mudanças que estavam a ocorrer no mundo das décadas de 1960 e 1970. Mas reconhece que faltaram ações concretas neste sentido.[15]

Visão semelhante tinha o parlamentar açoriano Mota Amaral. Para ele, Caetano havia sido um grande mestre na Faculdade de

---

[12] Ibidem, p. 237-238.
[13] PINTO, 2004.
[14] FREITAS DO AMARAL, 1980, p. 3.
[15] Entrevista com Diogo Freitas do Amaral, concedida ao autor, Lisboa, 13 de setembro de 2011.

Direito de Lisboa. Também como intelectual, era um homem marcado pelo rigor científico e pela dedicação à Universidade. Entretanto, ao contrário do primeiro depoente, Mota Amaral considera que houve de fato uma tentativa de liberalização por parte de Caetano que, entretanto, a circunstância da crise não permitiu se levasse adiante.[16]

Outro depoimento francamente positivo a respeito de Marcello Caetano foi dado por Rui Machete. Para este advogado e político, Caetano não era um homem qualquer e só os medíocres não seriam capazes de o reconhecer. Ao contrário, suas qualidades podiam ser percebidas na grande inteligência, na força de vontade e na capacidade de trabalho. Retorna, ainda, às afirmações dos demais depoentes que apontam para o rigor científico do intelectual. Machete reconhece em Caetano a influência fundamental para sua própria formação científica e humana. Os elogios apontados por Machete ultrapassavam, segundo o mesmo, as vicissitudes de uma relação difícil, provavelmente em decorrência da pouca disponibilidade de Caetano para um convívio pessoal mais íntimo com seus alunos.[17]

Marcelo Rebelo de Sousa evoca em seu depoimento a lembrança do professor de direito constitucional. Ao mesmo tempo, recorda-se das relações e proximidades familiares. O pai de Marcelo, Baltazar Rebelo de Sousa, governador de Moçambique entre 1968 e 1970, havia sido padrinho de casamento de Caetano. E o próprio Caetano esteve para ser padrinho de batismo de Marcelo. Entretanto, apesar da amizade e das relações familiares, Rebelo de Sousa afirma que, entre 1971 e 1973, assim como Freitas do Amaral, afastou-se de Caetano devido às divergências políticas. Tais divergências, porém, nunca obstaculizaram a admiração e o respeito intelectual. Quando Rebelo de Sousa enviou um livro seu, *Teoria da Constituição*, Caetano teria respondido: "Creio,

---
[16] AMARAL, 1980, p. 3.
[17] MACHETE, 1980, p. 3.

na realidade, que meus discípulos de direito público não encontraram obstáculos de formação para se integrarem num regime democrático." Tal afirmação, para Rebelo de Sousa, é reveladora dos grandes méritos do mestre universitário que teria dado aos seus alunos uma formação "que ultrapassou as contingências da política e as mudanças da política nacional".[18]

As memórias a respeito de Marcello Caetano foram reacesas quando da passagem de seu centenário, em 2006. Nesse caso, não apenas políticos e intelectuais falaram sobre o personagem como igualmente a própria imprensa emitiu valores e opiniões. Retomemos Marcelo Rebelo de Sousa. Vinte e seis anos após o depoimento elogioso, agora, escrevia Rebelo de Sousa um artigo assinado. Não se tratava, pois, de uma opinião momentânea, marcada pelo acontecimento da morte. Quatro pontos fundamentais foram escolhidos para que a homenagem pudesse ser justificada. Em primeiro lugar, lembrava o Marcello Caetano amigo da família desde o final da década de 1930, um personagem austero e de grande cultura. Tratava-se de um homem sempre persistente em seus valores, ainda que "aqui e ali" resvalando para a teimosia. Mas para Rebelo de Sousa essa característica evidenciava um grande critério para com o trabalho e um sentido de responsabilidade pessoal "cristã e cívica". Daí sua inicial militância católica com evidente sentido social e comunitário, de caráter neotomista. Cita, como exemplo, a Conferência de São Vicente de Paulo, ministrada por Caetano em março de 1928.[19] Em segundo lugar, Rebelo de Sousa faz referência ao acadêmico e cientista, assim como ao professor que sempre buscou primar pelo rigor e pela excelência. Em terceiro, faz uma homenagem ao político. Enaltece o doutrinador da Mocidade Portuguesa em um sentido anglófilo, o ministro das colônias e o responsável pela renovação dos quadros da Câmara

---

[18] Sousa, 1980, p. 3.
[19] Sobre Marcello Caetano e a Conferência de São Vicente de Paulo, ver Martinho, 2010, p. 169-199.

Corporativa. Do ponto de vista econômico — e aqui um ponto em que evidentemente se distanciava de Oliveira Salazar —, Rebelo de Sousa lembra da responsabilidade de Caetano na elaboração do II Plano de Fomento.[20] Por fim, refere-se ao esforço de Caetano no sentido da europeização e sua tentativa de abertura liberal "impossibilitada pela caducidade do regime e pelo prolongamento da guerra". Por fim, refere-se a uma correspondência de Caetano datada de 1940 para Baltasar Rebelo de Sousa, que então servia em Moçambique, quando de sua recusa a ocupar o cargo de subsecretário de Estado das Corporações. Afirmava Caetano que o que o guiava era "(...) o desejo de não deixar a Universidade por enquanto — enquanto, digo, não tiver aí começado ao menos uma obra que, no caso de falhar como estadista, me consolar do que fui como professor".[21] Não deixa de ser curioso que pouco menos de dez anos antes, em carta enviada a Oliveira Salazar, quando se recusou a participar das listas da União Nacional, tivesse dito que sua única e verdadeira vocação era a Universidade.[22] Marcelo Rebelo de Sousa via nessas palavras o compromisso maior para com a Universidade, verdadeira vocação de Caetano. Aqui, passados 25 anos de falecimento de Marcello Caetano e 32 da Revolução dos Cravos, Rebelo de Sousa opta, como se vê, por não mais se referir às chamadas "divergências políticas".

As unanimidades se encerram, entretanto, na medida em que os depoimentos recaem sobre um membro da Ala Liberal[23] e um histórico da oposição. Segundo Miller Guerra, deputado eleito à Assembleia Nacional em 1969 e ativo participante do grupo que por dentro do regime pretendia implementar reformas democratizantes, seus contatos com Marcello Caetano começaram quando da formação da Ala Liberal, ocasião em que um grupo de jovens políticos se entusiasmou com as promessas de reformas política

---

[20] Rosas, 2000; Confraria, 2008, p. 397-421; Martinho, 2009, p. 305-330.
[21] Sousa, 2006, p. 14.
[22] Antunes, 1994, p. 96.
[23] Fernandes, 2006; Reis, 2010.

e social formuladas por Marcello Caetano quando de sua posse no Executivo do regime, em setembro de 1968. Entretanto, rapidamente o otimismo foi-se deteriorando. Miller Guerra fala, por exemplo, de um pronunciamento seu quando do episódio da Capela do Rato, em 1972, quando uma vigília de católicos pela paz foi duramente reprimida pela polícia. O discurso feito na Assembleia Nacional contou com a dura oposição de Caetano. Sua renúncia do cargo de deputado e reuniões periódicas em sua casa teriam sido acompanhadas de ameaças, ora mais, ora menos veladas. Assim, Miller Guerra aponta para um processo crescente de frustração na medida em que percebeu-se que a liberalização havia sido sustada. E essa responsabilidade, para ele, cabia a Marcello Caetano.[24]

Mas a análise mais dura foi feita pelo velho socialista, republicano e opositor histórico do Estado Novo Raul Rêgo. Para Rêgo, Caetano havia perdido a oportunidade de fazer o país entrar verdadeiramente na democracia. Em primeiro lugar, porque não teve coragem para reverter o quadro e o curso da guerra colonial. Rêgo lembra o discurso de Caetano de 1962 afirmando que a única salvação para a comunidade portuguesa era transformá-la em uma espécie de comunidade britânica. Ao tomar posse, seis anos depois, Marcello Caetano teria se convertido em "um continuador servil da política totalitária de Salazar". Neste caso, Rêgo é o único dos depoentes que faz questão de lembrar a formação maurrasiana de Marcello Caetano, quando de sua juventude.[25] O que teria caracterizado o consulado marcelista seriam a falta de coragem, a falta de personalidade e a falta, "realmente, de querer realizar uma obra nacional". Essa obra seria a de congregar todos os portugueses, de acordo com o discurso de posse, cujas promessas terminou por não realizar. Assim, para Raul Rêgo, Caetano passaria à História

---

[24] GUERRA, 1980, p. 3.
[25] Sobre a influência de André Maurras junto à extrema direita portuguesa da década de 1920, ver PINTO, 1994, p. 23-92.

"apenas como um epígono, e não como um verdadeiro estadista que poderia ser para o bem de todos os portugueses".[26]

Três personagens da recente história portuguesa, ligados direta ou indiretamente a Marcello Caetano, deram depoimentos em forma de artigos quando da passagem de cem anos de nascimento do último chefe do Executivo do Estado Novo. São eles Jorge Veiga Simão, Adriano Moreira e Jorge Sampaio. Veiga Simão inicia seu artigo lembrando da impossibilidade de evocar Marcello Caetano apenas a partir da perspectiva de seu governo e da crise que desencadeou no 25 de abril de 1974.[27] Essa é, ao que parece, a tendência de muitas biografias. Foi assim, por exemplo, no caso de João Goulart, o presidente brasileiro deposto quando do golpe civil-militar de 1964. De acordo com seu biógrafo, Jorge Ferreira, a memória a respeito de Goulart teria ficado "encapsulada" nos últimos dias de seu governo, o que abria azo para as mais diversas interpretações reducionistas e empobrecedoras de sua figura.[28] Compartilha Simão da mesma tese: uma visão que restringe a figura de Caetano ao final de seu governo ficaria reduzida e aprisionada às paixões ideológicas e políticas. E assim, toda a realização de uma vida de ação científica e social em prol do país ficaria injustamente apagada.

Faz-se, portanto, necessário um balanço da evolução do pensamento de Marcello Caetano a fim de que se possa compreender os conflitos e os dilemas vividos e com os quais se debateu nos últimos anos de Estado Novo. Conflitos e dilemas esses que colocavam Caetano "entre a razão e o coração".[29] Curioso é que, a despeito das preocupações anunciadas, o que Veiga Simão faz é exatamente reduzir sua análise ao derradeiro período de governação de Marcello Caetano. Afirma Veiga Simão que a Caetano faltou correr o risco das decisões necessárias. Teria falado mais

---
[26] Rêgo, 1980, p. 3.
[27] Simão 2006, p. 24.
[28] Ferreira, 2011, p. 9-19.
[29] Simão, 2006, p. 24.

alto um coração enfraquecido e ao mesmo tempo protegido por uma legitimidade respeitável. Tais críticas, entretanto, não deveriam obstar a visão a respeito dos importantes feitos do governo de Marcello Caetano: os anos de ouro da economia portuguesa; a nomeação para altos cargos do Estado e da função pública de grandes figuras independentes, inclusive da oposição; o início de uma política de apoio social e ativo, de desenvolvimento de polos competitivos obedecendo à necessária articulação entre o capital privado e o público. Ao mesmo tempo, os chamados Planos de Fomento evidenciavam a consciência de Caetano e de seu governo para o atraso de Portugal em relação à Europa democrática.[30] Tratava-se, pois, de um projeto de governação com uma clara perspectiva de longo prazo no sentido da modernização do país.

Mas era na reforma educacional, protagonizada pelo próprio, que Veiga Simão anotava o compromisso de fato de Marcello Caetano para com a modernidade. Cita, em favor de seus argumentos, matéria do jornal inglês *The Guardian*, de 1º de março de 1974, com grandes elogios às mudanças realizadas no campo da educação pelo governo Caetano. Cita também depoimento de Francisco Sá Carneiro em que, a despeito do crescente descontentamento com o regime, reconhecia que a educação era o setor em que o governo mais se revelava modernizante e progressivo. Tratava-se de uma reforma também com grande impacto internacional e com o apoio da OCDE[31] e das democracias ocidentais. Mas reconhece Veiga Simão que a implantação do projeto de reforma educacional somente foi possível graças ao apoio de Marcello Caetano, mesmo que, em alguns casos, contrariando a opinião majoritária do governo.[32]

---

[30] Ibidem, p. 24.
[31] Organização para a Cooperação e o Desenvolvimento Econômico. Fundada em Paris, a 14 de dezembro de 1960, tem como membros fundadores os seguintes países: Alemanha, Áustria, Bélgica, Canadá, Dinamarca, Espanha, Estados Unidos, França, Grécia, Holanda, Irlanda, Islândia, Itália, Luxemburgo, Noruega, Portugal, Reino Unido, Suécia, Suíça e Turquia. Disponível online em: www.oecd.org.
[32] SIMÃO, 2006, p. 24.

As memórias de Adriano Moreira remontam ao período em que ainda era estudante de direito da Universidade de Lisboa. Lembra Moreira que, naqueles anos coincidentes com a Segunda Guerra Mundial (1939-1945), o jovem professor Marcello Caetano já era apontado à "boca pequena" como o provável sucessor de Salazar. Os anos a seguir nunca apagaram tal expectativa, estando Marcello Caetano presente no governo ou não. Lembra ainda que sua presença como intelectual e acadêmico na Universidade de Lisboa foi de tal monta que a Faculdade de Direito chegou a manifestar o desejo de regresso de Caetano a seu corpo docente logo após o 25 de abril.[33]

Moreira refere-se ainda à formação política de Marcello Caetano. Lembra de seu início como militante do Integralismo Lusitano e editor, com Pedro Teotónio Pereira, da revista *Ordem Nova*.[34] Aos poucos, a idade e a experiência acabaram por moldar em Caetano uma perspectiva mais moderada, próxima do humanismo cristão. Acredita, entretanto, que Marcello Caetano nunca abandonou completamente o modelo do fundador do Estado Novo, António Oliveira Salazar. Trata-se de um modelo fundado na monarquia medieval e no Código de Direito Canônico, para quem "o governante é um homem responsável, mas aconselhado, sendo o conselho um método destinado a evitar a solidão no topo da hierarquia".[35] Note-se bem que não se trata de uma adoção do Conselho para governar coletivamente. Trata-se, sim, de apenas evitar a solidão. Não está aqui nenhuma perspectiva democrática ou pluralista.

Nesse sentido, Adriano Moreira compartilha com vasta literatura que aponta o descompromisso de Marcelo Caetano para com a democracia.[36] Moreira considera que Marcello Caetano

---

[33] MOREIRA, 2006, p. 24.
[34] Sobre o Integralismo Lusitano e a revista *Ordem Nova*, ver PINTO, 1994, p. 24-36; DESVIGNES, 2006.
[35] MOREIRA, 2006, p. 24.
[36] VALENTE, 2002; REIS, 2010.

viveu permanentemente o drama do conflito entre os princípios e modelos que defendeu por toda a vida, que ensinava, e o que sua lucidez demonstrava e que eram as exigências inadiáveis da evolução do país. Drama esse que nem a chamada Ala Liberal "julgou ter tempo para condescendências".[37] Nesse aspecto, Moreira concorda com Veiga Simão. Em seu depoimento, o ex-ministro da Educação recorda um discurso proferido por Marcello Caetano, de 1961, quando de seu doutoramento *honoris causa* conferido pela Universidade de Madri. Naquela ocasião disse Caetano que "(...) o grande político tem que comportar-se como verdadeiro criador, dotado de percepção aguda e imaginação ágil. Inventor de soluções felizes, porque a arte política é problemática e os povos não perdoam insucessos".[38] Parece que para ambos, Simão e Moreira, o doutrinarismo do intelectual não permitiu que aflorasse a capacidade inventiva do "grande político".

Por fim, não deixa de ser interessante o último parágrafo do depoimento de Adriano Moreira:

> Ter-lhe acontecido que o mundo em que sempre procurou intervir, guiado por uma sólida ética, já lá não estava quando assumiu o poder, cabendo-lhe escrever o derradeiro parágrafo de uma história escrita com "lágrimas de Portugal", julgo que apenas lhe deixou aberto o diálogo com a transcendência. Talvez procurando continuar de bem com Deus, sem conseguir reconciliar-se com os homens.[39]

Como sabemos, Marcello Caetano terminou seus dias ateu ou, ao menos, agnóstico. Seguramente afastado por completo de toda e qualquer relação com as instituições religiosas. Principalmente a Igreja Católica e o Vaticano, que dera origem à sua militância política. Segundo Miguel Caetano, filho do ex-presidente do Con-

---

[37] Moreira, 2006, p. 24.
[38] Simão, 2006, p. 24.
[39] Moreira, 2006, p. 24.

selho, este ter-se-ia tornado agnóstico ao longo de sua governação, quando as relações com a Igreja Católica foram crescentemente se deteriorando.[40] Assim, se não conseguiu conciliar-se com os homens, com Deus é que muito provavelmente não o terá feito.

O depoimento de Jorge Sampaio é, claro está, o mais crítico dos três, ainda que bastante respeitoso com a trajetória de Marcello Caetano. Para ele, a figura de Caetano está diretamente ligada a dois momentos: sua reitoria na Universidade de Lisboa e sua posse como presidente do Conselho, quando teria evocado a célebre expressão "evolução na continuidade". A reitoria teria sido, de acordo com Sampaio, uma proposta apresentada por Salazar em 1961 e que surgira como conveniente abrigo no qual suas inequívocas qualidades poderiam esperar melhores dias. A greve acadêmica de 1962 teria então levado Caetano, à revelia de sua vontade, ao centro dos acontecimentos. Para surpresa dos estudantes, Marcello Caetano terminou por aparecer em cima do carro, no estádio universitário, prestando esclarecimentos a respeito das diligências tomadas com vistas à eventual permissão das atividades estudantis no Dia do Estudante. A seguir, Marcello Caetano teria convidado os líderes do movimento — Jorge Sampaio inclusive — para jantar no restaurante Castanheira do Moura. Por fim, lembra-se Sampaio de Marcello Caetano a falar aos estudantes na varanda da reitoria, "intervenção que só acedeu após inúmeras insistências nossas". Para Sampaio, Marcello Caetano caminhou, naqueles dias, entre o compromisso para encontrar uma saída para a crise e a brutalidade do regime. O austero reitor, então, terminou por apresentar sua demissão do regime, o que contou com a compreensão estudantil. Mas essa admiração pelo reitor não escondia a percepção do homem pragmático, que de uma forma ou de outra preparou-se para ocupar o cargo de presidente do Conselho. Assim, entre 1962 e 1968, Marcello Cae-

---

[40] Entrevista com Miguel Caetano concedida ao autor e à professora doutora Ângela de Castro Gomes. Sintra, 10 de maio de 2010.

tano "soube esperar". Ao assumir a presidência, pronunciou o já citado slogan que marcaria os primeiros anos de seu mandato, ao mesmo tempo que sedimentaria esperanças junto inclusive a segmentos da oposição: "evolução na continuidade".

No entanto, já presidente, Marcello Caetano, quando da campanha eleitoral para as eleições de 1969, recebeu em seu gabinete os representantes da oposição. Foram protestar contra o aprisionamento, por parte da PIDE, a polícia política do regime, do programa eleitoral da CDE (Comissão Democrática Eleitoral), chapa esta hegemonizada pelos comunistas. A frustração foi absoluta: "Tornou-se então óbvio que a 'continuidade' se sobrepunha à 'evolução' e que a cosmética das palavras não substituíra a essência do regime."[41] Ou seja, o aparato repressivo e as restrições à liberdade de expressão iriam se manter. Por isso, parte da oposição optaria por não participar do "embuste" eleitoral de 1973. Os crédulos de quatro anos antes eram cada vez menores. Sampaio é também pessimista quanto aos resultados efetivos dos esforços modernizantes de Marcello Caetano. Para ele, a tentativa de modernização econômica dos segmentos que haviam compreendido que o Portugal agrário e colonial tinha seus dias contados não foi à frente conforme se esperava. Para ele, "(...) as forças políticas, com seus prolongamentos repressivos e censórios, e as forças econômicas autoritárias e conservadoras ganharam transitoriamente a partida". E a responsabilidade desse bloqueio cabia a Marcello Caetano. "Por vezes são necessárias rupturas e Marcello Caetano julgou que não podia (ou não queria?) fazê-las ou assumi-las."[42]

Pedro Feytor Pinto foi, durante o governo de Marcello Caetano, diretor do Secretariado de Estado da Informação e Turismo (SEIT), ou seja, foi o responsável pelos serviços de informação do regime. Assim, não só acompanhou todo o período final do Estado Novo

---

[41] SAMPAIO, 2006, p. 25.
[42] Ibidem, p. 25.

como também era ele quem respondia à imprensa nacional e internacional em nome do governo. Foi, portanto, um espectador privilegiado da conjuntura portuguesa entre o final da década de 1960 até 1974. Para Feytor Pinto, o relativo atraso português ocorreu a despeito da lucidez de alguns dos personagens do regime que vislumbravam a necessidade de mudança. Entretanto, recusaram-se a protagonizar esta necessária mudança devido ao sentimento de lealdade pessoal ou ao legado institucional que, de certa forma, ajudaram a construir. Dois desses personagens, na opinião de Feytor Pinto, foram Armindo Monteiro e Marcello Caetano. Ambos sabiam como evoluir, mas repudiavam a ideia de traição, fosse ao chefe fosse a eles próprios.[43]

Antes mesmo de refletir sobre o período em que trabalhou para o regime, Pedro Feytor Pinto faz referências a passagens nas quais pôde ver a atuação de Marcello Caetano. A primeira delas é quando da crise acadêmica de 1962. Afirma em suas memórias que, por inabilidade do ministro da Educação, ao impedir a celebração do Dia do Estudante, levantou-se uma tempestade que era, a seu ver, sintoma de um profundo mal-estar vivido pela universidade portuguesa. Nos plenários ocorridos no estádio da universidade, todos concordavam que não se podia pôr em causa a autonomia universitária. O processo de crise e protesto estudantil, iniciado em Lisboa, havia se alargado para Coimbra e o Porto. O ministério, atônito, acabou por permitir que a situação crescentemente se deteriorasse. E foi nessa circunstância que os estudantes das faculdades de direito e de letras avançaram em direção à reitoria. Recorda-se Feytor Pinto de ouvir Marcello Caetano, assustado diante da multidão de jovens manifestantes, pronunciar: "Meu Deus, que lhes vou dizer!" Foi essa mais uma ocasião em que Caetano defendeu publicamente a autonomia da universidade, assim como a realização das jornadas estudantis, proibidas pelo Ministério da Educação. Para Feytor Pinto, professor de direito administrativo

---
[43] FEYTOR PINTO, 2011, p. 16.

que era, Marcello Caetano não tinha a menor dúvida de assumir o patrimônio moral da autonomia universitária.[44] Esse seria um episódio marcante nas memórias dos estudantes portugueses e que provocou sentimentos de profunda ambiguidade com relação a um personagem que viria a substituir o velho ditador.

A escolha e a posse de Marcello Caetano como sucessor de Salazar foram, de certa forma, uma grande surpresa para Feytor Pinto. Soube da notícia a caminho da Suíça, onde trabalhava como professor de cultura portuguesa. Em suas memórias, recorda que conseguiu conectar a emissão portuguesa da rádio de Argel. Da matéria, lembra-se Feytor Pinto dos comentários desqualificadores a respeito do governo português.[45] Essa é, aliás, uma das questões mais constantes no livro de Feytor Pinto: a visão predominantemente negativa da opinião pública internacional e o esforço de Marcello Caetano para contornar essa visão. Em diversos momentos, aliás, procura mostrar quanto o regime, durante o consulado Marcello Caetano, recusava-se a permanecer "orgulhosamente só".[46]

O antigo diretor da propaganda do regime procura apontar para os traços que indicam ter sido Marcello Caetano um democrata ou, ao menos, um homem do seu tempo. Assim, recorda-se de quando foi chamado para ocupar a direção dos serviços de informação do Estado Novo. Perguntou-lhe então Caetano quem deveria substituí-lo no cargo de professor da Universidade de Genebra. Sem hesitar, Feytor Pinto indicou o nome de Maria Emília Brederode Rodrigues dos Santos, à época casada com o historiador José de Medeiros Ferreira, um importante nome da oposição portuguesa no exílio. Argumentando em favor das qualidades de sua indicada, Feytor Pinto teria conseguido a anuência de Caetano, a despeito da resistência de diversos setores mais "duros"

---

[44] Feytor Pinto, 2011, p. 85-86.
[45] Ibidem, 2011, p. 155-156.
[46] Ibidem, p. 205.

do regime.[47] Também recorda-se de um incidente ocorrido com o semanário *Expresso*, no qual Marcelo Rebelo de Sousa trabalhava como diretor de redação. O jornal saía aos sábados, de modo que, na sexta, Rebelo de Sousa, pela manhã, enviou as provas para o Exame Prévio, o nome oficial dos serviços de censura. Dentre os textos, um artigo do proprietário Francisco Pinto Balsemão, ex-membro da Ala Liberal, cujo título era "Um problema chamado Ultramar". Após leitura, Feytor Pinto enviou os textos para análise do Exame Prévio. Como a resposta da censura demorasse, o diretor dos serviços de informação resolveu, por conta própria, liberar a publicação de todos os textos sem qualquer corte. A decisão causou tensão entre Feytor Pinto e o diretor dos serviços de Exame Prévio, que tempos depois lhe telefonou afirmando a necessidade de cortar o texto de Balsemão. Passado o fim de semana, Marcello Caetano convocou Feytor Pinto para comparecer ao Palácio de Queluz, onde se encontrava hospedado, e questionou a liberação do citado artigo. Em resposta, Feytor Pinto disse como o episódio havia se passado e propôs a leitura de todo o texto, parágrafo por parágrafo, ao término do qual Caetano terminou por concordar com a decisão tomada. Para Feytor Pinto, "foi evidente mais uma vez o respeito que Marcello Caetano tinha tanto pela liberdade de pensamento como pela decisão responsável que seus colaboradores pudessem tomar".[48]

No entanto, a despeito dessa concordância de Caetano em indicar para uma cadeira de estudos portugueses no exterior uma pessoa ligada à oposição, Feytor Pinto não deixa de lembrar passagens nas quais, por fidelidade ao regime ou a ele próprio, a tolerância com relação à democracia ou às liberdades era menor. Afirma ter conversado diversas vezes com Marcello Caetano a respeito da inconveniência de manter a censura. Sua extinção era importante tanto para sedimentar uma formação pluralista

---
[47] Ibidem, p. 159.
[48] Ibidem, p. 245-247.

na sociedade portuguesa como para melhorar a visão do país no exterior. Afirma Feytor Pinto que Caetano não era estranho ao problema, procurando mesmo solucioná-lo através de uma nova lei de imprensa. Porém, insistia em dois argumentos para a manutenção do controle prévio sobre as publicações: a existência de um confronto militar em três frentes distintas e a presença de elementos do Partido Comunista no seio das redações, o que teria como resultado a crescente influência oposicionista sobre a opinião pública.[49] A descrença, pois, para com a capacidade de discernimento dos portugueses não era ignorada.

Também quando da crise instaurada com a publicação do livro do general António de Spínola, Feytor Pinto não deixou de ver o comportamento de Caetano de forma bastante crítica. A seguir à recusa do pedido de demissão formulado ao presidente da República, a opção de Marcello Caetano teria sido a de convocar uma sessão especial da Assembleia Nacional, "reação típica de um jurista". Assim, procurava o presidente do Conselho transferir a responsabilidade da crise para os "representantes da Nação", esquecendo-se como haviam sido eleitos, o pouco ou quase nada que representavam e o controle que, na prática, o Executivo exercia sobre o Legislativo. Daí o fato de que a grande maioria dos discursos pronunciados foram acríticas manifestações de desagravo.[50] Aqui, evidenciam-se dois olhares a respeito do último presidente do Conselho de Ministros. Enquanto Veiga Simão fala de uma confiança exacerbada de Caetano, que se ancorava em uma legitimidade respeitável, Feytor Pinto via essa legitimidade corroída por um sistema eleitoral falido, falso e responsável pela eleição de quadros tendentes a uma lealdade que nem era a expressão do pensamento médio português e muito menos a tarefa do Legislativo.

---

[49] Ibidem, p. 167-168.
[50] Ibidem, p. 255.

O problema colonial

Além da questão democrática, como sabemos, um dos "gargalos" do regime, seguramente o mais importante, era aquele que se referia à questão do ultramar. Em entrevista a mim concedida, 31 anos depois da morte de Caetano, Freitas do Amaral era já algo mais crítico se compararmos com seu depoimento antes citado. Afirmava, por exemplo, que, quanto às colônias, Caetano chegava a aventar a possibilidade de uma saída gradual para o problema ultramarino desde que a autonomia fosse concedida a elites brancas. Essa teria sido uma declaração do então presidente do Conselho ao ex-aluno quando de uma visita privada. Para Marcello Caetano, a inexistência de elites brancas, com formação europeia, mas em convívio harmônico com os nativos, inviabilizava o processo de autonomia.[51] Assim, havia um impasse que, ainda que não dito por Caetano, expressava a forma como Portugal lidou com suas últimas províncias ultramarinas. Ao mesmo tempo, a afirmação de Freitas do Amaral abre novos caminhos para o entendimento da opinião de Marcello Caetano a respeito de uma eventual autonomia das colônias africanas. Voltarei à frente ao tema.

Quanto às "oportunidades", é mais uma vez Veiga Simão quem lamenta Marcello Caetano não ter agarrado a "oportunidade única" do *Portugal e o futuro*, de António de Spínola, tomando a decisão de abrir o caminho em direção à democracia, de dar voz aos portugueses a respeito de seu destino e incluir o direito à autodeterminação dos povos. Esse seria, a seu ver, o resultado natural da evolução "de uma notável lição colonizadora que, ainda hoje, é o nosso orgulho".[52] É provável que a visão de Caetano acerca do ultramar tenha impedido que tomasse atitude diferente da que tomou. Adriano Moreira lembra, por exemplo, que, tendo iniciado sua mais expressiva carreira política na década de 1940,

---

[51] Entrevista do autor com Diogo Freitas do Amaral. Lisboa, 13 de setembro de 2011.
[52] SIMÃO, 2006, p. 24.

exatamente aquela das comemorações do duplo centenário — 1140, formação do Estado Português, e 1640, Restauração —,[53] Marcello Caetano construiu uma visão do Portugal Imperial que teve na liturgia daquela data uma premissa visível ao longo de todos os anos. Por isso, a coerente aceitação dos compromissos impostos pelo presidente Américo Tomás e da alta hierarquia das Forças Armadas. Compromisso esse calcado na fidelidade ao combate ao comunismo e à política colonial que vinha sendo sustentada pelo governo Salazar.

Para Moreira, Marcello Caetano via o destino do Império como necessariamente tendente à independência. Mas a partir de uma premissa muito própria. Tratava-se da convicção de que a eventual independência das colônias seria uma decisão de europeus transplantados para o além-mar. Nunca de nativos ou de afro-americanos. O modelo brasileiro era, assim, a sua referência fundamental. Como procurei indicar, a inexistência de elites brancas nas colônias favoráveis à independência evidencia que o chamado "modelo brasileiro" era inviável em curto prazo exatamente porque os modelos coloniais portugueses na América e na África foram profundamente distintos.[54] Essa é uma questão que considero importante e que não foi, a meu ver, suficientemente refletida pelas elites do Estado Novo. As novas circunstâncias da política mundial, em que elites nativas lideraram os processos de independência, foram sempre difíceis de serem aceitas por Caetano. Ainda que as conhecesse e, a respeito delas, mostrasse permanentes inquietações. Essas inquietações terminaram por se confirmar crescentemente, entre outras razões, pela quebra na hierarquia militar e no desgaste crescente de 13 anos de guerra colonial.[55]

Para Rui Patrício, ministro dos Negócios Estrangeiros de Portugal entre 1970 e 1974, os chefes militares somente aceitaram

---

[53] Sobre as comemorações do "duplo centenário", ver BLOTTA, 2009.
[54] Sobre as diferenças dos sistemas coloniais implantados por Portugal, ver ALEXANDRE, 2000.
[55] MOREIRA, 2006, p. 24.

a indicação de Marcello Caetano caso ele mantivesse intacta a política ultramarina. Para ele, a cúpula das Forças Armadas decididamente apoiava o que estava a se proceder no ultramar. De certa forma, de acordo com Patrício, a manutenção da política ultramarina era mais consequência de um acordo e de uma concessão de Caetano que propriamente de suas convicções. Como vimos, essa opinião de Rui Patrício não é compartilhada por Adriano Moreira. Para Patrício, não havia à época consenso na questão ultramarina e Marcello Caetano era visto com sérias desconfianças. De certa forma também, o problema ultramarino tornava-se cada vez mais complicado para o regime na medida em que uma parte da oposição tinha, como um de seus objetivos mais importantes, o fim da defesa do ultramar.[56] Patrício, entretanto, concorda que Marcello Caetano não tinha um plano de descolonização. Para ele, o que havia era um pensamento e uma estratégia de longo prazo sobre a evolução das províncias ultramarinas. Caetano, segundo Patrício, considerava que o determinante era o desenvolvimento econômico e social do ultramar e a formação de sociedades multirraciais. A fórmula jurídica a ser adotada no futuro, em uma eventual independência ou autonomização das colônias, era uma questão de futuro. Via, pois, como simplistas as teses do general António de Spínola acerca de uma comunidade lusa. Para ele, um homem com os predicados intelectuais de Marcello Caetano não podia admitir "as ideias toscas" do general.[57] Mas, na medida em que apontava o futuro da África portuguesa como um espaço de administração plurirracial, a vitória da guerra era determinante.

Afirma Patrício não acreditar que Marcello Caetano preferia uma derrota militar na África. Ao menos nunca ouviu dizer tal coisa. O fato de ter autorizado contatos com o PAIGC (Partido Africano para a Independência da Guiné e Cabo-Verde) em

---

[56] Xavier, 2010, p. 136-137.
[57] Ibidem, p. 207-208.

Londres evidenciava que preferia evitar qualquer coisa que se assemelhasse à derrota militar.[58] As lembranças desse contato com os representantes do movimento guerrilheiro cabo-verdiano merecem análise. Afirma o ex-ministro de Marcello Caetano que aqueles encontros haviam sido mediados pelo embaixador brasileiro Mário Gibson Barbosa. Portugal, entretanto, aceitava negociações desde que elas viessem a ser realizadas por Estados africanos vizinhos às colônias, mas nunca por movimentos de libertação. Assim, o encontro do embaixador português em Londres teria sido meramente exploratório.

A realidade na Guiné era diferente das realidades angolana e moçambicana. A guerra guineense havia atingido patamares muito difíceis e, portanto, era possível que se pudesse encontrar uma solução própria.[59] Aqui, mais uma vez, memórias distintas. Enquanto para uma vasta e dominante literatura Marcello Caetano entendia o ultramar como uno, para o antigo diretor do SEIT havia a possibilidade de soluções específicas e a análise de caso a caso.

De acordo com Pedro Feytor Pinto, Marcello Caetano conhecia bem o problema ultramarino. Havia sido ministro das Colônias, dera pareceres que apontavam para uma solução e visitara a África em diversas ocasiões. Na primeira conversa entre ambos a seguir à posse de Feytor Pinto como responsável pela propaganda, Caetano ter-lhe-ia perguntado o que achava de o presidente do Conselho pronunciar a palavra autodeterminação. Feytor Pinto respondeu que Caetano deixaria de ser o presidente do Conselho em curto prazo, mas que voltaria mais tarde, ainda que com mais força.[60] Mas Caetano não pronunciou a palavra e, cada vez mais, elaborou um discurso a respeito do ultramar que se assemelhava à defesa intransigente da política ultramarina herdada de Salazar.

---

[58] Ibidem, p. 211.
[59] Ibidem, p. 208-209.
[60] Feytor Pinto, 2011, p. 185-186.

Como disse Jorge Sampaio, a guerra na África manteve, sem qualquer alteração, "seu trágico caminho".[61] Durante as diversas entrevistas que tivera com Marcello Caetano, Pedro Feytor Pinto se recorda da rejeição do presidente do Conselho a duas alternativas: uma independência branca e uma negociação direta com os movimentos de libertação. A primeira, considerava Caetano que era contrária ao "espírito português". Daí o exemplo paradigmático do Brasil, que considerava deveria ser seguido na África. Quanto à eventual negociação com os movimentos "terroristas", dizia Caetano que se Portugal tivesse qualquer gesto de aproximação com a guerrilha, rapidamente eles assumiriam a parte pelo todo, de modo que rapidamente fixariam datas e promoveriam motins.[62] O que Feytor Pinto chama aqui de "independência branca" difere, claro está, de uma saída "à brasileira". Nesse caso, a preocupação de Caetano parece ser a vitória de um projeto de independência segregacionista e semelhante aos casos da Rodésia ou da África do Sul. Assim, preso a "soluções impossíveis", Caetano via os desgastes interno e externo se alastrarem e se confundirem. Dois episódios foram, então, marcantes para evidenciar a crise do governo. O primeiro deles foi quando da visita prévia de Feytor Pinto preparatória para a visita oficial de Marcello Caetano a Londres. O segundo foi a conhecida crise inaugurada a partir do lançamento do livro *Portugal e o futuro,* do general António de Spínola.

Quanto à visita a Londres, ela se tratava de uma retribuição de Marcello Caetano à visita a Lisboa do príncipe Phillip, duque de Edimburgo, em 1972, quando da celebração dos primeiros tratados de aliança entre os reinos da Inglaterra e de Portugal.[63] A data para a visita de Caetano fora marcada para o dia 16 de julho de 1973. Poucos dias antes, o jornal londrino *Times* publicou um longo artigo informando e comentando notícias de que haviam

---
[61] SAMPAIO, 2006, p. 25.
[62] FEYTOR PINTO, 2011, p. 244.
[63] Ibidem, p. 208-209.

sido descobertas, na povoação de Wiriyamu, em Moçambique, evidências de um massacre perpetrado pelas Forças Armadas portuguesas. Mulheres e crianças haviam sido assassinadas e suas habitações queimadas. A oposição trabalhista imediatamente exigiu do primeiro-ministro britânico, o conservador Edward Heat, que fosse cancelada a visita oficial do chefe do Executivo português. Marcello Caetano desconhecia o ocorrido. As primeiras reações do governo português foram a de manifestar seu desconhecimento do caso e pôr em causa sua veracidade. Teria, no entanto, que assumir o impacto do que estava ocorrendo, tanto nos meios políticos quanto na opinião pública. Foi nessa circunstância que Marcello Caetano determinou a Feytor Pinto que fosse imediatamente para Londres a fim de avaliar a situação e procurar dar resposta às múltiplas intervenções da mídia.[64] O clima não era, pois, favorável. Ainda assim, a viagem de Marcello Caetano, com enorme aparato de segurança, terminou por acontecer. Como parte das mediações, a fim de que a imprensa atenuasse suas críticas ao governo português, Feytor Pinto comprometeu-se a dar vistos de entrada em Moçambique aos jornalistas ingleses, o que causou tensão entre o responsável pela propaganda do regime e o ministro dos Negócios Estrangeiros, Rui Patrício.[65] Ainda que Feytor Pinto afirme o sucesso da visita, que teria permitido a Portugal expor seus pontos de vista, o fato é que também houve manifestações contra o regime em frente à Biblioteca Nacional, quando da inauguração de uma exposição sobre Wellington que fazia parte da programação oficial da comitiva portuguesa. Afirma inclusive Feytor Pinto que aquele foi o momento mais tenso de toda a visita.[66]

No ano seguinte, quando do lançamento de *Portugal e o futuro*, a crise interna tornava-se mais evidente. O livro, lançado em uma sexta-feira imediatamente anterior ao Carnaval, foi um sucesso

---

[64] Ibidem, p. 229-230.
[65] Ibidem, p. 236.
[66] Ibidem, p. 238-239.

editorial imediato, esgotando logo sua primeira edição. Segundo Pedro Feytor Pinto, as teses defendidas por Spínola, de constituição de uma solução confederativa, não diferenciavam muito "do que o próprio Prof. Marcello Caetano tinha em mente". No entanto, lançado em uma conjuntura de guerra e ainda por cima por um prestigiado general que havia servido tanto em Angola quanto na Guiné, o livro adquiria tons de manifesto contra a política ultramarina portuguesa. Convidado por Marcello Caetano a, na Quarta-feira de Cinzas, comparecer no Palácio de São Bento, sede do governo português, percebeu logo o clima de tensão vivido. Para Caetano, a publicação do livro era um "verdadeiro golpe de Estado". Em resposta, Feytor Pinto teria feito a Caetano duas indagações: 1. podia demitir o general? 2. podia governar ignorando que em 24 horas toda a primeira edição estava vendida? Às duas perguntas, Caetano respondeu negativamente. Dada a resposta do presidente do Conselho, sugeriu três saídas. A primeira foi organizar um acontecimento em que o general Spínola estivesse junto com Caetano. A segunda saída era a sugestão de que, dado o sucesso do livro e o evidente interesse da opinião pública, a imprensa fosse liberada a fim de que fizesse os comentários que bem entendesse. Por fim, a terceira saída era ir a Belém, expor a situação ao presidente Américo Tomás, abrindo as portas para que Spínola assumisse a chefia do Executivo. Às propostas Marcello Caetano disse não. À primeira, de fazer uma cerimônia com Spínola, respondeu com um muxoxo: "Eu, com o meu tutor ao lado"; à segunda, reagiu negativamente, afirmando, como já fizera antes, que as redações estavam dominadas pelo Partido Comunista e as Forças Armadas considerariam uma traição ao esforço empreendido na África; por fim, à terceira, disse que jamais cometeria uma ilegalidade. A reação de Caetano foi, então, procurar o presidente da República, Américo Tomás, e entregar o cargo. Este, ainda de acordo com Feytor Pinto, recusou a demissão, afirmando que Marcello Caetano havia deixado criar o problema, de modo que deveria resolvê-lo. Considerava uma injustiça a resposta de Américo Tomás.[67] É curiosa essa afirmação de Feytor Pinto, pois nem sequer Marcello Caetano assim se refere ao diálogo com Américo Tomás. Em suas memórias, no livro *Depoimento*, Caetano relata que o presidente da República disse-lhe que sua exoneração não fazia sentido dada a confiança que o país havia depositado nele. E também o próprio Américo Tomás só via razões para manter Caetano como presidente do Conselho. Por fim: se o substituísse lançaria o país nas mãos de um desconhecido e, consequentemente, em uma irresponsável aventura.[68]

Diante das possibilidades de escolhas não tomadas ou na ausência destas, o fato é que Marcello Caetano manteve, tal e qual, a política ultramarina de Salazar. Esse fato, como sabemos, foi determinante para o golpe de 25 de abril de 1974 e a revolução daí advinda. Assim, se havia ou não vontade política de alterar "por dentro" o regime, o fato é que elas não se deram durante o consulado de Marcello Caetano. Episódios como a repressão à Capela do Rato ou a própria restrição nas listas eleitorais, tanto em 1969 quanto em 1973, por si só demonstram a continuidade do regime inaugurado por Oliveira Salazar. A real alteração apenas veio a ocorrer a seguir ao 25 de abril e às consequentes democratização do país e sua entrada, de fato, na Europa. Esse processo aconteceu com um Marcello Caetano devotado, ainda que à revelia de suas vontades, à sua verdadeira vocação, a universidade. E na cidade que, não custa lembrar, foi a única capital do Império português fora da ocidental praia lusitana.

Conclusão

É, a meu ver, interessante a dicotomia dos depoimentos, as contradições e artimanhas da memória. Para os quadros que apoiaram o regime do Estado Novo ou que, de uma forma ou de outra,

---

[67] Ibidem, p. 253-255.
[68] CAETANO, 1974, p. 197-198.

tiveram alguma proximidade com Marcello Caetano, o político era, em certa medida, ofuscado pelo intelectual. Todos falaram de seu rigor acadêmico e de sua dedicação à universidade. O distanciamento provocado pelo cargo que Caetano ocupava e pelas escolhas políticas que havia feito não ofuscava esse perfil determinante: Caetano era um grande intelectual e era assim que deveria ser lembrado. Ao mesmo tempo, é fato que os livros produzidos com mais tempo de formulação foram ainda mais condescendentes com o personagem. Ficava o intelectual acima do político e mesmo este era eivado de valores que as condições do lugar impediram que se manifestassem plenamente. As oposições ao regime do Estado Novo, claro está, foram mais rigorosas em seus depoimentos. Faltou coragem, ousadia e, no mínimo, determinação para mudar e democratizar o país. Ainda assim, é fato que existe certo abrandamento nos depoimentos colhidos quando do centenário de nascimento de Marcello Caetano em relação aos de seu falecimento. A proximidade com o Estado Novo fazia com que o regime e seus personagens fossem vistos de forma mais dura e intransigente.

Um ponto, entretanto, me parece unificar as opiniões a respeito de Marcello Caetano, tanto da oposição quanto daqueles que o haviam apoiado. O último presidente da ditadura do Estado Novo ficou, em larga medida e a despeito de sua vontade, preso à memória de um regime que, entre 1968 e 1974, fracassou em seus principais projetos: a incorporação dos quadros "liberais", ainda que sob o seu controle; a integração à Europa; a resolução do problema colonial; a "continuidade na mudança"... Dessa forma, Marcello Caetano, para correligionários e adversários, manteve-se atado aos cinco anos e meio de seu mandato como presidente do Conselho de Ministros. Por isso, sua formação pretérita, sua vida como intelectual e como político anteriores a 1968, portanto, exatamente o passado que pôde credenciá-lo como sucessor de Salazar, foi, em grande parte, deixado de lado. Essa é a grande artimanha da memória a respeito de muitos dos biografados: a redução ou, na melhor da hipóteses, a condensação de toda uma trajetória — para o bem e para o mal — em poucos anos, em poucos meses. Às vezes até em pouquíssimos dias.

Referências bibliográficas

ALEXANDRE, V. *Velho Brasil, novas Áfricas: Portugal e o Império (1808-1975)*. Porto: Afrontamento, 2000.

AMARAL, J. B. S. da M. "Admirei sempre seu rigor científico". *Diário de Notícias,* 27 de outubro de 1980, p. 3.

ANTUNES, J. F. *Salazar e Caetano: cartas secretas, 1932-1968*. Lisboa: Difusão Cultural, 1994.

BARRETO, A. "Mudança social em Portugal". In PINTO, A. C. (coord.). *Portugal contemporâneo*. Lisboa: Dom Quixote, 2005, p. 137-162.

BLOTTA, C. G. da S. *A presença brasileira nas comemorações centenárias de Portugal*. Dissertação de Mestrado não publicada apresentada ao Programa de Pós-graduação em História Política da UERJ.

CAETANO, M. *Depoimento*. Rio de Janeiro: Record, 1974.

CONFRARIA, J. "Política econômica". In LAINS, P. e SILVA, A. F. da. *História Econômica de Portugal (1700-2000) — Volume III: O Século XX*. 39ª edição. Lisboa: Imprensa de Ciências Sociais, 2008, p. 397-421.

DESVIGNES, A. I. S. *António Sardinha (1887-1925): um intelectual no século*. Lisboa: Imprensa de Ciências Sociais, 2006.

FERNANDES, T. *Nem ditadura, nem revolução. A Ala Liberal e o Marcelismo*. Lisboa: Dom Quixote/Assembleia da República, 2006.

FERREIRA, J. *João Goulart: uma biografia*. Rio de Janeiro: Civilização Brasileira, 2011.

FEYTOR PINTO, P. *Na sombra do poder*. Lisboa: Dom Quixote, 2011.

FREITAS DO AMARAL, D. "A amizade está acima da política". *Diário de Notícias,* Lisboa, 27 de outubro de 1980, p. 3.

GUERRA, M. "Não havia solidariedade orgânica, mas apenas simpatia". *Diário de Notícias,* Lisboa, 27 de outubro de 1980, p. 3.

HILL, C. *O mundo de ponta-cabeça: ideias radicais na Revolução Inglesa de 1640*. São Paulo: Companhia das Letras, 1987.

JORGE, L. *Combateremos a sombra*. Lisboa: Publicações Dom Quixote, 2007.

LABORIE, P. "Memória e opinião". In AZEVEDO, C.; ROLLEMBERG, D.; KNAUSS, P.; BICALHO, M. F. B.; QUADRAT, S. (orgs.). *Cultura política, memória e historiografia*. Rio de Janeiro: Editora FGV, 2009, p. 79-97.

LUÍS, S. B. "'Está vivo? Maldito ou querido ditador. Odioso ou saudoso Estado Novo. Sepultar ou revisitar o passado. Ajustar contas ou mitificar a História. Do futuro museu ao concurso televisivo *Os Grandes Portugueses*, passando pelos *best-sellers* editoriais, aqui se explica por que é que ainda sentimos a sombra do 'velho abutre'". *Visão*, 22 de março de 2007, p. 46-53.

MACHETE, R. "Não era um homem comum". *Diário de Notícias*, 27 de outubro de 1980, p. 3.

MARTINHO, F. C. P. "Entre o fomento e o condicionamento: a economia portuguesa em tempos de crise (1930-1945)". In LIMONCIC, F. e MARTINHO, F. C. P. (orgs.). *A grande depressão. Política e economia na década de 1930 — Europa, Américas, África e Ásia*. Rio de Janeiro: Civilização Brasileira, 2009, p. 305-330.

MARTINHO, F. C. P. "Marcello Caetano e o sentido do antiliberalismo no pensamento político português". In LIMONCIC, F. e MARTINHO, F. C. P. (orgs.). *Os intelectuais do antiliberalismo. Projetos e políticas para outras modernidades*. Rio de Janeiro: Civilização Brasileira, 2010, p. 169-199.

MOREIRO, A. "Lágrimas de Portugal". *Diário de Notícias* [Caderno Centenário de Marcello Caetano], 17 de agosto de 2006, p. 24.

NORA, P. *Les lieux de mémoire*. Paris: Gallimard, 1985.

PINTO, A. C. *Os camisas azuis: Ideologia, elites e movimentos fascistas em Portugal (1914-1945)*. Lisboa: Editorial Estampa, 1994.

_____. "Ajustando as contas com o passado na transição para a democracia em Portugal". In BRITO, A. B. de; GONZÁLES-ENRIQUEZ, C. e FERNÁNDEZ, P. A. (orgs.). *Política da memória: verdade e justiça na transição para a democracia*. Lisboa: Imprensa de Ciências Sociais, 2004, p. 87-108.

_____. "Portugal contemporâneo: uma introdução". In PINTO, A. C. (org.). *Portugal contemporâneo*. Lisboa: Dom Quixote, 2005, p. 11-50.

POLLAK, M. "Memória, Esquecimento, Silêncio". In *Estudos Históricos*. CPDOC/FGV, p. 3-15.

RÊGO, R. "Não teve coragem de inverter a corrida da ditadura". *Diário de Notícias*, 27 de outubro de 1980, p. 3.

REIS, J. *A transição impossível. A ruptura de Sá Carneiro com Marcello Caetano*. Lisboa: Casa das Letras, 2010.

REZOLA, M. I. *Os militares na Revolução de Abril: o Conselho da Revolução e a transição para a democracia em Portugal (1974-1976)*. Lisboa: Campo da Comunicação, 2006.

ROSAS, F. e PEREIRA, P. T. In ROSAS, F. e BRITO, J. M. Brandão de (orgs.). *Dicionário de História do Estado Novo*. Volume II. Lisboa: Círculo de Leitores, 1996, p. 718-719.

ROSAS, F. *Salazarismo e fomento económico: o primado do político na história econômica do Estado Novo*. Lisboa: Editorial Notícias, 2000.

SAMPAIO, J. "Cosmética das palavras". *Diário de Notícias* [Caderno Centenário de Marcello Caetano], 17 de agosto de 2006, p. 25.

SAVAY, O. "Plínio Doyle, o verdadeiro garoto de Ipanema". *Jornal da UBE (União Brasileira de Escritores)*, nº 101, dezembro de 2002, p. 15.

SIMÃO, J. V. "O coração e a razão". *Diário de Notícias* [Caderno Centenário de Marcello Caetano], 17 de agosto de 2006, p. 24.

SOARES, M. G. *Marcello Caetano: o homem que perdeu a fé*. Lisboa: A Esfera dos Livros, 2009.

SOUSA, M. R. de. "Ultrapassou as contingências da política". *Diário de Notícias*, 27 de outubro de 1980, p. 3.

_____. "Evocar Marcello Caetano no centenário de seu nascimento". *Expresso*, 12 de agosto de 2006, p. 14.

VALENTE, V. P. *Marcello Caetano: as desventuras da razão*. Algés: Gótica, 2002.

XAVIER, L. *Rui Patrício: a vida conta-se inteira*. Lisboa: Círculo de Leitores, 2010.

5. Atitudes partidárias e passado autoritário na democracia espanhola

Carsten Humlebaek

A transição espanhola caracterizou-se por uma quase total falta de ajuste de contas com a ditadura por via judicial. Segundo Omar Encarnación, a Espanha constitui "o caso mais famoso na história recente em que uma nova democracia enfrenta um passado difícil e doloroso escolhendo não o enfrentar".[1] Só a partir de 2000 é que essa exigência surgiu por parte da oposição ao governo conservador de então e só depois de 2004 é que o processo para acerto de contas com o passado autoritário teve realmente início, tanto em termos de medidas legislativas como de debate público. Os direitos das vítimas do franquismo e da república e a frente de esquerda na Guerra Civil não foram, portanto, tidos em consideração até o governo de Zapatero chegar ao poder. A questão central deste capítulo será perguntar por que tiveram os espanhóis de esperar tanto tempo — quase trinta anos — para confrontarem o passado não democrático. E, mais especificamente, por que razão os partidos de esquerda, que tirariam vantagem

---
[1] Encarnación, 2008, p. 436.

de quaisquer contas com a ditadura, não reivindicaram a abertura de tal processo mais cedo?

Depois de uma breve introdução ao processo de transição democrática, centrada em torno das questões da justiça de transição e da política do passado, analisaremos as atitudes dos partidos políticos em relação ao passado não democrático, em particular os desenvolvimentos no seio do Partido Socialista (PSOE — Partido Socialista Obrero Español). Por fim, discutiremos o processo em curso de contas com o passado ditatorial e as razões que estão por trás desse desenvolvimento.

Ruptura e continuidade na transição espanhola para a democracia

Se, em Portugal, a natureza da queda do regime autoritário, em 1974, explica a ruptura radical com o passado,[2] na Espanha, um sentimento antirrevolucionário particularmente forte levou a uma transição negociada. As atitudes dominantes em relação ao passado autoritário, durante a transição para a democracia, e o tipo de medidas retributivas tomadas estavam, assim, diretamente relacionadas com certas características do regime de Franco, bem como com o modo como ele chegou ao poder, através de uma vitória na sangrenta Guerra Civil. A vitória e o modo como o regime mais tarde se apoiou nela como fonte de legitimidade explicam a existência de uma nação dividida, que nunca se reconciliou durante todo o tempo da ditadura. Consequentemente, perto do fim do regime de Franco, a necessidade de reconciliar a nação era amplamente sentida, mas a memória do fratricídio deixada pela guerra e pelos anos imediatamente a seguir constituiu, não obstante, um pano de fundo problemático para a construção de um regime democrático.

---
[2] PINTO, 2006; MAXWELL, 1995.

Em segundo lugar, a vitória estava combinada com uma leitura particular da história pré-Guerra Civil Espanhola, que via a democracia republicana dos anos 1930 como a razão direta do clima de polarização e violência que levou à guerra. A cultura política dos espanhóis era, por outras palavras, apresentada como inadequada para uma democracia. Usando o exemplo do declínio da Segunda República até a guerra como um aviso, o regime de Franco insistiu no discurso de que os espanhóis eram incapazes de viver em democracia sem recorrer à violência, e isso era a razão para precisarem de um regime como o do *caudillo*. Esse discurso cultivava o medo de que a guerra civil se repetisse como argumento central e muito eficaz.

Em terceiro lugar, a duração da ditadura constituiu um fator que tornou difícil a continuidade com o que quer que fosse que a tivesse antecedido. Após quase quatro décadas, várias gerações não tinham conhecido senão a ditadura e tinham sido socializadas por ela para a sua autojustificação, no sistema educativo, no serviço militar, através dos veículos de mídia públicos etc. Nos anos 1970, a maioria dos espanhóis — tanto vencedores como vencidos — estava convencida da trágica leitura da Guerra Civil. Não havia, portanto, nenhuma experiência recente aproveitável de transição democrática na história da Espanha para usar como exemplo para a transição. O período em torno da morte de Franco foi marcado por esse medo quase avassalador de uma repetição de um cenário semelhante a uma guerra civil.[3] A combinação da necessidade de reconciliar a nação com o medo de conflito traduziu-se numa procura obsessiva de consenso como um princípio indispensável para a mudança política depois de Franco, mas também fez os principais atores absterem-se de qualquer tipo de mudança abrupta que pudesse ser interpretada como revolucionária.

Finalmente, como referido, o regime de Franco não foi derrubado por forças internas ou externas, ao contrário das outras

---

[3] Hite e Morlino, 2004.

ditaduras da Europa do Sul que estavam a atravessar transições para a democracia. O ditador morreu de velho no seu leito em novembro de 1975 e, desse modo, não houve nenhuma sublevação revolucionária, nem havia uma tradição de oposição que fosse motivo de orgulho e a partir da qual se construísse uma nova democracia. Em vez disso, a oposição teve de negociar a construção de um novo regime com uma ditadura franquista que tinha sido decapitada, mas que não deixara de existir. Os fatores supracitados levaram a que a mudança de regime tomasse o rumo de uma transição por reforma, que tinha a introdução da democracia consensual como objetivo último, tal como uma ruptura com o passado, mas que, em cada um dos seus passos, tinha de ser uma reforma caracterizada por respeito pelo sistema autoritário, em termos de estrutura política, instituições e enquadramento judicial.[4]

A questão da justiça de transição na democratização espanhola

Como foi dito anteriormente, o ajuste de contas por via judicial com o regime franquista esteve quase totalmente ausente. De fato, não foram aplicadas ao regime de Franco medidas de justiça retroativa, nem o aparelho do Estado foi saneado de nenhum modo sistemático, nem nunca foi instituída nenhuma comissão da verdade ou outra do gênero para investigar casos de violações dos direitos humanos.[5] Isso não significa, no entanto, que a questão da justiça de transição estivesse ausente do processo de mudança de regime. Pelo contrário, a ausência de confronto judicial com o passado é, na verdade, uma indicação de como era importante encontrar as soluções corretas para esse problema. A questão da justiça retroativa e a das noções implícitas de vingança e de

---

[4] GUNTHER *et al.*, 2004.
[5] Um bom estudo sobre as questões de justiça de transição no caso da transição espanhola é AGUILAR FERNÁNDEZ (2001). Sobre a questão das leis de anistia, ver também AGUILAR FERNÁNDEZ (1997).

culpa coletiva eram tão delicadas para grupos muito grandes da sociedade espanhola que punham em risco a estabilidade social e política do período inicial da transição, o que foi uma das razões por trás da solução extrema adotada.

O fato de a nova elite política ser constituída tanto por membros da antiga oposição como por seguidores da anterior ditadura, que obviamente não partilhavam uma mesma interpretação daquele período, e a necessidade urgente de alcançar um amplo acordo consensual a respeito da mudança de regime foram fatores determinantes na escolha de deixar o passado autoritário fora da equação política na criação de uma nova democracia. A transição para a democracia baseou-se, portanto, num desejo mais ou menos explícito de esquecer ou silenciar as dimensões problemáticas do passado. Paloma Aguilar Fernández designou esse entendimento comum entre as elites políticas como um acordo tácito para não instrumentalizar o passado politicamente.[6]

Esse acordo não permaneceu apenas como um pacto informal. Foi traduzido em políticas como, por exemplo, uma série de três iniciativas legais relativas à anistia para crimes políticos, a mais importante das quais foi a Lei de Anistia de outubro de 1977, aprovada pelo Parlamento democraticamente eleito, com o apoio de todos os principais partidos políticos, com exceção da ala direita da Aliança Popular dos ex-franquistas, que se absteve. A anistia para todos os presos políticos era uma das exigências mais importantes da oposição à ditadura. Como pedra angular dessas reivindicações, a Lei de Anistia parecia destinada antes e acima de tudo a satisfazer os partidos de esquerda e os nacionalistas catalães e bascos, que tinham sofrido repressão. Mas, de modo igualmente importante, ela também protegia de ações judiciais os perpetradores da ditadura.[7]

---

[6] Aguilar Fernández, 2006, p. 260-270. Para um estudo sobre a utilização política do passado na Espanha desde 1975 e a ruptura do pacto informal no final dos anos 1990, ver Humlebaek (2005).
[7] Aguilar Fernández, 1997; 2001, p. 102-105.

Desse ponto de vista, a questão da justiça de transição na Espanha pós-Franco terminou com a Lei de Anistia de 1977. Mas, apesar de ser considerada uma anistia feita por todos para todos, não era estanque e, entre março de 1978 e setembro de 1979, foram aprovados quatro diplomas legais que alteravam a lei ou concediam reparação material para certos grupos. Aguilar Fernández explica esta vaga de leis de indenização relacionando-a com uma série de situações de injustiça a que era preciso atender, mas, como observou num texto posterior, foi também uma prova de que a Lei de Anistia deixava questões importantes sem uma solução adequada.[8] De outra perspectiva, a questão da justiça de transição não ficara arrumada de uma vez por todas com a Lei de Anistia. Numa democracia, o acordo informal que sustentava a anistia acabaria por ser um acordo instável, em particular devido ao peso desigual das concessões feitas por uma das partes. Por este prisma, a Lei de Anistia tornou-se um meio de pôr temporariamente na prateleira o problema da justiça de transição.

A legitimidade da nova democracia e a política do passado

Por várias razões, como se conclui do que ficou dito, a legitimidade foi uma questão delicada durante o período inicial da transição espanhola. As principais razões eram o caráter negociado da democratização e o fato de a mudança de regime ter necessariamente de parecer ser uma reforma do regime existente, protegendo, desse modo, ao menos parcialmente, a sua legitimidade. O período imediatamente a seguir a Franco foi, assim, uma fase liminar sem qualquer fonte clara de legitimidade. A situação só lenta e gradualmente foi sendo substituída por outra, caracterizada por uma nova legitimidade democrática.

---
[8] Aguilar Fernández, 2006, p. 271-281; 2008b, p. 419-421.

O regime democrático em construção sofreu de uma aguda falta de qualquer mito fundador. Não podia basear-se na reabilitação de uma anterior tradição democrática e, através disso, construir continuidade com qualquer período ou regime anterior, nem havia, claro, nenhuma legitimidade revolucionária, uma vez que o ditador tinha morrido de velho. Outros tipos de legitimidade ajudaram a atenuar o vazio de mitos fundadores, como foi o caso da legitimidade carismática de figuras centrais como o primeiro-ministro Adolfo Suárez e o rei Juan Carlos, bem como da legitimidade autenticada por transferência e eficácia, que ficou demonstrada, por exemplo, nas elevadas taxas de participação eleitoral. A primeira vez que a população espanhola foi chamada a participar no processo de mudança de regime foi por ocasião do referendo sobre a Lei para a Reforma Política, a 15 de dezembro de 1976. Essa lei, que ainda foi aprovada pelo Parlamento franquista, estabelecia a supremacia da lei como princípio político e a soberania do povo através de sufrágio geral. Como tal, foi um dos elementos mais importantes de uma democratização construtiva e pacífica. Apesar do fato de a oposição democrática, que considerava a reforma proposta insuficiente, ter apelado ao voto no "não" no referendo, a participação foi elevada (77,8%) e o projeto foi maciçamente apoiado (94,5% a favor e apenas 2,6% contra). Houve importantes lições dessa experiência para os políticos espanhóis. A população tinha votado massivamente a favor de moderação e reforma, em vez de uma ruptura, e, enquanto os políticos se mantivessem nessa via, a legitimidade do processo seria elevada. Em todas as ocasiões desde então, tanto em eleições gerais como em referendos, a população votou consistentemente pela moderação.

A nova democracia tinha de adquirir a sua própria legitimidade sabendo lidar com todos os receios do povo, ao mesmo tempo que construía um novo mito fundador. Nesse esforço, o discurso franquista de legitimidade referente ao caráter ingovernável dos espanhóis revelou-se útil como contranarrativa para a mudança de regime que estava de fato a desenrolar-se. Como aquela era uma narrativa bem conhecida de todos, que negava a possibilidade de uma transição pacífica para a democracia, o fato de tal transição estar a acontecer servia para reforçar o valor evidente do novo regime. O novo mito fundador que emergiu durante o início da transição foi, desse modo, construído *ex negativo* a partir do discurso franquista de legitimação e, por consequência, fortemente influenciado por ele.

À medida que vários desenvolvimentos foram impelindo a Espanha na direção da democratização, o regime franquista caiu progressivamente no silêncio, uma tendência que tinha começado timidamente sob o primeiro governo franquista da monarquia. Por exemplo, os feriados instituídos durante o regime franquista foram todos recebidos com silêncio oficial, em particular depois da chegada da democracia. Essa nunca foi uma política expressa, porém, e estava em consonância com a vontade de "seguir em frente" e deixar simplesmente o anterior regime em paz. O modo como foi tratada a questão dos feriados franquistas é apenas um exemplo de como a "Política do Passado" se desenvolveu gradualmente e quase nunca foi discutida publicamente. O acordo tácito de não instrumentalizar politicamente o passado era precisamente isto: nunca foi formalmente explicado nem assinado por ninguém. Era, no entanto, um dos elementos mais centrais da política do passado na transição.

O estabelecimento do acordo tácito aconteceu por volta do fim do verão, princípio do outono de 1977, logo após as primeiras eleições e a subsequente constituição do Parlamento democraticamente eleito. O fato de ter realizado com sucesso eleições democráticas sem grandes incidentes violentos conferiu legitimidade à transição para a democracia, provando a falsidade do mito franquista da incapacidade dos espanhóis para viverem sob um sistema democrático. De acordo com Aguilar Fernández, o debate inaugural do novo Parlamento, em julho de 1977, e os debates sobre a Lei de Anistia foram provavelmente o mais próximo que os políticos chegaram de discutir abertamente o pacto informal sobre o passado.

O debate revela que, nesse tempo, palavras como "silêncio" e "esquecimento" tinham conotações positivas para muitos políticos.[9]

Com a democracia em bom funcionamento, no verão de 1977, e o acordo informal em curso, estavam lançadas as fundações do novo regime e os partidos políticos podiam começar a preparar uma nova constituição — a própria pedra angular da democratização, que assentaria nesses acordos que colocaram o passado e o presente em dois compartimentos estanques. Que isso fosse apoiado por quase todas as forças políticas, bem como pelos eleitores espanhóis no referendo de 6 de dezembro de 1978, só foi possível porque as forças políticas tinham chegado a esse comum acordo em relação ao passado e às formas como ele poderia ser utilizado no presente.

O fato de a transição para a democracia se ter caracterizado por uma transformação pela via da reforma não significa que não houvesse luta entre ruptura e reforma como princípios orientadores para a mudança política. As principais opções, no entanto, eram entre considerar a nova democracia algo radicalmente novo na história da Espanha (ruptura) ou ver a Espanha como uma das mais antigas nações da Europa e a democratização bem-sucedida como apenas um pequeno passo na sua longa história (reforma). Desse modo, não se baseava na reabilitação do regime de Franco, mas antes em construir continuidade com o distante passado de grandeza da Espanha.

Os partidos espanhóis e o passado autoritário

Depois da morte de Franco, as atitudes em relação ao passado autoritário eram sobretudo ditadas pela anterior divisão entre vencedores e vencidos da Guerra Civil. Durante a transição, essa divisão traduziu-se nas novas estruturas partidárias democráticas.

---

[9] AGUILAR FERNÁNDEZ, 2008a, p. 291-303.

A antiga oposição pôde em geral utilizar estruturas partidárias existentes, que tinham sobrevivido na clandestinidade durante a ditadura, as mais importantes das quais eram o PSOE e o Partido Comunista da Espanha (PCE — Partido Comunista de España) — ambos de esquerda — e os partidos nacionalistas, conservadores moderados, basco e catalão, o Partido Nacionalista Basco (PNV — Partido Nacionalista Vasco) e a Convergência e União (CiU — Convergència i Unió). A direita teve de se reinventar na transição, dado que não tinha estado na oposição à ditadura e, consequentemente, não tinha estruturas partidárias clandestinas. Os partidos dominantes criados durante a transição foram a União do Centro Democrático, de centro-direita (UCD — Unión de Centro Democrático) e a Aliança Popular, de direita (AP — Alianza Popular). Desde as primeiras eleições, em 1977, o PSOE tem sido o principal partido de esquerda, enquanto a direita, no início, era dominada pela UCD de Adolfo Suárez, que ganhou as eleições em 1977 e 1979. Contudo, a partir das eleições de 1982, a UCD implodiu e o seu papel de principal partido de direita foi assumido pela AP, que, em 1989, mudou o nome para Partido Popular (PP — Partido Popular). Esses três partidos, o PSOE, à esquerda, e a UCD e o AP/PP, à direita, têm sido o partido do governo e o principal partido da oposição, respectivamente, alternando-se no poder em 1982, 1996 e 2004.[10]

A esquerda e a direita representam atitudes radicalmente diferentes em relação ao passado, devido ao fato de a UCD, e depois a AP/PP, ser o principal herdeiro político do lado vencedor da Guerra Civil, e o PSOE o do lado vencido. No entanto, ambos os lados concordaram em não instrumentalizar o passado. Uma das razões para isso foi que, no início do período de transição, tanto os franquistas como a oposição se sentiam fracos e, por consequência, compelidos a procurar acordo. A direita controlava o aparelho repressivo ainda franquista, mas a esquerda conseguia mobilizar

---
[10] GUNTHER *et al.*, 2004.

as massas. A direita obteve a anistia legal em troca de abdicar do seu monopólio do poder, enquanto a esquerda ganhava direitos democráticos havia muito ansiados, em troca de alargar a anistia para abranger a repressão franquista durante a ditadura. Isso, contudo, não significa que fosse um pacto com equilíbrio entre as partes. Num cenário democrático, a direita tinha claramente mais a ganhar ao aderir ao pacto porque ficava "liberta" do seu passado não democrático, ao passo que a esquerda tinha mais a perder, visto que não poderia tirar partido da sua história como defensora da democracia. Essa diferente relação com o passado autoritário é claramente visível no grau em que cada lado estava disposto a respeitar o pacto informal da transição. Os partidos de direita sempre insistiram em seguir os acordos da transição e alertaram contra "abrir velhas feridas" quando o passado autoritário ameaçou entrar no debate político.

Os partidos de esquerda e o pacto tácito de transição

O grau em que o PSOE e os outros partidos de esquerda respeitaram o acordo informal passou por várias fases. Essas variações explicam-se melhor pelo interesse político da esquerda em respeitar ou quebrar o acordo. Durante a legislatura constituinte de 1977-79, houve poucas iniciativas parlamentares respeitantes ao passado ditatorial. Foi completamente dominada pela elaboração da nova constituição, que era a expressão exata da política de consenso que se assentava no acordo informal de não instrumentalizar o passado. Durante essa fase inicial, as razões dos partidos de esquerda para respeitar o pacto eram as mesmas que estavam por trás do acordo em si. O fato de não poderem utilizar a sua história de defensores da democracia era o preço a pagar pela construção e consolidação da democracia. Esse modo de pensar tinha como premissa a assunção de que a democracia estava em perigo e, nessa perspectiva, a esquerda não teria interesse em quebrar o pacto.

Com o começo da primeira legislatura ordinária de 1979, as coisas mudaram. Esse período assistiu a um crescimento explosivo do número de iniciativas legislativas relacionadas com o passado autoritário, incluindo pensões para as viúvas de militares republicanos — uma medida que tinha sido adiada devido à tarefa urgente de escrever a constituição, na legislatura precedente. Essas primeiras leis de reparação não mencionavam o sofrimento daqueles que tinham lutado em defesa de um regime legítimo, nem a ditadura ou quaisquer indivíduos eram mencionados como sendo responsáveis pelas injustiças cometidas.[11] Portanto, mais do que uma violação do pacto informal de não instrumentalizar o passado, essas iniciativas legislativas podem ser consideradas uma expressão das reparações mínimas necessárias para que o acordo funcionasse.

No plano local, tomou-se um tipo diferente de iniciativa, que também tinha a ver diretamente com o passado autoritário. O princípio da primeira legislatura democrática, em abril de 1979, coincidiu com as primeiras eleições para os municípios. Nos locais em que os partidos de esquerda ganharam as eleições, foram tomadas iniciativas para começar a exumar restos mortais de valas comuns da Guerra Civil. As câmaras de esquerda eram muito variadas, indo de conselhos dominados pelo PSOE ou pelo PCE até os que eram dirigidos por coligações de vários partidos de esquerda, fossem seções locais de partidos nacionais ou partidos regionais ou municipais. Em todos os casos, os planos para abrir as sepulturas tiveram origem numa espécie de iniciativa popular, quer de fora do conselho municipal quer canalizada por algum dos seus membros recém-eleitos. Um exemplo desses casos das primeiras exumações em valas comuns passou-se na Extremadura, na aldeia de Torremejía, que tinha, nesse tempo, menos de 2

---

[11] Aguilar Fernández, 2006, p. 271-281; 2008b, p. 420-421.

mil habitantes. Pouco depois das eleições, um grupo de cidadãos pediu ao presidente da autarquia, Benito Benítez, de esquerda, para exumar os seus familiares da vala comum onde tinham sido lançados depois de executados, em 14 de setembro de 1939. Depois de aprovada pelo conselho, a exumação realizou-se a 17 e 18 de agosto de 1979 e as ossadas de 33 republicanos mereceram uma cerimônia fúnebre a que assistiram cerca de mil pessoas — o que dá uma ideia da ressonância que tinha esse tipo de iniciativa.[12]

Esse caso demonstra que a fase inicial da "recuperação da memória histórica" — para usar a expressão que desde então se tornou comum — não decorreu sem conflito. Muitas das ações empreendidas, tanto de exumação de corpos que traziam para a esfera pública crimes que tinham ficado impunes, como de reclamações de justiça ou homenagens a vítimas da repressão, iam contra o pacto informal entre os partidos políticos. Os casos de reabertura de valas comuns não foram provavelmente muito numerosos, mas não ocorreram apenas numa parte isolada do país.[13] Mas essas quebras do acordo informal não chegaram ao Parlamento de Madri ou causaram qualquer debate alargado, em plano nacional. Os partidos de esquerda com dimensão nacional não saíram em defesa dos seus partidários e aliados locais e a questão foi, ao que parece, amplamente silenciada. Do mesmo modo, a questão não recebeu grande atenção dos veículos de mídia, o que sugere que estes, em geral, colaboravam nos esforços para silenciar este problemático legado do passado autoritário.

Essa fase em que a política de esquerda em âmbito local, em alguns lugares, mostrou seguir um desenvolvimento independente

---

[12] BAVIANO, 1980a, 1980b, 1980c; PIEDEHERRO, 2004; HUMLEBAEK, 2010.

[13] Além do exemplo referido na Extremadura, encontrei outro caso na província de Navarra e dois outros casos na província de Burgos, nas cidades de Lerma e de Torresandino. Para a história de Lerma, ver ESCOLAR (2006). Tanto quanto sei, não existe nenhum levantamento completo dessas exumações de 1979 e 1980, que desafiaram o sentido do pacto informal de não instrumentalizar politicamente o passado. A ARMH não menciona os acontecimentos de 1979 e 1980 no seu sítio (www.memoriahistorica.org), ainda que possam ser considerados antecedentes da formação da Associação.

durou aproximadamente dois anos. Em 23 de fevereiro de 1981, um tenente-coronel da Guarda Civil, Antonio Tejero, irrompeu pelo Parlamento com os seus seguidores e tentou um golpe militar. Essa experiência reavivou em muitas pessoas o receio de que talvez os espanhóis fossem incapazes de viver em democracia. Aparentemente, o *putsch* falhado e o sentimento coletivo que despertou reativaram a repressão da memória, a que as pessoas tinham sido forçadas durante a ditadura, e o movimento social que estava aliado a uns quantos governos locais de esquerda e que procurava recuperar essa memória foi interrompido. Não porque as questões relacionadas com a memória tivessem estado entre os principais motivos que levaram à tentativa de golpe, mas porque as questões que podiam ofender os elementos de direita dos círculos militar e político eram evitadas a bem da manutenção do consenso. Reabrir sepulturas, o que punha em causa tanto o acordo tácito entre as elites políticas como a Lei de Anistia — que eram a própria base da transição —, decerto preocupou realmente os partidos de direita. Isso pode ajudar a compreender a razão por que a tentativa de golpe resultou num "fechamento total" da abertura que estava a deixar o "passado incômodo" entrar na esfera pública e por que o resto da década de 1980 seria o período com o menor número de iniciativas legislativas respeitantes ao passado franquista.[14]

Pouco depois do golpe falhado, alcançou-se um amplo consenso quanto a algumas questões políticas incômodas e o problema da memória da ditadura foi também influenciado de modo semelhante pelo terremoto político causado pelo *putsch*. Por exemplo, não foram reabertas mais valas comuns entre 1981 e 2000.[15] A democracia estava sob ameaça dos restos do regime de Franco e, portanto, ainda tinha necessidade urgente de consolidação. Isso deu novo impulso à política de consenso e fez as pessoas, os

---

[14] AGUILAR FERNÁNDEZ, 2006, p. 273-276.
[15] Nos principais jornais espanhóis, não há referência a nenhuma vala comum reaberta entre 1981 e 2000, tampouco no sítio da web da ARMH, ou em qualquer outro sítio.

políticos, em particular, unirem-se em torno da ideia central do pacto informal de não instrumentalizar politicamente o passado.

O *putsch* de fevereiro de 1981 marcou, desse modo, uma mudança de atitude em relação ao passado autoritário, defendendo os partidos tanto da esquerda como da direita o acordo informal. Em outubro de 1982, o PSOE ganhou as eleições legislativas e assumiu a governação. Podia-se pôr a hipótese de que o sucesso eleitoral do PSOE abrisse uma nova conjuntura quanto ao acordo informal. Agora no poder, e com uma maioria confortável no Parlamento, o PSOE podia ter renunciado ao acordo e exigido investigações completas dos crimes do passado. No entanto, os socialistas mantiveram geralmente o apoio aos princípios do acordo tácito de não instrumentalizar o passado, em particular durante os anos 1980. Aguilar Fernández considera surpreendente que, durante as duas legislaturas seguintes — 1982-1986 e 1986-1989 —, se verificasse o número mais baixo, desde sempre, de iniciativas legislativas relacionadas com o passado ditatorial.[16] Contudo, tendo em conta a necessidade geralmente sentida de consolidar a democracia, que o *putsch* tinha ameaçado, não é de admirar que o governo do PSOE respeitasse o acordo tácito.

É igualmente verdade, porém, como observou Omar Encarnación, que o PSOE, sob a liderança de Felipe González, tinha estado a atravessar um processo interno de modernização política que envolvia a sua transformação num partido *catch-all*. Como demonstrou o repetido sucesso eleitoral do PSOE, o partido levou a cabo essa tarefa, que implicava distanciar-se do seu próprio passado republicano, com grande êxito, e isso deixou-o relutante em exigir uma investigação cabal dos crimes cometidos durante a Guerra Civil.[17] Não obstante, voltando à questão do interesse político, se a esquerda tivesse quebrado o acordo tácito, teria ganhado alguma vantagem política. Durante os anos 1980, o

---

[16] AGUILAR FERNÁNDEZ, 2006, p. 276.
[17] ENCARNÁCION, 2008, p. 441-442.

PSOE estava tão firmemente colocado no poder, com maiorias parlamentares absolutas, que não tinha nenhuma boa razão para romper o pacto.

Um exemplo do respeito do governo PSOE pelo pacto foi a declaração oficial, em 1986, por ocasião do 50º aniversário do início da Guerra Civil, em que o governo afirmou: "Uma guerra civil não é um acontecimento para comemorar [...] a Guerra Civil da Espanha pertence definitivamente ao passado."[18] A sociedade espanhola contemporânea, segundo o governo, tinha mostrado a sua disposição para deixar as feridas da Guerra Civil sararem e usar a memória desta apenas para impedir "o fantasma da guerra e do ódio" de dominar a Espanha de novo. A vontade de esquecer as partes negativas ou problemáticas do passado era claramente interpretada como algo positivo: um feito que era simultaneamente paralelo e parte constituinte do estabelecimento de um sistema democrático. A grande declaração caracterizava-se pelo esforço de tornar inofensivo esse passado difícil, colocando distância entre o presente e a Guerra Civil: não continha nenhum reconhecimento das vítimas.

A mudança seguinte na atitude da esquerda em relação ao passado franquista surgiu com a campanha eleitoral de 1993, quando o pacto foi rompido pelo PSOE. Pela primeira vez, o PSOE receou perder as eleições para o PP. As elites do PSOE decidiram, por isso, focar a sua campanha em torno da instrumentalização do passado franquista do PP, insinuando que a democracia ficaria em perigo se este ganhasse as eleições.[19] Isso reforça o ponto de vista antes referido de que o pacto só foi quebrado quando os partidos de esquerda tiveram interesse político em fazê-lo. Percebendo que, em 1993, a base do seu poder tinha sido minada, as elites do PSOE não hesitaram em romper o acordo. A distribuição desigual das concessões feitas para aderir ao pacto informal e dos benefícios

---

[18] *Ya*, 1986.
[19] Aguilar Fernández, 2006, p. 283-285.

colhidos por respeitá-lo tornou-o frágil em longo prazo. Os partidos de esquerda tinham limitado as suas possibilidades de obter ganhos políticos do seu passado, o que só era aceitável enquanto a democracia estivesse em perigo ou eles próprios detivessem o poder.

O PSOE acabou por vencer as eleições e, a seguir, retomou a sua prática anterior de respeitar o pacto, não exigindo quaisquer investigações dos crimes passados nem apresentando nenhuma declaração oficial respeitante ao passado autoritário. A legislatura de 1993-1996, em conjunto com as duas primeiras legislaturas do PSOE, caracterizou-se pelo número mais baixo de sempre de iniciativas legislativas relacionadas com o passado. Em 1996, o PP ganhou as eleições, apesar da tentativa do PSOE de retomar a anterior campanha eleitoral, o ardil de insistir no passado franquista do partido conservador. O pacto informal foi, assim, rompido de novo e a legislatura, em geral, assistiu a um aumento do número de iniciativas parlamentares relacionadas com o passado, mas não a mudanças significativas nas atitudes relativas ao passado franquista.

Contudo, em setembro de 1999, perto do fim da legislatura, foi debatida a primeira iniciativa parlamentar que visava condenar o passado ditatorial. Se as campanhas eleitorais de 1993 e 1996 tinham desrespeitado o acordo informal, essa discussão aberta do passado autoritário no Parlamento marcou outra mudança na atitude dos partidos de esquerda para com o passado. Expliquei anteriormente como a utilização política do passado pelos partidos de esquerda se intensificou com a vitória eleitoral do PP em 2000, quando o partido conquistou uma maioria absoluta.[20] O PP foi visado por toda uma série de iniciativas parlamentares em que a esquerda e os principais partidos nacionalistas, o basco e o catalão, tentaram fazer passar declarações sobre a Guerra Civil e o regime franquista — frequentemente pedindo o reconhecimento de vários grupos de vítimas que até então tinham sido ignorados.

---

[20] HUMLEBAEK, 2005.

O passado ditatorial tinha, assim, sido transformado numa questão política e, como tal, o principal objetivo do acordo deixara de ser salvaguardado. O desrespeito pelo acordo foi unilateral. O PP sempre lamentou essa atitude, alegando que as iniciativas estavam a reabrir feridas antigas e que a recuperação da memória era desnecessária e prejudicial para o clima democrático na Espanha. A única vez que o PP acedeu a assinar uma declaração comum foi em novembro de 2002, quando todos os partidos políticos assinaram uma declaração conjunta a condenar a Guerra Civil e a ditadura. O PP viu, sem dúvida, a declaração como uma restauração do antigo pacto informal e esperou que pusesse fim às iniciativas parlamentares daquele teor. Tal não aconteceu e os partidos de esquerda tenderam a considerar a declaração um novo acordo que aguardava aplicação.

A última mudança da atitude dos partidos de esquerda em relação ao passado autoritário ocorreu em 2004, quando o PSOE, liderado por José Luis Rodríguez Zapatero, regressou ao poder. Toda uma série de leis e medidas de reparação foram decretadas desde então, prestando homenagem explícita às vítimas de repressão e considerando o regime de Franco responsável pela discriminação e violência que sofreram. A mais notável dessas medidas foi a Lei de Reparação, de 2007, vulgarmente conhecida como "Lei da Memória Histórica".[21] Infelizmente ultrapassa o âmbito deste ensaio discutir os pormenores dessa complexa peça de legislação e as outras medidas tomadas pelo governo de Zapatero.[22] O nome por que ficou conhecida refere-se ao fato de que o principal objetivo da lei é recuperar a memória daqueles que, na luta para estabelecer uma democracia na Espanha, caíram no esquecimento devido ao pacto informal da transição. Estranhamente, não havia nada no programa eleitoral do PSOE que revelasse esse enfoque na retificação dos erros da transição relativamente às vítimas do

---

[21] *Boletín Oficial del Estado*, 2007.
[22] AGUILAR FERNÁNDEZ, 2008a; ENCARNACIÓN, 2008.

franquismo e da Guerra Civil. Nem a campanha eleitoral nem o discurso inaugural o mencionaram, mas pouco tempo depois passou para o topo da agenda política. Falar acerca de recuperar a memória histórica tornou-se um meio de chamar a atenção para causas que tinham sido esquecidas, negligenciadas ou silenciadas durante as décadas que se seguiram à morte de Franco: uma tática frequentemente utilizada pela esquerda e pelos seus aliados nacionalistas catalães e bascos.[23]

É evidente, desse modo, que já não existe um pacto entre as principais forças políticas sobre o modo de lidar com o difícil passado da Guerra Civil e da ditadura. O passado autoritário entrou definitivamente na arena política. As razões por trás dessa mudança de agulha na atitude da esquerda em relação ao passado autoritário são muitas e dentre elas Aguilar Fernández enumera cinco. Primeira, a ascensão de uma nova geração dentro do PSOE, que olha para trás com menos receio do que as gerações anteriores. Segunda, o PSOE tinha de corresponder às expectativas da supracitada vaga de iniciativas que tinha promovido como oposição ao governo do PP. Terceira, o governo tinha de honrar o compromisso constante na declaração de novembro de 2002, promovendo medidas de reparação. Quarta, como governo de minoria, o PSOE dependia do apoio dos outros partidos de esquerda e regionais, em particular a Esquerda Unida (IU — Izquierda Unida) e a Esquerda Republicana da Catalunha (ERC — Esquerra Republicana de Catalunya), que se concentravam muito nestas questões. Quinta, a chegada do Governo de Zapatero coincidiu com uma série de aniversários importantes relacionados com a Guerra Civil. O fato de a questão da memória histórica e da sua recuperação do esquecimento não terem sido usadas na campanha eleitoral marca uma diferença em comparação com as campanhas eleitorais de 1993 e 1996, quando o PSOE se batia para manter o poder. Embora se possa dizer que o PSOE teve interesse político em utilizar o passado

---
[23] AGUILAR FERNÁNDEZ, 2008b, p. 421-429.

politicamente e em obter, desse modo, vantagem do seu próprio passado como defensor da democracia, ele não o fez.[24]

A "erupção" da memória histórica

Desde meados dos anos 1990, o passado autoritário e a sua memória apareciam, de tempos a tempos, em debates públicos, mas a verdadeira "erupção" da memória só aconteceu na viragem do século. Uma das razões para esse ajuste de contas com o regime de Franco bastante tardio pode ter sido as atitudes ambivalentes em relação ao passado que a maioria dos espanhóis, sobretudo das gerações mais velhas, tinha alimentado durante muito tempo. Aguilar Fernández analisou dados de sondagens de opinião do período democrático que demonstravam que a maioria dos espanhóis reconhecia e estava merecidamente orgulhosa dos grandes avanços na sociedade espanhola desde 1975, embora revelasse simultaneamente muitas continuidades com respeito a avaliações relativas à Guerra Civil e aos legados do franquismo. Por exemplo, em 2000, 51% discordavam da afirmação de que "agora as divisões e os ódios da Guerra Civil foram esquecidos" (Quadro 5.1). Contudo, ao mesmo tempo, 72% concordavam que "a maneira de pensar das pessoas não tem praticamente nada a ver com o passado". Essa mesma ambivalência era visível na resposta à pergunta "Como pensa que o franquismo será visto na história da Espanha?", que foi feita repetidamente.

A categoria de "como um período positivo" diminuiu de forma constante com o tempo, de 17,7%, em 1985, para 10,4%, em 2000, ao passo que a resposta "como um período negativo" foi tendo um número sempre crescente de pontos, subindo de 27,3% para 37,4%. Porém, a categoria que manteve consistentemente a maior pontuação foi a de "como um período com coisas boas e más", que

---

[24] 2008b, p. 427-429.

permaneceu notavelmente estável ao longo do tempo, recolhendo entre 42,5 e 48,9 pontos percentuais nos 15 anos entre 1985 e 2000. A essa ambivalência, que pode ser tomada como um sinal de que o espírito da transição continua vivo entre muitos espanhóis, tem correspondido um número constantemente crescente de avaliações positivas da democracia espanhola.[25]

Na esfera pública, foi apenas por volta de 2000-2001 que a erupção da memória se manifestou. As principais tendências nessa evolução foram reivindicações sociais que tiveram origem na mudança de geração. Os espanhóis falam da "geração dos netos", que não viveram nem no tempo da Guerra Civil nem da ditadura e que, portanto, nunca foram socializados por essas experiências. Foram estes que começaram a desafiar o silêncio que rodeava a Guerra Civil e a ditadura, exigindo saber o que tinha realmente acontecido. Um exemplo esplêndido dessa reivindicação social é a fundação, em 2000, da Asociación para la Recuperación de la Memoria Histórica (ARMH), que tem o objetivo específico de exumar os corpos de tantas valas comuns quanto possível e identificar o maior número de vítimas possível. O fundador da ARMH, Emilio Silva Barrera, pertencia ele próprio à "geração dos netos" e a organização foi fundada quando, em 2000, ele começou o processo de reabrir a vala comum que continha os restos mortais do avô. Ao abrir o seu sítio na web, a associação foi inundada por um grande número de pessoas que contavam o que sabiam acerca de valas comuns e dos desaparecidos. Apesar dos intensos esforços da Associação para conseguir atrair o interesse da mídia para o trabalho da organização em várias localidades por toda a Espanha, isso não aconteceu até cerca de 2001 ou 2002, quando, de repente, a reabertura de valas comuns se tornou uma boa notícia que passou a aparecer

---

[25] Aguilar Fernández, 2006, p. 263-271. A pergunta não foi incluída nas sondagens desde 2000. Para informação mais detalhada sobre a avaliação da ditadura e da democracia em sondagens de opinião, ver Aguilar Fernández e Humlebaek (2002).

regularmente na comunicação social.[26] Se considerarmos que a mídia é representativa de um discurso social dominante, concluiremos que o interesse pelo passado autoritário e pela recuperação das memórias reprimidas apenas se tornou uma preocupação importante por volta de 2001 ou 2002.

Quadro 5.1
Atitudes em relação ao regime de Franco (%)

	1985	1986	1987	1988	1995	2000
Como um período positivo	17,7	19,4	16,7	16,2	11,2	10,4
Como um período negativo	27,3	30,8	31,6	30,6	34,0	37,4
Como uma fase com elementos positivos e negativos	46,2	43,8	44,6	42,5	48,9	46,4
Não sabe/não respondeu	8,5	6,1	7,1	10,7	5,9	5,8

Nota: Resposta à pergunta "Como será o franquismo visto na História da Espanha?" (em percentagem).
Fonte: AGUILAR FERNÁNDEZ e HUMLEBAEK, 2002, p. 131.

No entanto, como foi dito anteriormente, no Parlamento, a erupção da memória começou em finais de 1999. Aí, a emergência do passado autoritário teve provavelmente menos a ver com a questão da mudança de geração e mais com o fato de o PP, de direita, herdeiro do regime de Franco, estar a governar a Espanha pela primeira vez desde a ditadura. Contudo, essa mudança de atitude não coincidiu com a mudança de governo, visto que o PP estava no poder desde 1996. A primeira dessas iniciativas foi, na realidade, inspirada por uma visita institucional da Comissão de Negócios Estrangeiros ao México. Para sua grande surpresa, os

---

[26] Entrevista pessoal com Emilio Silva Barrera realizada em 14 de junho de 2003. Uma pesquisa no arquivo do *El País*, em www.elpais.com, revela que a primeira notícia sobre abertura de valas comuns saiu em setembro de 2001, quase um ano depois da primeira exumação.

membros da comissão descobriram que o 60º aniversário do exílio dos espanhóis estava a ser celebrado pública e oficialmente e, no regresso a Madri, a oposição apresentou uma proposta para se fazer o mesmo na Espanha.[27]

Depois das eleições gerais de 2004, que foram ganhas pelo PSOE, a questão da recuperação das memórias silenciadas assumiu proporções diferentes. Obviamente, as exigências já não tinham relação com a conquista do poder, mas, depois de Zapatero se tornar primeiro-ministro, tornaram-se parte do programa político do governo espanhol. Zapatero foi o primeiro primeiro-ministro espanhol pertencente à "geração dos netos"; mais, provém de uma família que sofreu perdas na guerra: o seu avô, um oficial republicano, foi morto nos primeiros dias da Guerra Civil. As medidas de reparação do governo de Zapatero representaram uma quebra de todos os acordos informais datados do período de transição.

O fato de essas iniciativas provirem do governo não as tornou, de modo nenhum, menos controversas. Na verdade, essa nova política de reconhecimento e reparação causou acesos debates, em várias ocasiões, na Espanha, contribuindo para o clima político crescentemente polarizado que caracterizou o primeiro governo de Zapatero. No entanto, sondagens de opinião sugerem que a maioria dos espanhóis concordou com a posição do governo nessa matéria. Numa sondagem de outubro de 2005 do Centro de Investigações Sociológicas (CIS), 54,1% dos espanhóis concordavam com a necessidade de algum tipo de reconhecimento das vítimas da Guerra Civil, contra 24,8% que estavam contra. Um total de 53,3% consideravam que as vítimas da guerra tinham sido esquecidas e que era agora a altura certa para corrigir esse erro, contra 24% que se opunham. Contudo, 43,3% consideravam não ter sentido procurar recuperar os fatos, uma vez que já

---

[27] BOCG, 1999a; 1999b; DSCD, 1999.

pertenciam ao passado.[28] Desse modo, a ambivalência continua e, embora os opositores da política de Zapatero nesse campo sejam uma minoria, têm de fato aliados poderosos, como, por exemplo, a Igreja Católica.

O PP não elaborou nenhuma resposta para esta nova situação em que o velho acordo informal já não existe e em que o passado autoritário se tornou uma parte natural da discussão política, com todas as consequentes reivindicações de reparação, de verdade e atribuição de culpas etc. A direita, basicamente, ainda reagiu como fez nas décadas anteriores, alegando que demasiada memória simplesmente reabria feridas antigas e agarrando-se, assim, à interpretação dominante da transição. Para eles, a maior parte da memória recuperada é redundante, desnecessária e até prejudicial. O PP, portanto, ainda não conseguiu libertar-se dos seus laços com o passado franquista.

Conclusão

Os partidos políticos tinham boas razões, durante o período democrático inicial, para aderir ao acordo tácito de transição de não instrumentalizar o passado e, enquanto se sentisse que a democracia tinha necessidade de mais consolidação, essas razões permaneciam válidas, o que explica a existência do pacto na década de 1970 e a maior parte da de 1980. A principal razão para o processo de ajuste de contas com o passado franquista não ter começado no final dos anos 1980 ou nos anos 1990 parece ter sido o PSOE ter decidido lidar com o passado apenas quando estava prestes a perder o poder e, portanto, tinha interesse em tirar proveito da vantagem que podia obter quebrando o acordo. Ainda assim, essa explicação não abrange o período de 1996 a 1999, uma vez que o

---

[28] CIS, 2005.

PP ganhou as eleições em 1996, mas as exigências de recuperar as memórias silenciadas do passado autoritário surgiram em vários níveis da sociedade espanhola apenas entre 1999 e 2001. Isso sugere que a questão se prendia com a complexa relação entre a mídia, a arena política e as reivindicações sociais. É sem dúvida difícil sustentar que a mudança teve origem apenas como exigência social. Além disso, o *timing* do aparecimento dessa questão parece bastante fortuito, visto que não estava relacionado com a mudança de governo e só de forma marginal teve a ver com o 60º aniversário do fim da Guerra Civil. O argumento da mudança de geração é, sem dúvida, uma peça importante do quebra-cabeça, mas continua a não explicar a ocasião da erupção. Em 2000, as pessoas nascidas depois da morte de Franco estavam a chegar aos 25 anos de idade e, no entanto, não foram elas a origem daquela exigência. Em termos gerais, a "geração dos netos" refere-se a pessoas que nasceram na década de 1960 e mantém-se a questão de perceber por que começariam a expressar as suas exigências apenas por volta de 2000, e não em cerca de 1996 — depois da mudança de governo — ou ainda mais cedo.

Referências bibliográficas

AGUILAR FERNÁNDEZ, P. "Collective Memory of the Spanish Civil War: the Case of the Political Amnesty in the Spanish Transition to Democracy". *Democratization*, 1997, vol. 4, nº 4, p. 88-109.

_____. "Justice, politics and memory in the Spanish transition". In BRITO, A. B. de; GONZÁLEZ-ENRIQUEZ, C. e AGUILAR, P. *The Politics of Memory: Transitional Justice in Democratizing Societies*. Oxford: Oxford University Press, 2001, p. 92-118.

_____. "Presencia y ausencia de la guerra civil y del franquismo en la democracia española: reflexiones en torno a la articulación y ruptura del 'pacto de silencio'". In ARÓSTEGUI, J. e GODICHEAU, F. (eds.). *Guerra civil: mito y memoria*. Madri: Marcial Pons, 2006, p. 245-295.

_____. *Políticas de memoria y memorias de política*. Madri: Alianza, 2008a.

_____. "Transitional or post-transitional justice? Recent developments in the Spanish case". *South European Society e Politics,* 2008(b), vol. 13, nº 4, p. 417-433.

AGUILAR FERNÁNDEZ, P. e HUMLEBAEK, C. "Collective memory and national identity in the Spanish democracy: the legacies of Francoism and the civil war". *History and Memory.* 2002, vol. 14, nº 1-2, p. 121-165.

ARMH (Asociación para la Recuperación de la Memoria Histórica) (2007). Disponível online em: www.memoriahistorica.org.

BAVIANO, J. M. "El juicio contra el alcalde de Torremegía el recuerdo de los fusilamientos de 1936". *El País,* 22 de junho de 1980 (b).

_____. "Los vecinos desembargaron la vaca del alcalde". *El País,* 22 de junho de 1980 (b).

_____. "El alcalde de Torremegía, absuelto de la supuesta malversación de caudales públicos". *El País,* 25 de junho de 1980 (c).

BOCG (Boletín Oficial de las Cortes Generales). "Proposición no de ley sobre conmemoración del 60º aniversario del exilio español con ocasión de la finalización de la guerra civil española". *Boletín Oficial de las Cortes Generales,* 1999(a), nº D-447/1999, p. 8-9.

_____. "Proposición no de ley relativa al 60º aniversario del exilio español tras la guerra civil española". *Boletín Oficial de las Cortes Generales,* 1999(b), nº D-447/1999, p. 12-14.

Boletín Oficial del Estado Ley 52/2007, 26 de diciembre, por la que se reconocen y amplían derechos y se establecen medidas en favor de quienes padecieron persecución o violencia durante la guerra civil y la dictadura. *Boletín Oficial del Estado,* 2007, nº 310, p. 53410-53416.

CIS (Centro de Investigaciones Sociológicas). Barómetro octubre 2005. Madri: *Estudio,* nº 2622, 2005.

DSCD (Diario de Sesiones del Congreso de los Diputados). Comisiones, 1999, nº 743/1999, p. 21851-21859.

ENCARNACIÓN, O. "Reconciliation After Democratization: Coping with the Past in Spain". *Political Science Quarterly,* 2008, vol. 123, nº 3, p. 435-459.

ESCOLAR, A. "Tumbas de la guerra civil". Disponível online em: http://blogs.20minutos.es/arsenioescolar/post/2006/09/06/tumbas-la-guerra-civil.

GUNTHER, R. *et al. Democracy in Modern Spain.* New Haven: Yale University Press, 2004.

HITE, K. e MORLINO, L. "Problematizing the links between authoritarian legacies and 'good' democracy". In CESARINI, P. e HITE, K. (eds.). *Democracy and Authoritarian Legacies in Southern Europe and Latin America.* Notre Dame: University of Notre Dame Press, 2004, p. 25-83.

HUMLEBAEK, C. "Political uses of the recent past in the Spanish post-authoritarian democracy". In FRIEDMAN, M.P. e KENNEY, P. *Partisan Histories: The Past in Contemporary Global Politics*. Nova York e Basingstoke: Palgrave-Macmillan, 2005, p. 75-88.

———. "Revisiting the so-called 'pacto de olvido'". In MURO, D. e ALONSO, G. (eds.). *The Politics and Memory of Democratic Transition: the Spanish Model*. Londres: Routledge, 2010.

MAXWELL, K. *The Making of Portuguese Democracy*. Cambridge: Cambridge University Press, 1995.

PIEDEHIERRO, M. "Homenaje a 25 años de dignidad en Torremejía". *El Periódico Extremadura*, 4 de setembro de 2004.

PINTO, A. C. "Authoritarian legacies, transitional justice and state crisis in Portugal's democratization". *Democratization*, 2006, vol. 13, n° 2, p. 173-204.

Ya. Declaración del gobierno: "una guerra fratricida no es un acontecimiento conmemorable", 19 de julho de 1986.

6. O passado autoritário e a democracia grega contemporânea

Dimitri A. Sotiropoulos

Comparada com Portugal e Espanha, com transições democráticas mais ou menos pela mesma altura (meados dos anos 1970), a Grécia teve uma experiência diferente de justiça de transição e de legados autoritários. Com respeito à justiça de transição, os julgamentos e saneamentos dos chefes e colaboradores da junta militar grega duraram relativamente pouco tempo (do outono de 1974 a finais de 1975). Essas ações foram comparativamente amplas, visto que o "saneamento" das instituições do Estado incluiu o Exército, a polícia, a guarda, as universidades e o sistema judicial, bem como o governo central e o poder local. Numa perspectiva comparada, as sanções impostas aos protagonistas do derrube da democracia foram severas, embora cúmplices como os membros dos governos autoritários entre 1967 e 1974 e membros não dirigentes da Junta — incluindo os torcionários — fossem tratados com indulgência pelos tribunais.

Em termos de legados autoritários, na Grécia pós-ditadura — ao contrário de Portugal e da Espanha —, o rei e as Forças Armadas foram completamente excluídos da política pouco tempo depois da ruptura de julho de 1974. Na Espanha, o rei continuou a desempenhar um papel importante na democratização, mesmo depois de terminar a primeira parte da transição (1975-1977), enquanto, em Portugal, o papel das Forças Armadas durante os primeiros cinco anos da transição, que começou em 1974, não pode ser subestimado. Na Grécia, o referendo de dezembro de 1974 levou à abolição da monarquia e à instauração de uma república. O Exército foi deslegitimado, não só por causa do seu papel no derrube da democracia em abril de 1967, mas também devido à humilhação no desastre de Chipre de julho de 1974, quando uma mobilização para a guerra e resistência contra a invasão turca de Chipre se revelou impossível.

Além disso, o governo de unidade nacional chefiado pelo primeiro-ministro conservador Konstantinos Karamanlis enfrentou os oficiais do Exército pró-Junta de um modo eficiente, que resultou no regresso definitivo das Forças Armadas gregas aos quartéis. Sem dúvida, o novo papel das Forças Armadas foi prescrito pelas relações muito tensas entre a Grécia e a Turquia ao longo do período de transição e consolidação (1974-1981). Os legados autoritários no sistema partidário grego foram fracos e a constelação de partidos políticos depois de 1974 não incluía nenhum partido de extrema-direita que apoiasse o regime deposto. Houve duas exceções de curta duração: a União Nacional Democrática (EDE — Ethnike Demokratike Enosis), que se dissolveu depois de ter obtido apenas 1% de votos nas eleições de 1974; e a Frente Nacional (EP — Ethnike Parataxis), que se dissolveu depois de obter 7% de votos em 1977. Os outros partidos políticos — que iam da centro-direita até a esquerda comunista — eram firmemente contra o Regime dos Coronéis. A maioria desses partidos adotou uma posição moderada a respeito da questão da justiça de transição, cujos processos foram iniciados por cidadãos individuais e, mais tarde, pelo governo Karamanlis (1974-1977). As organizações da resistência e a imprensa de esquerda exigiam a "dejuntificação". Por outras palavras, durante a transição grega, a sociedade pressionou para a administração de justiça de transição e o governo conservador agiu em concordância.

Não obstante, os legados autoritários na memória coletiva pareceram esfumar-se rapidamente. De acordo com uma sondagem de opinião de 1985, levada a cabo uma década depois dos saneamentos e julgamentos, os gregos demonstraram ter memória curta em relação à história. Aos olhos do público, a rejeição do Regime dos Coronéis não foi em larga escala e, como veremos a seguir, uma parcela da amostra não se recordava dos fatos e personagens mais importantes do período de 1967-74. Essa tendência intensificou-se nos anos 1990, como demonstrou uma segunda sondagem, e havia um apagamento gradual da memória coletiva no que dizia respeito à Junta, em particular entre os grupos etários mais novos e os cidadãos eleitores conservadores.[1]

Aqui, discutirei primeiro as peculiaridades do Regime dos Coronéis, realçando as condições em que foi derrubado do poder. Centrarei depois a atenção no modo como a justiça de transição foi aplicada e como os partidos políticos reagiram a ela, antes de apresentar, por fim, as descobertas de sondagens sobre a memória coletiva dos gregos em relação àquele regime. Os dados foram recolhidos nos arquivos de três jornais atenienses (*Τα Νέα* [As Notícias], *Η Αυγή* [Aurora] e *Ριζοσπάστης* [Radical]) e em fontes secundárias disponíveis em grego e em inglês, incluindo dados de sondagens publicadas. Foram também utilizadas entrevistas abertas com dois membros da resistência de esquerda à Junta, os quais participaram do levantamento estudantil de 1973.

O Regime dos Coronéis e a transição para a democracia

Embora a transição para a democracia em 1974 na Grécia partilhasse com as transições portuguesa e espanhola problemas típi-

---

[1] KAFETZIS, 1999.

cos da democratização, tais como saber como e em que medida aplicar a justiça de transição e reconhecer legitimidade política ao novo regime democrático, o contexto da transição era diferente. Ainda que a queda da democracia grega em abril de 1967 possa ser comparada a desenvolvimentos semelhantes noutras partes do mundo, mais ou menos pela mesma altura (Brasil 1964, Argentina 1966, Chile 1973),[2] o golpe de Estado grego de abril de 1967 não foi inicialmente acompanhado por um conflito violento e não resultou numa ditadura prolongada. O número de mortos nos dias imediatamente a seguir à intervenção militar continua a ser desconhecido, mas deve ter sido relativamente pequeno.

No princípio, a Junta foi mais tolerada do que apoiada pelas classes médias e altas que, no passado, se tinham identificado com a classe política anticomunista, que governara o país desde o fim da guerra civil em 1949. Contudo, à medida que os anos foram passando, depois de 1967, o número de pessoas presas ou exiladas — em particular, dentre os cidadãos eleitores de esquerda — subiu acima de 7 mil. O cálculo final das vítimas da revolta da Escola Politécnica de novembro de 1973 também é desconhecido, tal como o número dos que foram torturados pela polícia militar, a polícia civil e a guarda. Essa revolta dos estudantes contra a Junta, em 1973, não causou a queda do Regime dos Coronéis, mas contribuiu de fato para a sua deslegitimação. Em novembro de 1973, logo a seguir aos acontecimentos da Escola Politécnica, ocorreu um golpe no seio da Junta (com a queda do coronel George Papadopoulos e a ascensão do brigadeiro Dimitrios Ioannides). A nova Junta endureceu a repressão e alienou os apoiantes conservadores do regime que ainda restavam.[3]

A queda do regime deveu-se a um fracasso na guerra. Em julho de 1974, a Junta grega tentou instalar um regime militar em

---

[2] Ver MOUZELIS, 1986, p. 134, 170-183.
[3] DANOPOULOS, 1984; MELETOPOULOS, 1996; ATHANASSATOU *et al.*, 1999; VEREMIS, 1999.

Chipre. O governo turco, alegando que isso colocaria em perigo a minoria turca cipriota da ilha, invadiu-a. O conflito militar foi curto, dado que as Forças Armadas gregas não conseguiram reagir e, em pouco tempo, o Exército turco tinha ocupado 40% da ilha. Como resultado do fracasso de Chipre, a Junta em Atenas chamou políticos conservadores para salvarem a situação. Esses conservadores convidaram, então, Konstantinos Karamanlis a regressar do exílio em Paris. O antigo chefe dos executivos conservadores do pós-guerra formou um governo de unidade nacional que dirigiu o país de julho a novembro de 1974.[4] Esse governo de transição era constituído por ministros dos partidos conservador e centrista do período anterior a 1967 — a União Nacional Radical (ERE — Ethnike Rizospastike Enosis) e a União de Centro (EK — Enosis Kentrou) —, bem como por jovens quadros escolhidos entre os membros da resistência que se tinham unido ao social-democrata Novas Forças (Nees Dynameis).

Uma das primeiras medidas do novo governo foi legalizar o Partido Comunista da Grécia (KKE — Kommunistiko Komma Elladas), que tinha sido ilegalizado depois da guerra civil. Poucos meses depois da reviravolta, realizaram-se eleições gerais para o Parlamento e, em novembro de 1974, Karamanlis obteve uma vitória retumbante com o seu recém-formado partido de centro-direita, Nova Democracia (ND — Nea Dimokratia). No mês seguinte, realizou-se um referendo que conduziu à abolição da monarquia, sendo a nova Constituição aprovada em junho de 1975. Durante os anos imediatamente a seguir à transição, o governo de Karamanlis, que estava preocupado com questões de política externa e de defesa, tais como o conflito com a Turquia e a preparação para a entrada do país na Comunidade Económica Europeia (CEE), valorizou muito a estabilidade do novo regime democrático.[5] Aquelas prioridades explicam em certa medida a

---

[4] PSOMIADES, 1982; DIAMANDOUROS, 1986.
[5] DIAMANDOUROS, 1986; VOULGARIS, 2001.

rapidez da transição grega, que foi particularmente realçada pela evolução, inicialmente hesitante, mas depois acelerada, de desenvolvimentos na frente da justiça de transição.

A aplicação da justiça de transição na Grécia pós-autoritária

A princípio, o governo grego estava relutante em iniciar qualquer processo de justiça de transição.[6] No contexto das tensas relações greco-turcas, compreende-se a relutância em aplicar justiça de transição contra segmentos dos militares num período em que a guerra com um país vizinho podia rebentar a qualquer momento. A juntar às prioridades salientadas acima, o governo tinha igualmente de considerar, no caso de um saneamento, a possibilidade de uma reação das Forças Armadas, no seio das quais a Junta ainda tinha bolsas de apoiantes, e esse receio conteve o novo governo democrático.

A essas razões para a purga inicialmente hesitante de funcionários do aparelho de Estado que tinham estado ao serviço dos coronéis, há que acrescentar a afinidade ideológica de outrora entre alguns membros dos governos pós-1974 de Karamanlis e os oficiais da Junta Militar. Os primeiros, isto é, os ministros tradicionalistas, tinham sido quadros da elite política conservadora pré-1967, representada pela conservadora União Nacional Radical (ERE — Ethnike Rizospastike Enosis) de Karamanlis no pós-guerra. Os coronéis tinham subido na hierarquia militar durante o período pós-guerra civil (1949-1967), altura em que a classe política conservadora, o Exército, as forças de segurança e o rei partilhavam uma ideologia fortemente nacionalista e anticomunista, que controlava apertadamente o regime parlamentar.[7]

---
[6] ALIVIZATOS e DIAMANDOUROS, 1997, p. 37-39.
[7] MOUZELIS, 1978; ALIVIZATOS, 1979; FLEISCHER, 2006.

Em outras palavras, os governos de Karamanlis pós-1974 não tinham pressa de avançar com a aplicação da justiça de transição. No entanto, depois de ser iniciado o primeiro processo jurídico contra os coronéis, por um cidadão individual, em setembro de 1974, e particularmente depois do golpe militar abortado de fevereiro de 1975, o governo seguiu aquele exemplo. Essa mudança de orientação política pode ser explicada pelo fato de Karamanlis se aperceber de que, sem o saneamento das Forças Armadas, ficaria de mãos atadas por muito tempo. Também pode ser explicado pelo clamor generalizado contra o fato de os chefes da Junta não terem sido presos na sequência do desastre de Chipre. Karamanlis era um político conservador, mas conseguia aperceber-se de que os ventos sopravam para a esquerda. Ao contrário do seu primeiro mandato como primeiro-ministro (1955-1963), tornou-se agora mais sensível às tendências dominantes na sociedade. De fato, por muito tempo depois de 1974, e apesar de a maioria do eleitorado votar na conservadora ND nas eleições de novembro de 1974, ideias políticas de esquerda e antiocidentais dominaram a sociedade grega até os anos 1980. Iniciar o processo da justiça de transição era uma tarefa complicada que continha aspectos morais e práticos. Entre 1967 e 1974, largos segmentos das Forças Armadas, da função pública, das universidades e do sistema judicial aquiesceram, mais do que colaboraram, com o regime. A esse respeito, a Grécia não foi exceção ao padrão que tinha emergido noutros países sob domínio autoritário. Em resultado disso, o regime pós-1974 enfrentou três desafios que eram comuns a todos os regimes pós-autoritários.

Primeiro, não era evidente a dimensão que teria o círculo de pessoas implicadas em processos punitivos. Para além de um número desconhecido de militares de altas e médias patentes e de agentes da polícia, guardas, membros de governo, governadores civis, presidentes de Câmara e gestores de empresas públicas, era preciso pensar nos não dirigentes que participaram ativamente na tomada de edifícios públicos, como o Parlamento, e que torturaram opositores da Junta. Segundo, em alguns casos de mau procedimento, não tinha sido transgredida nenhuma lei criminal.[8] Por exemplo, dado o princípio legal de *nullum crimen nulla poena sine lege* (não pode haver crime nem pena que não resultem de uma lei prévia escrita, estrita e certa), era problemático processar judicialmente torcionários, se a tortura não estava especificamente incluída nas cláusulas da lei criminal. Terceiro, quando os implicados eram considerados culpados pelo tribunal, era difícil traçar uma linha que distinguisse entre sentenças mais ou menos severas para os condenados. Visto que, para as vítimas, a dor, a perda e a humilhação infligidas pela Junta eram incomensuráveis, nenhuma pena podia compensar o que elas tinham sofrido.

O governo Karamanlis decidiu-se por uma aplicação rápida e comedida de justiça de transição.[9] Embora o sistema judicial fosse formalmente independente do braço executivo do governo, em breve se tornou claro que o governo conseguia dar o tom dos processos punitivos e, como veremos adiante, até alterar as sentenças impostas. A combinação de três variáveis — as prioridades do próprio Karamanlis relativamente ao conflito greco-turco, à estabilidade política e à adesão do país à CEE; a periódica agitação subterrânea de elementos pró-Junta entre os militares, a qual durou de agosto de 1974 a fevereiro de 1975; e a indulgência dos juízes na maior parte dos julgamentos — resultou numa proporção significativa de possíveis culpados serem deixados impunes, sendo os restantes tratados com menor severidade. Em agosto de 1974, menos de um mês depois da transição, o governo de unidade nacional obrigou a reformarem-se o chefe do Estado-Maior-General das Forças Armadas e o chefe do Estado-Maior do Exército — os dois oficiais mais graduados do Exército — e o homem forte da Junta, o brigadeiro Ioannides. Em setembro, o governo publicou legislação que afetava os colaboradores da Junta das universidades e do sistema judicial. Os professores universitários que tinham sido

---

[8] Por exemplo, na tortura de membros da resistência.
[9] SOTIROPOULOS, 2007.

contratados no período de 1967-1974 para preencher os lugares de acadêmicos despedidos pela Junta deviam ser escrutinados por uma comissão instituída para esse fim pelo Ministério da Educação. Nos meses seguintes, foram impostas sanções a 92 professores (39 dos quais acabaram por perder o lugar), enquanto os juízes que tinham sido saneados pela Junta por causa das suas convicções democráticas foram reintegrados no sistema judicial. No total, 23 juízes que tinham colaborado com a Junta foram punidos, quer com despromoções quer com reformas compulsivas.[10]

Também se efetuaram saneamentos noutras instituições. Durante setembro de 1974, foram demitidos 17 oficiais da polícia, e todos os presidentes de Câmara que tinham sido nomeados para os municípios pelos coronéis foram afastados dos cargos, tal como o foram juristas que tinham sido designados para direções dentro da Ordem dos Advogados, diretores de meios de comunicação social do Estado e gestores de empresas públicas e cooperativas agrícolas.[11] Em outubro de 1974, cinco dos oficiais de cúpula da Junta — os três protagonistas do golpe de abril de 1967, George Papadopoulos, Nicolaos Makarezos e Stylianos Pattakos, e dois destacados oficiais da Junta, Ioannis Ladas e Michael Roufogales — foram presos e deportados para uma pequena ilha ao largo da costa leste da Ática. No mesmo mês, foi publicado um decreto presidencial determinando que não haveria anistia para as ofensas criminais, como alta traição, cometidas pelos envolvidos no golpe de 1967. Os líderes do grupo foram processados judicialmente no mês seguinte; note-se, porém, que estas ações só aconteceram depois de um advogado ter tomado a iniciativa, a 9 de setembro, de levar a tribunal 15 dos quadros superiores da Junta, incluindo os seus chefes.[12]

Na sequência do golpe abortado de fevereiro de 1975, o governo alterou a sua atitude, anteriormente cautelosa, em relação

---

[10] Pikramenos, 2002, p. 306.
[11] Woodhouse, 1985, p. 170; Hadjivassiliou, 2000, p. 302.
[12] Woodhouse, 1985, p. 168.

às Forças Armadas.[13] Enquanto apenas 39 oficiais tinham sido passados à reserva até setembro de 1974,[14] em fevereiro de 1975 cerca de 200 oficiais foram reformados compulsoriamente. Algumas fontes afirmam mesmo que foram afastados entre 500 e 1.500 oficiais — até cerca de 10% do corpo de oficiais desse tempo.[15] Em julho de 1975, o Supremo Tribunal civil (Areios Paghos) decidiu que, à exceção dos militares, os membros da elite governativa da Junta não seriam julgados por alta traição pela sua participação no derrube de um governo democraticamente eleito e no apoio a um regime político opressivo durante sete anos. O tribunal decidiu que foi cometida alta traição apenas "momentaneamente" na noite de 20-21 de abril de 1967, e não continuadamente por um período de sete anos; por consequência, apenas os oficiais que participaram na tomada do poder em 1967 podiam ser julgados por alta traição. A sentença do tribunal refletia o ponto de vista do ministro da Justiça da ND, Costas Stefanakis, que acreditava que processar judicialmente um grande número de apoiantes da Junta num tribunal aberto levaria ao caos.[16]

Em 1975, realizaram-se muitos julgamentos. O primeiro foi o julgamento de militares que tinham levado a cabo o golpe de 1967. Esse foi seguido de um segundo julgamento dos três chefes da Junta e dos oficiais de patentes superiores e intermédias que comandaram a repressão do levantamento da Escola Politécnica, durante a qual um tanque derrubou o portão da escola para permitir que os militares entrassem no campus. Os crimes cometidos incluíam homicídio involuntário de espectadores e de alguns dos estudantes que tinham ocupado o campus.

Depois desse julgamento, houve uma série de outros em diversas cidades, tendo alguns deles continuado para além de 1975. Esses

---

[13] DANOPOULOS, 1991.
[14] HADJIVASSILIOU, 2000, p. 302.
[15] SOTIROPOULOS, 2007.
[16] *Ta Néa*, 3 de julho de 1975, p. 1.

procedimentos procuravam garantir a condenação de oficiais de patentes intermédias e baixas e de militares na polícia militar, na polícia civil e na guarda, os quais eram acusados de torturar pessoas que tinham ficado presas depois de serem detidas por resistirem à Junta. Realizaram-se 41 julgamentos de alegados torcionários. No maior deles, foram processados 32 oficiais e policiais militares com base nos testemunhos de 128 vítimas de tortura.[17]

Um outro julgamento foi anunciado, mas nunca se concretizou. Esse teria implicado oficiais que tinham planejado o golpe de julho de 1974 contra o governo do arcebispo Makarios, em Chipre. O governo adiava periodicamente esse julgamento, apresentando desculpas vagas para os atrasos (p. ex., avançar para o julgamento ia contra o interesse nacional). Obteve a concordância dos partidos da oposição num caso em que, aparentemente, mais de um governo nacional — assim como serviços diplomáticos e secretos — tinha tomado parte. No julgamento referido contra os protagonistas do golpe de 1967, os três líderes foram condenados à morte, oito dos seus seguidores tiveram penas de prisão perpétua, outros sete foram sentenciados a penas de prisão entre cinco e vinte anos e dois foram absolvidos. No segundo julgamento, acrescendo às sentenças impostas aos três chefes da Junta, Dimitrios Ioannides (que derrubou Papadopoulos em novembro de 1973) e Nicolaos Dertilis (o oficial que comandou o esmagamento da ocupação estudantil da Politécnica) receberam ambos duras sentenças.[18] As penas impostas àqueles que foram considerados culpados de tortura foram muito mais leves, não passando muitas vezes de pouco mais do que alguns meses na prisão. O Quadro 6.1 mostra como a proporção de oficiais condenados variou por setor (militares, polícia e guarda).

---

[17] *Ta Νέα*, 6 de agosto de 1975, p. 1.
[18] Ioannides e Dertilis ainda se encontravam na prisão em janeiro de 2010, enquanto os outros oficiais da Junta condenados ou tinham sido libertados depois de muitos anos de prisão ou já tinham morrido.

Quadro 6.1
Número absoluto e proporção de policiais, guardas e militares processados judicialmente e condenados na Grécia depois da transição para a democracia (1974)

	Polícia	Guarda	Forças Armadas	Total
Processados	58	34	99	191
Seguidamente julgados	56 (97%)	33 (97%)	95 (96%)	184
Condenados	32 (57%)	24 (73%)	57 (60%)	113

Fonte: SOTIROPOULOS, 2007, p. 124. Os números foram calculados com base nos dados disponibilizados em KREMMYDAS, 1984.

Os partidos políticos gregos e a justiça de transição

As forças políticas do período de transição (partidos políticos e organizações da resistência) tinham experimentado a repressão dos coronéis de algumas formas diferentes. A severidade da repressão diferiu consoante o partido político. Embora a Junta fosse particularmente dura com os membros da resistência comunista, também não poupou outros membros da resistência cujas origens políticas eram de centro ou centro-esquerda, tais como os quadros partidários e intelectuais que tinham estado associados com a EK antes do golpe de 1967. A Junta perseguiu igualmente monárquicos que tinham apoiado o rei Constantino, que tinha estado por trás de um contragolpe abortado em dezembro de 1967, antes de fugir. Os partidos políticos gregos não adotaram uma posição consensual sobre a justiça de transição. Embora as questões da justiça de transição não estivessem em primeiro plano nas suas agendas eleitorais, todos os partidos reagiram ao desenvolvimento dos julgamentos, ao mesmo tempo que manobravam por todos os meios para conquistar posições no sistema partidário pós-1974. Pela parte dos partidos políticos, no tocante a questões da justiça de transição, prevaleceram considerações eleitorais de curto prazo, mais do que princípios claramente formulados.

Como foi observado, nas primeiras eleições pós-autoritárias, Karamanlis participou como líder do novo partido de centro-direita, a ND. A EK e o Novas Forças concorreram às eleições numa lista comum (EK-ND), enquanto o mesmo sucedeu com os comunistas pró-soviéticos (KKE) e os eurocomunistas (KKE-Interno) e a Esquerda Democrática Unida (EDA — Eniaia Dimokratiki Aristera). As duas facções do Partido Comunista tinham-se separado em 1968, mas em 1974 apresentaram uma lista eleitoral comum, a Esquerda Unida (EA — Enomeni Aristera). Um partido inteiramente novo foi criado por Andreas Papandreou, filho do antigo primeiro-ministro George Papandreou, que governou de 1963 a 1965. Em agosto de 1974, Andreas Papandreou e políticos de centro-esquerda mais jovens, incluindo Costas Simitis, fundaram um partido socialista de esquerda, o Movimento Socialista Pan-Helênico (PASOK — Panellinio Sosialistikó Kínima). Partidos pequenos, entre os quais a EDE, de extrema-direita, participaram igualmente nas eleições gerais de 1974, mas não conseguiram eleger deputados. Como mostra o Quadro 6.2, a ND de Karamanlis obteve uma vitória retumbante, com os centristas a ficarem em segundo lugar, os socialistas em terceiro e os comunistas em quarto. Os resultados eleitorais mostram não só a dominância do partido conservador, mas também o fato de que o sistema eleitoral — tradicionalmente modelado para facilitar a formação de governos de maioria de um único partido — favoreceu desproporcionadamente o vencedor das eleições. A ND obteve pouco mais de metade dos votos expressos (54,4%), mas desfrutou de uma confortável maioria no Parlamento, com 72% dos lugares (216 em 300).

Quadro 6.2
Distribuição dos votos e de mandatos no Parlamento nas primeiras eleições pós-autoritárias (novembro 1974) (%)

	Votos	Mandatos
ND	54,4	72,0
EK-New Forces	20,4	20,3
PASOK	13,6	5,0
EA	9,5	2,7
EDE	1,1	—
Outros	1,0	—
Total	100	100

Fonte: Adaptado de Pappas, 1999, p. 58.

Tradicionalmente, na Grécia, o governo no poder consegue influenciar a seleção dos juízes superiores.[19] De fato, o executivo em funções designa normalmente os juízes superiores, que, por sua vez, escolhem os juízes de categorias média e inferior. Por outras palavras, o poder judicial está dependente do poder executivo. Se pensarmos que este último estava completamente dominado pelo partido do governo, então a conclusão é que todos os poderes de Estado estavam numa posição de dependência perante a elite do governo em funções. Uma disposição institucional como essa significou que, depois da mudança de regime de 1974, o escopo, o ritmo e a precisão com que a justiça de transição foi aplicada estavam nas mãos do partido do governo. Mais precisamente, dado que a ND era um partido personalista, fundado e dirigido por Karamanlis, todo o processo foi efetivamente um *one-man show*. Depois da transição de 1974, houve algum debate a respeito da razão por que o governo não tinha agido para implicar mais oficiais das Forças Armadas e da polícia e funcionários públicos superiores (que tinham claramente tido um papel no apoio ao

---
[19] Pikramenos, 2002; Magalhães *et al.*, 2006.

regime autoritário) ou a elite ministerial do regime. Como já foi observado, a hesitação da ND e do seu líder em avançar com um saneamento completo dos militares pode ser explicada pelas restrições impostas como consequência das relações tensas da Grécia com a Turquia. A possibilidade de guerra não podia ser excluída e os militares eram muito necessários. Nesse contexto, a demissão de centenas de oficiais a seguir à tentativa de golpe de fevereiro de 1975 foi um passo arriscado.

Quanto aos membros da elite ministerial, oficiais superiores da polícia e funcionários públicos superiores, o governo da ND poupou-os ao castigo por duas razões principais: primeiro, Karamanlis compreendeu os efeitos desestabilizadores de políticas punitivas quando afetam um grande número de pessoas; e, segundo, ele tinha consciência de que, pelo menos até 1973, a maioria dos gregos não tinha resistido ao regime autoritário. Se tivesse optado por um saneamento mais abrangente, então teria sido difícil estabelecer a diferença entre aqueles que realmente haviam colaborado com a Junta e a maioria que tinha permanecido passiva, cumprindo os seus deveres como sempre. Karamanlis, alegadamente, expressou o seu ponto de vista do seguinte modo: "Quanto às reivindicações de um saneamento mais alargado [...] metade da população grega estaria na cadeia se eu não me tivesse oposto."[20] A ND, completamente dominada pelo seu fundador, apoiou a sua perspectiva da justiça de transição — o líder tinha definido o tom e a extensão das medidas punitivas. Isso tornou-se evidente em agosto de 1975, quando o Tribunal de Recurso de Atenas, que tinha julgado os líderes da Junta por alta traição e amotinação, os considerou culpados e os condenou à pena de morte. No espaço de poucas horas depois das sentenças terem sido proferidas, o governo anunciou a sua intenção de comutá-las em penas de prisão perpétua. Karamanlis respondeu ao protesto generalizado que se ergueu dizendo: "Quando dizemos prisão

---

[20] KARAKATSANIS, 2001, p. 153.

perpétua, queremos dizer prisão perpétua." E mandou o ministro da Justiça concretizar a decisão do governo.[21]

Os partidos da oposição pensavam de maneira diferente. A coligação eleitoral EK-ND discordava do processo pelo qual a pena de morte fora comutada em prisão perpétua. Não declarou abertamente que a pena de morte devia ter sido imposta; em geral, a EK-ND defendia que a justiça de transição devia ter sido administrada por uma nova instituição judicial independente e que todos aqueles julgamentos deviam ter começado mais cedo e terminado o mais brevemente possível. O líder da EK-ND, George Mavros, argumentava que a Grécia enfrentava problemas internos e de política externa mais importantes e que o governo devia ter completado os processos punitivos mais rapidamente. Contudo, parece que, devido a restrições constitucionais, a proposta de criar uma nova instituição foi reprovada, se bem que o argumento de que o empenhamento do governo no processo estivesse provavelmente correto tivesse sido aventado também por outros partidos.

O PASOK criticou veementemente o governo, não só por atrasar o processo punitivo, mas também por não ter tomado medidas suficientemente punitivas contra os elementos da Junta. Em agosto de 1975, Papandreou exigiu que fosse aplicada a pena capital aos dirigentes da Junta, desvalorizando o argumento do governo de que todos os partidos da oposição eram, em princípio, contra a pena de morte.[22] Papandreou reclamou eleições gerais, visto que, na sua opinião, a decisão do governo de comutar as penas capitais era sintomática de uma crise política muito mais extensa.

A esquerda comunista rejeitou igualmente a decisão do governo; no entanto, não foi tão assertiva como o PASOK nas suas reações. Embora o KKE e o KKE-Interior exigissem que fosse executada a decisão do tribunal contra os três chefes da Junta, ambos explicavam nas suas declarações públicas que a pena devia ser vista no

---

[21] *Τα Νέα*, 30 de agosto de 1975, p. 12.
[22] *Η Αυγή*, 26 de agosto de 1975, p. 7; *Ριζοσπάστης*, 26 de agosto de 1975, p. 7.

contexto de evitar a queda da democracia no futuro. Na realidade, o KKE era fortemente crítico do governo, acusando-o de manter uma "atitude transigente em relação ao imperialismo". Em contraste, o partido eurocomunista insistia em matérias processuais, em particular nos fatos de que o governo não tinha consultado os outros partidos antes de comutar a pena de morte, de que não esperara pela decisão do Ministério da Justiça e de que devia reunir novamente o Parlamento, que não estava em sessão naquela altura.[23] No entanto, ao longo do evoluir dos julgamentos da Junta, a esquerda não foi tão determinada como o PASOK na pretensão de impor as sentenças mais severas possíveis contra os envolvidos no golpe de 1967, na repressão do levantamento de 1973 e na tortura de membros da resistência. Alguns dos quadros da esquerda que tinham sofrido no período de 1967-1974 nem sequer apresentaram queixa contra os seus torturadores, enquanto outros não estiveram presentes nos julgamentos.

Em 1967-1974, Papandreou e a maioria dos seus associados políticos viveram no estrangeiro e, quando regressaram, depois da queda da Junta, fundaram o PASOK, que, em termos da habitual escala esquerda-direita, se situava à direita dos comunistas. Estes, apesar de divididos em duas facções autônomas, passaram a maior parte dos sete anos do período autoritário ou na clandestinidade ou na prisão e sofreram a repressão da Junta. (Isso era verdade sobretudo para os filiados do KKE-Interior, que tinham permanecido no país, enquanto muitos membros do Comitê Central e outros quadros do partido tinham estado na Europa do Leste de dominância socialista.) Contudo, depois de derrubado o regime, em 1974, os comunistas, em particular o KKE-Interior, não reagiram tão ferozmente como o PASOK contra o governo e o sistema judicial no tocante à justiça de transição.[24] Como se explica esse paradoxo?

---

[23] *Ta Néa*, 26 de agosto de 1975, p. 10.
[24] Entrevistas pessoais com dois membros da resistência de esquerda. Atenas, maio e junho de 2009.

Ao que parece, no princípio da transição, não havia, entre os comunistas, uma linha de orientação definida sobre quão fundo nas hierarquias militares e da polícia devia ir o saneamento ou sobre o grau de severidade que deviam ter as sentenças no caso dos oficiais julgados pelo esmagamento da rebelião na Escola Politécnica, ou sobre o que fazer quanto aos torcionários. Em contrapartida, o PASOK, em cujas fileiras se contavam militantes de centro e centro-esquerda anteriores à ditadura, bem como socialistas de uma geração mais jovem, foi mais sonoro a exigir justiça e a usar retórica inflamada sobre a questão: por exemplo, Papandreou defendia que o antigo rei devia ter sido julgado por alta traição juntamente com os oficiais da Junta.[25] Havia uma razão de peso para a esquerda comunista adotar uma posição diferente da dos socialistas: os comunistas estavam mais ansiosos por ver a restauração da democracia, desta vez sem as restrições do período 1949-1967, do que por pressionar para que fosse aplicada a justiça de transição contra os apoiantes do Regime dos Coronéis. Por outras palavras, para a esquerda, a instituição segura de um parlamentarismo que funcionasse era provavelmente uma prioridade maior do que o alargamento do círculo de apoiantes da Junta processados judicialmente, para serem julgados e sentenciados pelas suas ações criminosas durante os anos 1967-1974. Os membros de meia-idade de esquerda ou mais idosos da resistência contra a Junta tinham passado pela experiência traumática da democracia "disciplinada" ou "guiada" que fora a monarquia constitucional depois da guerra civil, que discriminara a esquerda e coarctara os direitos e liberdades dos cidadãos de esquerda.[26] Do ponto de vista destes últimos, a perspectiva de deixar os chefes das forças de segurança e os torcionários que tinham estado ao serviço da Junta escaparem impunes era decepcionante, mas o risco de um *volte-face* na transição para a democracia devido a uma intervenção militar na política era, esse sim, mais alarmante.

---

[25] *Ta Néa*, 6 de agosto de 1975, p. 1.
[26] Mouzelis, 1978.

Pelo contrário, os membros da ala esquerda da velha EK e os socialistas mais jovens tinham gozado as liberdades limitadas da democracia "disciplinada" no pós-guerra. Os quadros, que antes de 1967 pertenciam à EK (no poder em 1963-1965) ou que eram demasiado novos no princípio dos anos 1960, só vieram a conhecer dura repressão política depois de 1967, quando ofereceram resistência à Junta. Comparada com a dos comunistas, a sua experiência de prisão e tortura foi algo novo — senão mesmo inesperado — e doloroso. Visto isso, não era de surpreender que, depois do fim da Junta, fossem mais veementes do que os comunistas a apoiar quaisquer medidas tomadas contra os seus opressores. Existia uma segunda razão para os socialistas gregos se mostrarem tão insistentes na aplicação da justiça de transição contra os coronéis e os seus colaboradores. Guiado por Andreas Papandreou — um líder carismático, orador brilhante e político polarizador —, o PASOK optou pela curta marcha para o poder.[27] Isso significou que o PASOK abriu as suas fileiras igualmente a socialistas e não socialistas e escolheu uma estratégia eleitoral que visava ganhar eleições tão depressa quanto possível e obter tantos votos quantos conseguisse — em particular, votos da esquerda. A fim de alcançar isso, o PASOK tirou proveito das atitudes antiamericanas e antiocidentais generalizadas entre a população grega. Em meados dos anos 1970, muitos gregos acreditavam que, em 1967, o Ocidente, e especificamente os Estados Unidos, tinham tolerado — senão mesmo facilitado — a imposição da ditadura e que, em julho de 1974, nem os Estados Unidos nem o Reino Unido tinham feito nada para impedir que a Turquia invadisse Chipre. Foram observados padrões semelhantes nos finais da década de 1990, quando, numa sondagem de opinião, uma grande percentagem de inquiridos (26%) afirmou que os americanos tinham culpas no golpe de 1967.[28] Por outras palavras, durante meados dos anos

---

[27] SPOURDALAKIS, 1988.
[28] KAFETZIS, 1999, p. 300.

1970, o PASOK escolheu ser muito mais radical — em comparação não só com a EK-ND, mas também com os comunistas. Parte integrante dessa estratégia — que, na realidade, demonstrou ser útil, com o PASOK a ganhar as eleições de 1981 — era requerer a mais completa e severa punição para aqueles que haviam apoiado o Regime dos Coronéis.

O retrocesso e apagamento da memória pública grega sobre o Regime dos Coronéis

Já no fim dos anos 1970 e, sem dúvida, depois de o PASOK chegar ao poder em 1981, as questões da justiça de transição passaram para segundo plano e a polarização da vida política ganhou precedência: para muitos gregos, a sorte dos protagonistas do Regime dos Coronéis e dos seus colaboradores deixou de ter importância. As pessoas pareciam satisfeitas com o fato de que os chefes da Junta iam passar o resto da vida na prisão e, provavelmente, estavam prontas a esquecer o resto. Essa tendência revelou-se em duas sondagens de opinião. A primeira, realizada em 1985, foi parte de uma sondagem em quatro países sobre cultura política na Europa do Sul (Grécia, Itália, Portugal e Espanha).[29] A segunda sondagem, efetuada em 1997, repetiu algumas das perguntas da de 1985.[30] Em 1997, quando se pedia para nomear cinco organizações de resistência, 42% dos inquiridos disseram que não conheciam nenhuma; 16% que as conheciam, mas não se lembravam de nomes; e 2% não responderam à pergunta.

As organizações de resistência mais comumente nomeadas pelos inquiridos foram, por ordem decrescente: o Movimento Pan-Helênico de Libertação (PAK — Panellinio Apeleftherotiko Kinima, um precursor do PASOK); o movimento estudantil em geral; o KKE;

---

[29] Na Grécia, a sondagem foi realizada pelo EKKE (EKKE, 1988).
[30] KAFETZIS, 1999.

Righas Feraios (movimento juvenil do KKE-Interior); e a Escola Politécnica (embora fosse uma instituição de ensino e não uma organização de resistência). Nem todos os inquiridos tinham as mesmas recordações, e a memória da resistência diminuía à medida que diminuía a idade dos inquiridos e o nível de instrução. Os homens lembravam-se mais do que as mulheres de organizações de resistência, enquanto parecia não haver uma diferença sensível entre as respostas das populações rural e urbana.[31]

A sondagem de 1985 incluía uma pergunta sobre o grau do mal causado pelo poder autoritário. A pergunta foi repetida na sondagem de 1997 e os resultados comparados são reveladores. Entre os gregos, em 1985, cerca de um terço dos inquiridos pensava que o Regime dos Coronéis tinha tido consequências tanto benéficas como prejudiciais para o país, ao passo que a maioria (60%) acreditava que o regime apenas tinha sido prejudicial. Ligeiramente mais de um terço dos inquiridos italianos considerava que o regime fascista de Mussolini era apenas prejudicial e, em contraste, a porcentagem de espanhóis e portugueses que julgavam o mesmo dos regimes de Franco e de Salazar, respectivamente, era inferior a um terço do total. Quando a mesma pergunta foi repetida na Grécia, doze anos mais tarde, as coisas tinham mudado: dessa vez, quase cinco em cada dez gregos (comparados com três em dez, na sondagem de 1985) pensavam que o Regime dos Coronéis tinha tido consequências tanto benéficas como prejudiciais. Na realidade, 11% dos inquiridos de 1997 (comparados com 60% de 1985) pensavam que a Junta tinha apenas efeitos benéficos, e só quatro em dez (comparados com seis em dez, em 1985) consideravam o regime prejudicial.[32]

Na sondagem de 1997, perguntava-se exatamente quando ocorrera o golpe de 21 de abril de 1967. Embora 64% se lembrassem da data corretamente, 19% não acertaram, quase 7% admitiram

---

[31] Ibidem, p. 289, 294-299.
[32] EKKE, 1988; KAFETZIS, 1999, p. 324.

não se recordar e perto de 11% admitiram não saber. A recordação da data correta aumentava com a idade, era mais frequente nos homens do que nas mulheres e aumentava com o nível de instrução e entre os que se diziam de esquerda. Mais uma vez, não houve diferença entre a população urbana e a rural. A maioria das respostas incorretas ou "não sei" foi dada por inquiridos "apolíticos", isto é, os que não tinham votado nas últimas eleições, que se recusavam a situar-se no leque esquerda-direita ou que reclamavam que a sua ideologia política não era de todo relevante.[33]

Durante muito tempo a opinião dominante na Grécia foi de que os atores internos tinham menos culpas do que os externos pela queda da democracia. Outra opinião, comum entre cidadãos de direita e de centro-direita, era de que apenas alguns dos oficiais tinham culpas. Os partidos políticos de esquerda e de centro-esquerda apoiaram em geral a opinião dominante, que também foi partilhada pelos jornais populares. Na sondagem de 1997, perguntava-se quem era responsável pelo golpe de 1967. Como se observou, 26% culpavam os americanos; contudo, essa opinião não era partilhada igualmente entre cidadãos de direita e de esquerda, pois 34% dos últimos e 21% dos primeiros responsabilizavam os Estados Unidos. Um total de 16% dos inquiridos acusavam alguns militares, enquanto 11% atribuíam a culpa à classe política no todo e 10% apontavam o Exército como instituição, ao passo que 7% culpavam o rei, a direita em geral ou os membros centristas do Parlamento que, em 1965, tinham apoiado a ERE para derrubar o governo da EK. As três últimas opções foram escolhidas por inquiridos de esquerda, enquanto os conservadores em geral atribuíam a culpa ou a alguns oficiais ou à classe política.[34]

Em suma, as memórias do Regime dos Coronéis entre a população em geral esbateram-se mais rapidamente na década a seguir

---

[33] KAFETZIS, 1999, p. 278-282.
[34] Ibidem, p. 300-303.

à transição do regime autoritário, isto é, nos anos 1980. A culpa pelo derrube da democracia foi atribuída a atores externos (os americanos) e a um grupo de oficiais. Na década após a mudança de 1974, apenas uma minoria de inquiridos considerava que o regime autoritário deposto tivera alguns efeitos benéficos para a Grécia; contudo, duas décadas depois da transição, as memórias dos fatos e números haviam-se atenuado e uma porcentagem maior da população tinha, de certo modo, uma opinião mais positiva dos efeitos da Junta. A forma como a justiça de transição foi administrada pelas novas elites democráticas também pode ter tido influência na referida mudança de opinião: os julgamentos foram curtos na duração e — com exceção dos chefes da Junta — as punições distribuídas foram indulgentes. Deu ideia de que a justiça de transição foi aplicada às pressas e todo aquele assunto foi, em certo sentido, minimizado.

Conclusões

A memória coletiva da ditadura grega depende da filiação político-partidária e da idade, e obviamente torna-se menos precisa com o passar do tempo. Os inquiridos de esquerda parecem ter uma visão mais nítida e precisa do que os seus pares conservadores quanto ao que aconteceu durante o regime de 1967-1974. O mesmo se verifica com os inquiridos de meia-idade comparados com os grupos etários mais jovens. Talvez para os gregos de meia-idade, e certamente para os cidadãos de esquerda, o derrube da democracia em 1967 e os dramáticos acontecimentos que se seguiram — incluindo o movimento estudantil de 1973 e o fracasso de Chipre em 1974 — fossem pedras angulares da sua identidade política. Não foi esse o caso para os cidadãos conservadores ou para os que pertencem a gerações mais novas ou mais velhas. Não obstante, na Grécia, houve uma rejeição total do passado autoritário no nível das atitudes do público em geral. Isso não foi propriamente o resultado de opiniões democráticas — a rejeição do autoritarismo não se baseou tanto em princípios como em razões da performance política concreta. Os gregos parecem ter rejeitado o Regime dos Coronéis por causa do fracasso de Chipre, da repressão do levantamento dos estudantes e da tortura que foi praticada contra os opositores do regime.

A posição mista evidente na atitude das massas tem o contraponto nas atitudes da elite política. Durante a transição de 1974, as iniciativas do governo de Karamanlis foram refreadas por outras prioridades no domínio da política externa e pelo grande valor atribuído à estabilidade política. Isso não constituiu surpresa, dada a posição tradicional e muito conservadora dos governos de Karamanlis no passado e de novo depois de 1974, em diversos campos (polícia e segurança interna, educação, cultura, relações industriais e mídia). Entre os partidos de oposição, o PASOK detinha uma posição nada consensual, mas claramente polêmica, sobre a justiça de transição, a ponto de substituir setores da esquerda comunista em termos de retórica política radical. Contudo, o governo de Karamanlis não cedeu e administrou a justiça de transição de modo rápido e contido. Até o fim de 1975 — no espaço de um ano e meio depois do derrube do regime —, a maior parte das questões de justiça de transição tinha ficado arrumada: o compromisso foi que muitos dos colaboradores da Junta não foram afetados de todo pelo processo punitivo.

Em geral, na fase inicial da transição democrática na Grécia, as elites democráticas estavam relutantes em tomar quaisquer medidas pesadas contra políticos, oficiais militares e das forças de segurança e outros que tinham estado ao serviço do Regime dos Coronéis. As tensões com a Turquia eram demasiado recentes e demasiado agudas para permitir tratar a classe militar grega de outro modo e iniciar processos punitivos que podiam ter vindo a causar discórdia na sociedade. No entanto, essa política foi alterada. Iniciativas privadas de pôr ações judiciais contra os líderes da Junta e do abortado golpe de Estado de fevereiro de 1975 levaram o governo de transição a envolver-se numa administração rápida, comedida e circunscrita de justiça de transição.

Uma primeira hipótese, com base no estudo do caso grego, é que, em determinadas circunstâncias — tais como provocações de atores externos ou ameaças à soberania nacional —, a administração da justiça de transição pode ser adiada e o saneamento dos militares pode ser evitado por considerações respeitantes à defesa nacional. Ao contrário, quaisquer riscos para a consolidação da democracia postos pelas Forças Armadas e/ou forças de segurança, que deviam ter sido sujeitas à investigação do seu papel durante o regime autoritário, provavelmente aceleram a decisão das novas elites democráticas de avançar com uma diversidade de medidas contra grupos pró-autoritários que ainda subsistem no aparelho de Estado.

O partido conservador (ND, no poder em 1974-1981) hesitou antes de iniciar o processo da justiça de transição, mas depois avançou com ele. A ND enfrentou mais críticas do PASOK do que de qualquer dos dois partidos comunistas (KKE e KKE-Interior). A posição mais reservada dos partidos comunistas pode-se explicar pelas suas experiências de repressão política depois do fim da guerra civil grega e pela legalização do KKE logo a seguir à transição de 1974. As prioridades dos comunistas residiam em atuar legitimamente dentro do novo regime democrático. As memórias de quase três décadas de exclusão política pesaram na atitude tomada pela esquerda grega. Os quadros do PASOK e o seu líder, pelo contrário, não tinham esse tipo de memórias. As prioridades deles estavam em criar um novo nicho identificável no sistema partidário pós-autoritário, seguindo uma estratégia de atrair eleitores da esquerda. O objetivo era atingirem o poder tão depressa quanto possível, o que conseguiram concretizar em 1981. Uma segunda hipótese que provém desse estudo de caso é que, relativamente às questões de severidade e abrangência de medidas punitivas contra colaboradores do regime autoritário, não se pode concluir que, inevitavelmente, quanto mais para a esquerda no espectro político esquerda-direita se situe um partido, mais insistente e reivindicativo ele se mostrará. As experiências passadas dos partidos e as suas estratégias eleitorais influenciam decisivamente a sua atitude sobre dilemas relacionados com a justiça de transição.

Por fim, aos olhos da opinião pública grega, a imagem dos coronéis mudou com o tempo. Algumas das pessoas que recordavam a Junta grega sentem que teve alguns efeitos positivos na Grécia, ao passo que a outros — na maioria, aos mais jovens — falta uma opinião informada sobre a Junta. A rapidez e o caráter comedido do modelo grego de justiça de transição podem estar relacionados com essas mudanças de atitude ou com a falta de percepções apuradas. Tomando o caso da Grécia, uma terceira hipótese pode ser a de que, quanto mais rápido e mais comedido for o processo da justiça de transição, tanto maiores serão as probabilidades de que as memórias do regime autoritário se esbatam mais cedo do que tarde e de que esse regime acabe por ser visto sob uma luz mais positiva do que ao princípio.

Agradecimentos

O autor gostaria de agradecer aos professores Nicos K. Alivizatos, Nicos Christodoulakis e Yannis Voulgaris pela informação e sugestões e ao professor António Costa Pinto pelo seu convite para participar deste livro. O auxílio de Panayota Toka na pesquisa foi muito valioso.

Referências bibliográficas

ALIVIZATOS, N. C. *Les institutions politiques de la Grece a travers les crises, 1922-1974*. Paris: Pichon et Durand-Auzias, 1979.

ALIVIZATOS, N. C. e DIAMANDOUROS, P. N. "Politics and the Judiciary in the Greek Transition to Democracy". In McADAMS, A. J. (ed.). *Transitional*

Justice and the Rule of Law in New Democracies. Notre Dame: University of Notre Dame Press, 1997, p. 27-60.

ATHANASSATOU, Y. et al. (eds.). *Η Δικτατορία, 1967-1974* [A ditadura 1967-1974]. Atenas: Kastaniotes, 1999.

DANOPOULOS, C. P. "Democratizing the Military: Lessons from Mediterranea Europe". *West European Politics*, 1991, vol. 14, n° 4, p. 25-41.

_____. *Warriors and Politicians in Modern Greece*. Chapel Hill: Documentaι Publications, 1984.

DIAMANDOUROS, N. P. "Regime Change and the Prospects for Democracy in Greece, 1974-1983". In O'DONNELL, G.; SCHMITTER, P. C. e WHITEHEAD, L. (eds.). *Transitions from Authoritarian Rule: Southern Europe*. Baltimore: The Johns Hopkins University Press, 1986, p. 138-164.

EKKE (Εθνικό Κέντρο Κοινωνικών Ερευνών [Centro Nacional para a Investigação Social]) "Πολιτική Συμπεριφορά" [Comportamento Político]. *Greek Review of Social Research*, número especial, vol. 69A, 1988.

FLEISCHER, H. "Authoritarian Rule in Greece (1936-1974) and its Heritage". In BOREJSZA, J. W. e ZIMMER, K. (eds.). *Totalitarian and Authoritarian Regimes in Europe: Legacies and Lessons from the Twentieth Century*. Oxford: Berghahn, 2006, p. 237-275.

HADJIVASSILIOU, E. "Από τη Μεταπολίτευση έως τις Εκλογές του 1981. [Da transição democratica às eleições de 1981]". In ATHINON, E. (ed.). *Ιστορία του Ελληνικού Έθνους* [História da Nação Helênica], vol. 16. Atenas: Ekdotiki Athinon, 2006, p. 294-317.

KAFETZIS, P. "Η 21η Απριλίου στη Συλλογική Μνήμη τις Ελληνικής Κοινωνίας" [O 21 de abril na memória coletiva da sociedade helênica]. In VERNARDAKIS, C. (ed.). *Η Κοινή Γνώμη στην Ελλάδα* [Opinião Pública na Grécia]. Atenas: Livanis, 1999, p. 275-351.

KARAKATSANIS, N. M. *The Politics of Elite Transformation: The Consolidation of Greek Democracy in Theoretical Perspective*. Westport: Praeger, 2001.

KREMMYDAS, G. "*Οι Άνθρωποι της Χούντας Μετά τη Δικτατορία*" [Os homens da Junta após a queda da Junta]. Atenas: Exantas, 1984.

MAGALHÃES, P. C. et al. "Democratic Consolidation, Judicial Reform and the Judicialization of Politics in Southern Europe". In GUNTHER, R.; DIAMANDOUROS, P. N. e SOTIROPOULOS, D. A. (eds.). *Democracy and the State in the New Southern Europe*. Oxford: Oxford University Press, 2006, p. 138-196.

MELETOPOULOS, M. E. "*Η Δικτατορία των Συνταγματαρχών*" [A ditadura dos Coronéis]. Atenas: Papazeses, 1996.

MOUZELIS, N. P. *Politics in the Semi-periphery: Early Parliamentarism and Late Industrialization in the Balkans and Latin America.* Londres: Macmillan, 1986.

_____. *Modern Greece: Facets of Underdevelopment.* Londres: Macmillan, 1987.

PAPPAS, T. S. *Making Party Democracy in Greece.* Londres: Macmillan, 1999.

PIKRAMENOS, M. N. *Η Δικαστική Ανεξαρτησία στη Δίνη των Πολιτικών Κρίσεων* [Independência judicial na turbulência das crises políticas]. Atenas: Ant. N. Sakkoulas, 2002.

PSOMIADES, H. J. "Greece: From the Colonels Rule to Democracy". In HERZ, J.H. (ed.). *From Dictatorship to Democracy: Coping with the Legacies of Authoritarianism and Totalitarianism.* Westport: Greenwood Press, 1982, p. 251-273.

SOTIROPOULOS, D. A. "Swift gradualism and variable outcomes: vetting in post-authoritarian Greece". In MAYER-RIECKH, A. e DE GREIFF, P. *Justice as Prevention: Vetting Public Employees in Transitional Societies.* Nova York: Social Science Research Council, 2007, p. 121-145.

SPOURDALAKIS, M. *The Rise of the Greek Socialist Party.* Londres: Routledge, 1988.

VEREMIS, T. *The Military in Greek Politics: From Independence to Democracy.* Londres: Hurst, 1999.

VOULGARIS, Y. *Η Ελλάδα της Μεταπολίτευσης, 1974-1990* [A Grécia pós-autoritária, 1974-1990]. Atenas: Themelio, 2001.

WOODHOUSE, C. M. *The Rise and Fall of the Greek Colonels.* Nova York: Franklin Watts, 1985.

Η Αυγή [*Amanhecer*], 26 de agosto de 1975.

Ριζοσπάστης [*Radical*], 26 de agosto de 1975.

Τα Νέα [*As Notícias*], 3 de julho de 1975; 6 de agosto de 1975; 30 de agosto de 1975; 26 de agosto de 1975.

7. O governo Lula e a construção da memória do regime civil-militar[1]

Daniel Aarão Reis Filho[1]

Em relação às questões que pretendo desenvolver neste capítulo, e que tanta polêmica já provocaram, e certamente ainda provocarão, situo-me em dois planos: memorialista e historiador.

Memorialista, por haver participado intensa e pessoalmente de processos e episódios que serão matéria deste capítulo. Historiador, porque tenho dedicado parte importante da vida a estudá-los e a refletir sobre eles sob o prisma da História.

Há, como se sabe, entre Memória e História, entrelaçamentos e autonomias. Quanto à memória, sabemos todos da necessidade de contextualizá-la, de cotejá-la, de criticá-la, por sabê-la inexoravelmente seletiva e tendencialmente unilateral. O que importa não é propriamente a correspondência entre ela e o processo histórico, mas a lógica e a consistência interna da versão de cada depoente. Por fantasioso e ilusório que seja, e nem sempre é fácil

---

[1] O conteúdo do presente capítulo foi exposto na aula inaugural do Programa de Pós-Graduação em História, Política e Bens Culturais do CPDOC/FGV, em 22 de março de 2010. Publicado originalmente na revista *Estudos Históricos*, agradecemos aos seus editores a permissão para publicá-lo na presente coletânea.

distinguir a fantasia e a ilusão, sempre guarda um valor em si mesmo, tornando-se um documento.

Quanto à história, perdeu-se há muito a ambição de objetividade em que os antigos acreditavam. Cada historiador tem um ângulo de análise, pressupostos e premissas, abordagens específicas, objetivos a alcançar, o que me tem levado, cada vez mais, a conceber a História como uma disciplina, uma arte, mais do que propriamente uma ciência... uma discussão que nos levaria longe, em outras direções.

O que importa é sublinhar que o trabalho do historiador também precisa de contextualização, mas tem a obrigação de não ser unilateral, de evidenciar as fontes com que trabalha, compará-las, criticá-las, incluindo aí o exercício da memória como documento histórico.

Para ser fiel à disciplina e à arte que elegeu, haverá o historiador que se preocupar com, e controlar, as tentações subjetivas, as inclinações aprioristicas, e preocupar-se, na medida do possível, com a verdade, por mais difícil que isso possa parecer.

Nesta conversa pretendo trabalhar como historiador, cuidando para que a condição de memorialista não interfira demasiadamente.

Um desafio, veremos se é possível sustentá-lo.

Trabalharei com referências publicadas, livros e artigos,[2] mas não as repetirei, eis que vou sempre efetuando ajustes e redefinições, retoques, suscitados por sucessivos debates e pela reflexão sempre cambiante sob o influxo das circunstâncias e das polêmicas do tempo em que se vive.

Explicitarei pontos de vista polêmicos, porque a intenção é suscitar a inquietação, a dúvida, o debate.

Desejaria apresentar, comentar e discutir algumas questões que se relacionam entre si.

A primeira diz respeito ao caráter da Lei de Anistia, aprovada em agosto de 1979. Para mim, esta lei configurou um *pacto de sociedade*.

---

[2] Entre outras, AARÃO REIS, 2000; 2004; 2010.

O que não significa que houve unanimidade. Nunca há unanimidade, por mais que um consenso,[3] reunindo amplos segmentos sociais, se forme em determinados momentos em distintas sociedades.

No caso da lei mencionada, há evidências de que nem todos estiveram de acordo: de fato, ficaram nas margens os que desejavam uma anistia ampla, geral e irrestrita que implicaria inclusive o desmantelamento da polícia política e o julgamento dos torturadores. Mas essa proposta, decididamente, não empolgou as gentes.

Prevaleceu, e a custo, aprovada por pequena maioria, uma lei restritiva, e tanto que, além de manter na cadeia presos políticos,[4] ensejou então, e enseja até hoje, o debate sobre se os torturadores estariam ou não agasalhados por um determinado e controvertido artigo, que dispôs sobre a anistia dos *crimes conexos* aos praticados pelos que se opuseram à ditadura e foram por ela perseguidos.[5]

Mas o que me interessa neste momento não é propriamente este debate específico, mas os silêncios que fundamentaram e se estabeleceram em torno da Lei da Anistia.[6]

Três silêncios. O silêncio sobre a tortura e os torturadores. O silêncio sobre o apoio da sociedade à ditadura. O silêncio sobre

---

[3] O conceito de consenso, na acepção com que o emprego designa a formação de um acordo de aceitação do regime existente pela sociedade, explícito ou implícito, compreendendo o apoio ativo, a simpatia acolhedora, a neutralidade benévola, a indiferença ou, no limite, a sensação de absoluta impotência. São matizes bem diferenciados e, segundo as circunstâncias, podem evoluir em direções distintas, mas concorrem todos, em dado momento, para a sustentação de um regime político, ou para o enfraquecimento de uma eventual luta contra o mesmo. A repressão, e a ação da polícia política em particular, podem induzir ou fortalecer o consenso, mas nunca devem ser compreendidas como decisivas para a sua formação (ROLLEMBERG e QUADRAT, 2010).

[4] Pouco depois, com a reformulação da Lei de Segurança Nacional, reduziram-se drasticamente as penas, o que permitiu que, afinal, fossem libertados todos os presos políticos. Mas estes seriam anistiados, no sentido pleno da palavra, apenas mais tarde, quando foi revista, em 1985, a Lei de Anistia aprovada em 1979.

[5] A discussão, de caráter político-jurídico, arrasta-se até hoje e será objeto provavelmente, ainda em 2013, de uma decisão do Supremo Tribunal Federal, provocada por uma ação da Ordem dos Advogados do Brasil (OAB). Seja qual for a decisão, no entanto, a discussão tende a perdurar.

[6] Toda anistia implica silêncios. Ao contrário de certo senso comum, anistia não significa *perdão,* mas *esquecimento.*

as propostas revolucionárias de esquerda, derrotadas entre 1966 e 1973. Vamos refletir com mais vagar sobre estes silêncios.

O silêncio sobre a tortura e os torturadores

Também neste particular, não é possível se sustentar que o silêncio foi total, unânime. Enquanto durou a ditadura, sempre houve vozes corajosas, de jornalistas, de políticos, de lideranças eclesiásticas, de militantes revolucionários denunciando torturas e torturadores.[7] Contudo, foram vozes isoladas. E quando a Anistia foi, afinal, aprovada, a grande maioria preferiu não falar no assunto, ignorá-lo, ou simplesmente não pensar nele.

O que essa atitude exprimia? A meu ver, a perspectiva de se virar as costas a uma experiência que se considerava ultrapassada. O livro de Fernando Gabeira, publicado em 1979, desempenharia aí importante papel.[8] Bem-escrito, com tratamento irônico de temas candentes, ofereceu uma interpretação bem-humorada e conciliatória da ditadura e das lutas empreendidas contra ela. O que passou, passou. Por que não olhar para a frente, evitando o espelho retrovisor?

E, assim, os torturadores foram deixados em paz. E a tortura, empurrada para baixo de grosso tapete. Tratava-se, ao menos temporariamente, de esquecer o passado.

Curto-circuito da memória? A confirmar o conhecido bordão de que o povo brasileiro não a tem? Nada disso. Apenas a proposta de se desvencilhar de um passado que se queria recusar, mas a pro-

---

[7] Entre os primeiros, e precursoramente, o jornalista e político Márcio Moreira Alves. No contexto da Igreja Católica, destacou-se, entre outros, a figura de D. Hélder Câmara, que, no exterior, e apesar das ameaças, denunciou abertamente, desde o início dos anos 1970, as torturas empreendidas pelos aparelhos repressivos. Sem falar nos militantes revolucionários e em seus correligionários que, do exílio, na Europa, nos Estados Unidos e no mundo socialista, denunciavam com persistência a tortura como política do Estado brasileiro.
[8] GABEIRA, 1979. Publicado meses depois de entrevista concedida pelo autor, ainda no exílio, ao semanário *O Pasquim* e que obteve, então, grande repercussão.

pósito do qual não havia ainda uma análise bem concatenada ou uma narrativa clara e consensual, social e politicamente aceitável.

O silêncio sobre o apoio da sociedade à ditadura

A ditadura, desde o início, sempre suscitou oposições. Essas se multiplicariam, principalmente nos últimos anos da década de 1970, tornando-se então difícil encontrar alguém que apoiasse explicitamente o regime que se extinguia. Já nas comemorações dos quarenta anos de 1968, em 2008, era quase impossível encontrar quem houvesse apoiado sem reservas a ditadura. Um enigma. Como o regime durara tanto tempo sem viva alma que o apoiasse?

Mas houve apoios, extensos e consistentes.

Muitos exemplos poderiam ser apresentados, mas três, expressivos, bastariam para elucidar de outro modo o processo histórico.

Primo, as Marchas da Família com Deus pela Liberdade, quando tudo começou. Milhões marcharam. Quinhentas mil pessoas em São Paulo, antes do golpe, em 19 de março de 1964. Um milhão no Rio de Janeiro, em 2 de abril, na então chamada Marcha da Vitória. Depois, mais dezenas e dezenas de milhares. Marcharam as gentes até setembro de 1964. Não houve cidade grande que não tivesse a sua marcha, sem contar muitas cidades médias e pequenas.[9]

Secundo, os altos índices de popularidade do general Garrastazu Médici, que chefiou a ditadura no auge dos sinistros *anos de chumbo*.[10]

Tertio, e finalmente, as expressivas votações obtidas pela Aliança Renovadora Nacional/ARENA, inclusive nas últimas eleições sob a ditadura, realizadas em 1978.[11]

---

[9] Infelizmente, só há um trabalho acadêmico a respeito, sintomaticamente não publicado: PRESOT, 2004.
[10] CORDEIRO, 2009. Cf. Janaína Martins Cordeiro, que, em pesquisa em curso para sua tese de doutoramento a respeito das comemorações do Sesquicentenário da Independência, realizadas em 1972, encontrou, em pesquisas do Ibope (São Paulo e interior), índices de aprovação de 84% ao general..
[11] GRINBERG, 2009.

Esses apoios desmancharam-se no ar, de início, devagarinho, depois, em cadência mais rápida, para se desvanecerem quase completamente no verão quente da Anistia, entre 1979 e 1980.

Quanto à ditadura, a frase-síntese mais inspirada, e extremamente emblemática, foi proferida por Leonel Brizola, numa tirada *antropofágica*, em 1980, logo depois de regressar ao país: o povo brasileiro havia comido a ditadura, a mastigara devagarinho, a engolira, a digerira e, naquele momento, preparava-se para expeli-la pelos canais próprios.

Em outras palavras, o povo vencera a "ditadura militar", que, aliás, fora obra de uns poucos militares exaltados, "os bolsões sinceros, mas radicais".[12] Ditadura militar: o termo fora cunhado desde 1964,[13] encorpara-se, estabelecera-se como senso comum, servindo como uma luva a uma sociedade que desejava autoabsolver-se de quaisquer cumplicidades com um regime considerado, agora, em fins dos anos 1970, abominável.

Crise de identidade, memória curta? Mais uma vez, não.

Na história contemporânea, outras sociedades, conhecidas por sua devoção à História e ao exercício da memória, diante de desafios semelhantes, comportaram-se de modo análogo: que se pense, por exemplo, na França depois da Segunda Guerra Mundial (em relação à experiência do governo colaboracionista de Vichy); na Alemanha depois da derrota, em 1945 (sobre o apoio da sociedade ao nazismo); na União Soviética pós-desestalinização (sobre Stalin e o stalinismo).

Incômodas lembranças, por pessoas, grupos sociais ou sociedades inteiras, são frequentemente colocadas entre parênteses, à espera, para que possam ser analisadas, de um melhor momento ou do dia de São Nunca.

---

[12] Expressão recorrentemente usada por um dos maiores cronistas políticos da época da ditadura, Carlos Castello Branco, colunista do *Jornal do Brasil*, que assim denominava *em linguajar gótico*, característico, a comunidade de segurança, ou de informações, na qual se encontravam os torturadores. Uma seleção de crônicas desse autor foi reunida mais tarde em livros que constituem importantes subsídios para a história política da ditadura (CASTELLO BRANCO, 1975; 1976).

[13] Eu mesmo empreguei o termo, e quantas vezes, inclusive em título de livro, contribuindo para consolidar uma tradição equivocada, do que hoje me arrependo.

O silêncio sobre as propostas revolucionárias de esquerda entre 1966 e 1973[14]

Tais propostas, a rigor, já vinham sendo elaboradas desde antes de 1964, no contexto da saga do "reformismo revolucionário",[15] ainda não merecidamente estudada. Referimo-nos aos movimentos sociais que se evidenciaram na conjuntura efervescente, anterior ao golpe de Estado, em torno do chamado programa das "reformas de base".

Aquelas reformas, caso empreendidas, revolucionariam a sociedade brasileira. Alas mais radicais do movimento não se privariam de dizer que as reformas viriam "na lei ou na marra". Leonel Brizola, então líder nacionalista revolucionário, anunciava, com ares apocalípticos e enigmáticos, que se aproximava um "desfecho" para a crise brasileira.

É necessário aí recuperar o contexto da época, marcado pela Guerra Fria e pelo advento vitorioso de revoluções armadas: Cuba, em 1959; Argélia, em 1962, sem falar na crescente afirmação de movimentos de libertação nacional na África e na Ásia (Guerra do Vietnã). Parecia reatualizar-se a frase de Brecht, formulada nos sombrios anos do nazismo e da Segunda Guerra Mundial: "era um tempo de guerra, um tempo sem sol", animando os partidários de enfrentamentos decisivos e violentos.

Depois da instauração da ditadura, radicalizaram-se ainda mais essas perspectivas de confronto, nutrindo-se de interpretações de importantes pensadores brasileiros como, entre outros, Celso Furtado, Rui Mauro Marini, Octavio Ianni, Caio Prado Jr. Todos esses, com nuanças específicas, anunciavam tempos de impasse catastrófico. Sem as reformas, bloqueadas agora pela vitória da ditadura, o país transformara-se num barril de pólvora, prestes

---

[14] 1966: derrota do foco guerrilheiro de Caraparaó. 1973: derrota do foco guerrilheiro do Araguaia.
[15] O termo, cunhado por Carlos Nelson Coutinho, demarca processos reformistas que adquirem alcance transformador, revolucionário (COUTINHO, 1984).

a explodir. O novo regime político não conseguiria abrir perspectivas de desenvolvimento. A sociedade estava paralisada, consagrando-se "a utopia do impasse".[16]

No quadro da derrota desmoralizante de 1964, as mais importantes tradições, correntes e lideranças das esquerdas brasileiras se encolheram, aturdidas. Trabalhismo (PTB — Partido Trabalhista Brasileiro) e comunismo (PCB — Partido Comunista Brasileiro) desmoronaram como propostas políticas. Desenvolveram-se então, reforçando-se, organizações e partidos revolucionários favoráveis à luta armada, que as circunstâncias, segundo eles, haviam imposto como alternativa inevitável. Mas não queriam apenas derrotar a ditadura. Pretendiam destruir o capitalismo como sistema. Aliás, entre ditadura e capitalismo estabeleciam íntima e indissociável conexão. O capitalismo não mais existiria sem a ditadura. A ditadura era a garantia do capitalismo. Como irmãos xifópagos. A destruição de uma significaria a morte do outro. O resto eram "ilusões de classe", para retomar um jargão da época.

Foram então elaborados audaciosos projetos, implementados por guerrilhas urbanas e focos guerrilheiros rurais.

Entretanto, para surpresa dos revolucionários, a sociedade não acompanhou aquela gesta, massacrada pela polícia política sob os olhares complacentes ou indiferentes das grandes maiorias.

Houve então, desde 1974, uma dolorosa e penosa revisão crítica. Na sequência, no contexto da luta pela Anistia, na segunda metade dos anos 1970, efetuou-se uma grande metamorfose: os projetos revolucionários derrotados transformaram-se na ala extrema da "resistência democrática". Já ninguém quisera participar, ou empreender, uma revolução social, apenas aperfeiçoar a democracia, e muitos não se privariam de dizer inclusive que lutavam apenas por um país melhor.[17]

---

[16] Furtado, 1966; Prado Jr. 1966; Ianni, 1968; Marini, 1969; Aarão Reis, 1991.
[17] Entre muitas outras, a mais notável expressão dessa formulação foi a exposição "Utópicos e rebeldes", organizada sob patrocínio da UFRJ em 2008, no mezanino do Palácio da Educação, no Rio de Janeiro, por ocasião das comemorações dos quarenta anos de 1968. Bela exposição, envolvendo textos e cartazes, não mencionava uma única vez a palavra *revolução*.

Fez-se o silêncio sobre a saga revolucionária. Ela saiu dos radares da sociedade. Desapareceu soterrada na memória coletiva.

O triplo silêncio vertebrou um "pacto de sociedade", atualizando as formulações de E. Renan, que sustentava, sem sorrir, que uma nação, para se manter, deve mostrar-se capaz de recordar algumas coisas e de esquecer outras.[18]

O triplo esquecimento viabilizou a Anistia, tal qual foi aprovada.

Segunda questão: a Lei da Anistia, tendo sido aprovada por um "pacto de sociedade", estaria sujeita a eventuais revisões?

A resposta é, evidentemente, positiva. Um pacto de sociedade, por sólido que seja, não configura uma interdição a futuras revisões, nem pode ser pensado como um tabu. Como uma constituição, como qualquer tratado, tais pactos duram enquanto durarem as vontades e os interesses que lhes deram vida. Quando se alteram estes, pode alterar-se o pacto que é sua resultante.

Ademais, como se sabe, a lei da Anistia não é uma virgem há muito tempo. Foi revista e ampliada, em 1985, em 1988 e em 2002.

Por outro lado, nossos vizinhos do Cone Sul, que também construíram e aturaram ditaduras, mostraram a viabilidade de revisões das respectivas Leis de Anistia, já ocorridas na Argentina, no Chile e no Uruguai.

Além disso, quando se fala em processar e, eventualmente, condenar os torturadores, é preciso considerar que eminentes juristas e líderes políticos argumentam, não sem razão, e desde a época da aprovação da Lei de Anistia, que esta não anistiava os torturadores. Há controvérsias a respeito. O que não anula o argumento antes defendido de que prevaleceu, em determinado momento, o silêncio sobre a questão. Mas silêncio não significa necessariamente que os torturadores foram absolvidos ou que teriam sido formalmente anistiados.

---

[18] RENAN, 1992.

Não é possível esquecer ainda que o Estado brasileiro subscreveu um acordo internacional declarando imprescritível o crime de tortura, por ser um crime contra a humanidade.

Finalmente, um fato político relevante: ascenderam, em 2002, ao poder central, associados ao presidente Lula, ex-militantes das esquerdas revolucionárias, com concepções profundamente redefinidas em relação às que professavam nos anos 1970, mas insatisfeitos com o silêncio a respeito da tortura e dos torturadores.

Tudo isso tem impulsionado tentativas de questionamento dos silêncios pactados em 1979, a última das quais formulada pelo III Plano Nacional dos Direitos Humanos que provocou, e ainda provoca, grande celeuma.

Embora eu não concorde com algumas formulações dos ministros Paulo Vanuchi e Tarso Genro, como se verá em seguida, estou de acordo em relação a um ponto essencial: é necessário rever a Lei de Anistia aprovada em 1979, o pacto de sociedade que a fundamentou e os silêncios implicados. Sustento que uma tal revisão poderia contribuir, de acordo com argumentos que aduzirei, para que tenhamos um país melhor, uma democracia mais sólida.

Agora, trata-se de saber se a maioria da sociedade, hoje, quer mesmo a revisão da Lei da Anistia. A respeito disso, considerando-se as reações suscitadas pela iniciativa dos ministros Vanuchi e Genro, e os desdobramentos evidenciados, tenho fundadas dúvidas.

Entretanto, como intelectual, não tenho por que me subordinar a eventuais maiorias. É próprio das democracias que as minorias não sejam obrigadas a se calarem diante de eventuais maiorias. É assim que as minorias podem tornar-se maiorias e as maiorias, minorias, o que faz parte do jogo democrático.

Uma terceira questão que interessa é saber se um processo de revisão da Lei da Anistia teria condições de aprofundar o debate sobre a ditadura e as lutas que se deram contra ela. Em caso de uma resposta positiva, isso seria estimulante e construtivo para a sociedade brasileira?

Inegavelmente, o período da ditadura tem sido debatido, particularmente nos cursos de ciências humanas das universidades públicas brasileiras. Mas não é menos evidente que tais discussões têm sido parciais, fragmentadas, soluçantes.

Isso é bom para o país, para o futuro do país, para o futuro da democracia?

Há controvérsias.

Em recente polêmica, concernente especificamente à revisão da Lei da Anistia, expressivas lideranças políticas manifestaram-se em sentido contrário. Para elas, o esquecimento e o silêncio continuariam sendo as melhores receitas.[19] Tocar no assunto seria mexer em "casa de marimbondos".

Não concordo. Dadas as nossas circunstâncias, penso que a sociedade poderia compreender-se melhor discutindo o passado. Como sabemos, essa é a melhor forma de pensar o presente e preparar o futuro. Afinal, a ditadura durou 15 anos. Esclareço que, para mim, a ditadura encerrou-se em 1979, com o fim dos Atos Institucionais e o restabelecimento das eleições, da alternância no poder, da livre organização sindical e partidária e da liberdade de imprensa. Mas essa é uma posição minoritária. Para a maioria dos estudiosos, o período ditatorial teria se encerrado apenas em 1985 (eleição do primeiro presidente civil) ou mesmo em 1988 (aprovação da nova Constituição, fim do chamado "entulho autoritário"). Essas diferenças são muito simbólicas e interessantes, mas não vou pretender discuti-las aqui e agora.

Mesmo se ficarmos com os 15 anos que proponho, é um tempo considerável. Não seria interessante discutir melhor uma ditadura que se instaurou sem dar praticamente um tiro e se retirou sem levar praticamente uma pedrada?

---

[19] Entre muitos outros, manifestaram-se Arthur Virgílio e Alfredo Sirkis, lideranças, respectivamente, do PSDB e do Partido Verde.

Estou convencido de que seria útil compreender melhor as complexas relações entre sociedade e ditadura. O seu caráter civil-militar. A participação maciça das gentes no momento de sua instauração. O desencanto posterior. O ano de 1968 e as mitologias associadas. O auge do chamado "milagre econômico" com suas ambivalências: anos de "chumbo", mas também anos de "ouro". O que prevaleceu para quem? O chumbo ou o ouro? Repressão, prosperidade, tortura, euforia autocomplacente, festas patrióticas, assassinatos, vitórias esportivas, autoestima em ascensão, miséria galopante, desigualdades sociais.

A economia vai bem, mas o povo vai mal, diria o general G. Médici, o ditador mais sinistro e mais popular de todo o período ditatorial.

E, depois, na segunda metade dos anos 1970, liquidadas as alternativas revolucionárias de esquerda, a retomada em grande estilo pelo governo Geisel da cultura política do nacional-estatismo e a convergência de direitas e esquerdas moderadas no processo que levou, finalmente, à restauração da democracia.

Nesses zigue-zagues e metamorfoses, quantas questões em aberto! Estudos pioneiros, alguns ainda em curso, já têm evidenciado mais que ambiguidades, ambivalências, inesperados trânsitos, surpreendentes. Veneráveis instituições já estão se tornando, ou podem se tornar, objetos de estudos históricos, como, para ficar nas de tradições mais nobres, a Associação Brasileira de Imprensa (ABI), a Ordem dos Advogados do Brasil (OAB), a Conferência Nacional dos Bispos Brasileiros (CNBB), a Academia Brasileira de Letras (ABL), o Conselho Federal de Cultura (CFC), o Ministério das Relações Exteriores, os Cursos de Pós-Graduação, a Imprensa e os Meios de Comunicação. Sem falar nos órgãos repressivos, nas festas patrióticas, nos movimentos de direita... quantas áreas de estudo, inesgotáveis, dinâmicas, prenhes de materiais altamente inflamáveis, reveladoras de uma nação impetuosa que tateava caminhos em busca da sonhada e anelada modernização e que, decididamente, *ia pra frente*.[20]

---

[20] Fico, 2004; Kushnir, 2004; Quadrat, 2004; Rollemberg, 2008; Cordeiro, 2009; Almeida, 2009; Bezerra, 2010.

Num debate aberto sobre o período ditatorial, também seria possível rever a trajetória e as lutas das esquerdas, reformistas e revolucionárias, sucessos e derrotas, desde o período anterior ao golpe, passando pela ofensiva das esquerdas revolucionárias, derrotada, até as articulações e a conjugação de forças nas lutas pela restauração democrática. Também aí são notáveis as metamorfoses, os deslocamentos de sentido e de ênfases que se prolongam até os dias de hoje, mas que se enraízam, sem dúvida, no período ditatorial, fazendo de uma sociedade, cujas maiorias participaram ativamente na construção da ditadura, uma outra, agora absolvida, que à ditadura sempre resistiu, e bravamente.

Nesse sentido, pode-se dizer que o atual Programa do Arquivo Nacional "Memórias Reveladas" deveria ter um complemento: "(...) e Ocultadas", porque no programa não aparecem as aproximações, as cumplicidades, os apoios que vicejaram na sociedade à sombra sinistra, dura, mas, para muitos, generosa, da ditadura. Nas Memórias Reveladas, só se revela a "resistência", uma palavra quase mágica, homogeneizante, uma espécie de *passe-partout*, através do qual se tornam pardos todos os gatos.[21]

Está em curso, sem dúvida, a elaboração de uma "história oficial" de esquerda, um gênero sempre criticado por essas mesmas esquerdas, mas agora retomado por elas, ou parte delas, uma vez entronizadas no poder.

Nada de especialmente surpreendente, considerando-se o que já se tinha passado nas experiências do "socialismo realmente existente", mas que eu não esperava presenciar em vida, embora compreenda a lógica subjacente e as motivações.

---

[21] Diga-se, de passagem, que o programa referido do Arquivo Nacional, ressalvada sua importância, é um programa a mais que se insere num contexto maior de filmes, programas de televisão, livros didáticos, exposições e memoriais que apresentam, quase todos, a mesma linha interpretativa.

A contrapelo desta história oficial há muitos baús a serem abertos, e não vejo como isso possa fazer mal à saúde da democracia brasileira.

Mas há mais. É que todo esse debate sobre a ditadura poderia ensejar o enfrentamento de mais uma questão, especialmente sensível e crucial: a tortura como política de Estado.

Em relação ao assunto, não posso dissimular divergências com o enunciado no referido Plano Nacional dos Direitos Humanos, embora veja como positiva a proposta de constituir uma Comissão da Verdade (antes tarde do que nunca!) e de abrir o debate a respeito.

É que, ao contrário do que afirmaram os ministros Vanuchi e Genro, as práticas de tortura não foram obra de meia dúzia de boçais, nem constituíram o que se chamou pudicamente de *excessos*, mas foram expressão de uma "política de Estado".

Questão profundamente inquietante.

Desde 1935 até 1979 passaram-se 44 anos. O país terá vivido, entre 1935 e 1945 e entre 1964 e 1979, portanto, durante 25 anos, com a tortura como política de Estado. Não é o caso de refletirmos sobre isso? Sabemos bem que a tortura não foi inventada pelas ditaduras, ela é uma trágica tradição, ancestral, que se ancora na sociedade colonial, depois, já o país independente, na sociedade escravista. Também sabemos que essas práticas infames continuaram depois das ditaduras, até os dias de hoje, sendo largamente utilizadas pelas polícias civil e militar, por milícias privadas de diversa natureza, por bandidos comuns e incomuns, quando não pelas próprias forças armadas quando "investigam" supostos crimes.

Uma realidade constrangedora, maldita.

O que seremos, então? Uma nação de torturadores e de torturados? Conhecido por exportar técnicas de tortura, como o pau-de-arara?

As torturas não continuam a ser praticadas, ao menos em parte, porque a sociedade simplesmente não discute o assunto? Não o transforma em objeto de um "grande debate"?

Não se trata apenas de redimir a humilhação dos torturados. A questão é mais ampla, pois como já disse a tortura não apenas humilha os torturados, mas a inteira sociedade que silencia.

De uma ampla discussão sobre essa questão sinistra, talvez pudéssemos chegar ao julgamento dos torturadores.

Caberia aí uma penúltima questão: julgar os torturadores hoje não configuraria mesquinho revanchismo?

Por considerar que a tortura foi uma política de Estado repugna-me a caça a *bodes expiatórios*, inclusive porque estes, uma vez imolados, poderiam ocultar o debate mais importante e decisivo, sobre a tortura e seu contexto histórico, sobre a tortura como *política* socialmente aceita.

Vejo aí duas hipóteses, duas vias.

A de uma Comissão da Verdade, no padrão da que existiu na África do Sul, depois do abandono do Apartheid. Os torturadores foram então intimados a vir a público, confessar os crimes e as circunstâncias em que foram praticados, tendo então a garantia da Anistia.

Ou a do julgamento, assegurados os direitos de defesa e do contraditório, numa perspectiva menos de condenar torturadores do que de efetuar uma "catarse" da opinião pública nacional. Se forem julgados, nos casos de condenação, que os representantes eleitos da Nação considerem depois a oportunidade de anistiá-los.

Não procede a objeção de que seria necessário então julgar os "dois lados". Os torturadores e os torturados. Além da ressonância grotesca de um tal enunciado, é preciso recordar que os militantes de esquerda já foram interrogados, indiciados e julgados, ou torturados e mortos, os nomes nos processos judiciais, quando não estampados em cartazes e nas páginas dos jornais, apontados à execração pública.

Da tortura e dos torturadores praticamente nada se sabe, salvo denúncias informais e listas também informais que circulam desde os anos 1970.

A tortura, vale ainda aduzir, é crime contra a humanidade, imprescritível, e o Estado brasileiro subscreveu um tratado internacional estatuído a respeito do assunto, não podendo, assim, fugir a responsabilidades assumidas.

Chego, finalmente, à última questão: até que ponto a revisão da Lei de Anistia, no contexto de um amplo debate nacional, não contribuiria para ensejar a abertura dos arquivos das Forças Armadas sobre o período ditatorial?

Uma questão espinhosa, porque, desde a restauração democrática, as três forças armadas têm sido arredias às tentativas e às pressões para que entreguem ou abram seus arquivos, em particular os arquivos dos serviços de informação: o do Centro de Informações do Exército (CIE), o da Aeronáutica (CISA) e o da Marinha (CENIMAR), que tiveram participação decisiva na derrota das organizações revolucionárias de esquerda e que abrigaram equipes de investigação, de análise de informações e de torturadores.

Diante desse tipo de atitude, a sociedade e as lideranças políticas têm assumido um comportamento errático, porém, de forma geral, marcado pela conciliação e pela subserviência diante dos ditames dos chefes militares.

Assim, os governos civis, desde a restauração democrática, para além das diferenças substanciais entre eles, adotaram posturas equivalentes. Ou indiferentes, como se o assunto não lhes dissesse respeito, ou, quando o propuseram à discussão, cedendo diante da negativa dos militares.

Como explicar a rigidez dos chefes militares e a conciliação dos governos civis?

Em relação aos primeiros, sem dúvida, evidenciou-se a força das tendências corporativistas, que, aliás, na sociedade brasileira, não são específicas das instituições castrenses.

Mas esse não me parece o aspecto essencial.

O aspecto essencial é a cultura política que prevalece nas Forças Armadas, marcada ainda por convicções elaboradas no período da Guerra Fria, que atribuíam aos militares uma função de tutores da Nação, guardiões da ordem e da civilização cristã perante o perigo comunista.

A rigor, desde o fim do comunismo soviético e das transformações ocorridas no mundo socialista, os militares brasileiros vivem profunda crise de identidade: servem para quê, exatamente? Quais seus papéis e funções na democracia brasileira? Quando os militares brasileiros passarão a se ver como aquilo que são: funcionários públicos uniformizados?

A sociedade brasileira não tem discutido o assunto. Os governos civis e as universidades apenas o afloram. O Ministério da Defesa até hoje é um simulacro. Seu titular e os chefes das três forças aparecem como comissários dos militares junto aos governos e não como ministros dos governos. A situação chega ao patético quando o ministro da Defesa, um civil em cargo civil, em visita de inspeção ao Haiti, veste uniforme de batalha como se fora um general em campanha. Para além do ridículo, atroz, uma atitude simbólica.

Discursos e documentos provenientes das Forças Armadas continuam sustentando que, em 1964, iniciou-se no país uma revolução democrática e não um golpe de Estado que instaurou uma ditadura.

Uma esquizofrenia: de um lado, a Comissão da Anistia, órgão do Estado, pede, em nome do Estado, desculpas aos torturados pelos prejuízos e males, materiais e morais, provocados pelas torturas e pelos torturadores, indenizando-os de acordo com a lei. De outro, as Forças Armadas, instituição deste mesmo Estado onde se realizaram as torturas como política de Estado, negam ter sequer existido torturas, salvo cometidas por indivíduos isolados, exceções lastimáveis à regra geral.

Ora, o debate sobre a revisão da Lei de Anistia poderia, e deveria, contribuir para o questionamento, a revisão e a superação dessa cultura política anacrônica e deletéria que faz das Forças Armadas brasileiras um quisto autoritário que é necessário remover.

Tratei de apontar algumas questões polêmicas sobre a Lei da Anistia e o debate que uma necessária revisão poderia ensejar.

Servirão essas questões para desvelar a verdade?

A busca da verdade é um trabalho incessante, como o de Sísifo. Ou um instantâneo, como se fora, na bela metáfora de W. Benjamin (1987), a breve claridade proporcionada pelo relâmpago num momento de tempestade. Brilha fugaz e efêmera, para ser logo depois engolida pelas trevas da tempestade.

O que tem me inspirado neste debate é a perspectiva de não ocultar, não omitir, remando, se for o caso, contra a corrente, ignorando as censuras de esquerda e de direita, tendo sempre em mente a bela frase de Byron: "A verdade é sempre estranha. Mais estranha do que a ficção."[22]

Referências bibliográficas

AARÃO REIS, D. *A revolução faltou ao encontro*. São Paulo: Brasiliense, 1991.
_____. *Ditadura Militar, esquerdas e sociedade*. Rio de Janeiro: Zahar, 2000.
_____. "Ditadura e sociedade: as reconstruções da memória". In AARÃO REIS, D.; RIDENTI, M. e SÁ MOTTA, R. P. (orgs.). *O golpe e a ditadura militar 40 anos depois (1964-2004)*. Bauru: Edusc, 2004, p. 29-52.
_____. "Anistia, uma revisão". *O Globo*, Rio de Janeiro, 14 de janeiro de 2010, p. 7.
ALMEIDA, A.T.S. *O regime militar em festa — o Sesquicentenário da Independência do Brasil (1972)*. Tese de Doutorado não publicada apresentada no PPGUFRJ, Rio de Janeiro.
ALVES, M.M. *Torturas e torturados*. Rio de Janeiro: Idade Nova, 1996.
BENJAMIN, W. "Sobre o conceito de História". In *Obras escolhidas VI*. São Paulo: 1993. Brasiliense.
BEZERRA, P.C.G. *A visão da comunidade de informações sobre a atuação dos bispos católicos na ditadura militar brasileira (1970-1980)*. Dissertação de mestrado, Programa de Pós-Graduação em História Social, UFRJ.

---

[22] "*Truth is always strange, stranger than fiction*" (BYRON, 1823).

BYRON, L. *Don Juan*. Londres: Ebook, 2007.

CASTELLO BRANCO, C. *Introdução à Revolução de 1964*, 2 vols. Rio de Janeiro: Artenova, 1975.

_____. *Os militares no poder*. Rio de Janeiro: Nova Fronteira, 1976.

CORDEIRO, J. M. *Direitas em movimento. A Campanha da Mulher pela Democracia e a ditadura no Brasil*. Rio de Janeiro: FGV, 2009.

COUTINHO, C.N. "A democracia como valor universal". In *A democracia como valor universal e outros ensaios*. Rio de Janeiro: Salamandra, 1984, p. 17-48.

FICO, C. *Além do golpe. Versões e controvérsias sobre 1964 e a ditadura militar*. Rio de Janeiro: Record, 2004.

FURTADO, C. *Subdesenvolvimento e estagnação na América Latina*. Rio de Janeiro: Civilização Brasileira, 1966.

GABEIRA, F. *O que é isso, companheiro?* Rio de Janeiro: Codecri, 1979.

GRINBERG, L. *Partido político ou bode expiatório. Um estudo sobre a ARENA (1965-1979)*. Rio de Janeiro: Mauad/Faperj, 2009.

IANNI, O. *O colapso do populismo no Brasil*. Rio de Janeiro: Civilização Brasileira, 1968.

KUSHNIR, B. *Cães de guarda. Jornalistas e censores, do AI-5 à Constituição de 1988*. São Paulo: Boitempo, 2004.

MARINI, R. M. *Subdesarollo y revolución*. Cidade do México: Siglo XXI, 1979.

PRADO Jr., C. *A revolução brasileira*. São Paulo: Brasiliense, 1966.

PRESSOT, A. A. *As marchas da família com Deus pela liberdade e o golpe de 1964*. Dissertação de Mestrado, Programa de Pós-Graduação em História Social, UFRJ.

QUADRAT, S. V. "Muito além das fronteiras". In AARÃO REIS, D. et al. *O golpe e a ditadura militar 40 anos depois (1964-2004)*. Bauru: Edusc, 2004.

RENAN, E. *Qu'est-ce qu'une nation?* Paris: Presses Pocket, 1992.

ROLLEMBERG, D. "Memória, opinião e cultura política: a Ordem dos Advogados do Brasil sob a ditadura (1964-1974)". In AARÃO REIS, D. e ROLLAND, D. (orgs.). *Modernidades alternativas*. Rio de Janeiro: FGV, 2008, p. 57-96.

ROLLEMBERG, D. e QUADRAT, S. (orgs.). *A construção social dos regimes autoritários. Legitimidade, consenso e consentimento no século XX, vol. 1: Europa*. Rio de Janeiro: Civilização Brasileira, 2010, p. 9-30.

8. "Justiça transicional" em câmara lenta: o caso do Brasil

Alexandra Barahona de Brito

Introdução

O processo de transição democrática no Brasil foi um dos mais longos na América Latina: após uma ditadura militar de 25 anos que se estendeu por seis presidências, entre 1964 e 1989.[1] A transição começou em 1974, com a distensão iniciada pelo presidente general Ernesto Geisel, continuou com o estabelecimento da "Nova República" liderada por civis após a eleição do partido de oposição ao regime (1986) e a promulgação da uma nova Constituição (1988), e culminou com a eleição direta do presidente Fernando Collor de Mello em 1989.

O caso brasileiro é geralmente classificado como uma transição "negociada"; na verdade, a duração e o ritmo da *distensão*,

---

[1] As presidências do regime foram Castello Branco e Costa e Silva (1964-1968), durante as quais o regime se estabeleceu; Médici (1969-1974), que presidiu nos anos mais repressivos do regime; Geisel (1974-1979), que levou a cabo os primeiros passos para a liberalização do regime; Figueiredo (1979-1985), que conduziu a lenta dissolução do regime; e o civil Sarney (1985-1989), que presidiu a transição para a democracia.

abertura e transição foram mais determinados pelos militares, que mantiveram um elevado grau de controle sobre a sua saída do poder, do que pelas pressões da sociedade civil. De fato, tem sido defendido que todo o processo foi em grande parte uma resposta das chefias às ameaças à cadeia de comando e disciplina hierárquica militar, resultado do crescimento descontrolado de setores da direita radical a cargo da segurança interna e de combate à "subversão". Assim, o presidente Geisel procurou aliados civis para "aferir a autonomia crescente da comunidade de segurança, que [ele] considerava perigosa para os militares como instituição e desnecessária, pois todos os movimentos guerrilheiros de esquerda tinham sido destruídos".[2] A liberalização também foi provocada pela perda do apoio ao regime pela elite e pela classe média, após o colapso do chamado "Milagre Econômico". "Os militares brasileiros já não velejavam com os ventos econômicos, como em 1968-1972, mas em vez disso, em 1981-1982, contra um vendaval de adversidade econômica. Pior, aparentemente não tinham uma estratégia clara sobre como superar a crise econômica mais grave da história do país."[3]

O sucessor de Geisel, o general Figueiredo, continuou a *abertura*, revogando algumas das medidas de emergência mais repressivas, empreendendo uma reforma dos partidos políticos, normalizando o funcionamento do parlamento e estabelecendo um calendário eleitoral. Como houve eleições livres, o processo de transformação do regime se acelerou, mas, mesmo assim, os militares mantiveram um elevado nível de controle sobre o processo.

Como parte da abertura política, o Congresso aprovou a Lei da Anistia, promulgada a 28 de agosto de 1979, que levou à libertação de milhares de presos políticos e ao regresso de muitos exilados. Os militares não tinham querido passar uma lei de anistia, mas foram pressionados por um movimento lançado em fevereiro de 1978 pelo

---

[2] Linz e Stepan, 1996, p. 168.
[3] Bruneau, 1992, p. 260.

Comitê Brasileiro de Anistia (CBA) e outras organizações como a Ordem dos Advogados do Brasil (OAB), a Associação Brasileira de Imprensa (ABI), a Conferência Nacional dos Bispos do Brasil (CNBB) e outros grupos sociais e políticos. O movimento pedia uma ampla anistia, geral e sem restrições: o regime respondeu libertando a maioria dos presos políticos e oferecendo cobertura da Lei de Anistia às forças de segurança.

À época, a classe política aceitou largamente este *trade-off*: a impunidade para os militares em troca da reintegração dos cidadãos proscritos na vida política e o retorno do exílio. Dessa forma, "o que passou, passou: o livro foi fechado. A *abertura* podia prosseguir".[4] Pode dizer-se que "a democracia no Brasil foi construída a partir da Lei da Anistia". A continuação do poder militar, a natureza peculiar do processo de transição brasileiro e a Lei da Anistia de 1979 explicam em grande parte por que a justiça de transição brasileira demorou tanto a chegar.

Justiça de transição no Brasil

José Sarney (1985-1989): A inação "aceitável" e a verdade contada pela sociedade civil

Sob a presidência de José Sarney, não houve nenhuma ação no sentido de resolver a questão das violações dos direitos humanos. O novo presidente era muito próximo dos militares. De fato, na ausência de um forte apoio popular ao seu partido, o PDS (Partido Democrático Social), ele se baseou no apoio militar para governar. Nesse período, os militares mantiveram significativas prerrogativas e continuaram a afirmar-se politicamente. Os três ramos das Forças Armadas mantiveram os seus lugares no governo, o Conselho de

---
[4] WESCHLER, 1990.

Segurança Nacional (CSN) e o Serviço Nacional de Informações (SNI) mantiveram-se intactos e a Constituição de 1988 garantiu aos militares um papel político fundamental, permitindo-lhes intervir para manter a ordem, embora sob ordem presidencial.

Nesse contexto, o primeiro esforço de compromisso com um processo de "justiça de transição" no Brasil não partiu do Estado, mas da sociedade civil, designadamente dos colaboradores da Igreja liderados pelo cardeal Paulo Evaristo Arns, da Arquidiocese de São Paulo, e Jaime Wright, um pastor presbiteriano e com o apoio do Conselho Mundial de Igrejas (*World Council of Churches*, WCC). Entre 1979, no final do mandato de Geisel, e 1985, quando o poder foi transferido para um presidente civil, uma equipe de trinta pessoas fotocopiou secreta e meticulosamente mais de um milhão de páginas de documentos confidenciais relacionados com o julgamento de 707 "subversivos" pelo Superior Tribunal Militar (STM). Os documentos, apelidados de "o chocolate", foram enviados para fora do país por razões de segurança e serviram para estabelecer as bases do que se viria a tornar uma série de volumes de mais de 5 mil páginas detalhando o sistema de repressão da ditadura.

A 15 de julho de 1985, dois meses após a tomada de posse de Sarney, a imprensa católica lançou o chamado relatório *Brasil Nunca Mais*. O relatório confirmava mais de 1.800 casos de tortura e centenas de mortes, incluindo 125 casos de desaparecimentos.[5] Com dezenove reimpressões e 200 mil exemplares, foi considerado "o único best-seller de não ficção na história da literatura brasileira"[6] e adquiriu um estatuto "semioficial" graças ao seu sucesso.[7] De fato, conta-se que a onda da opinião pública gerada pela sua publicação contribuiu para a decisão do Brasil de

---

[5] Desde então, a contagem subiu para cerca de quinhentos mortos, dos quais 144 eram desaparecidos. Outros milhares foram torturados e privados dos seus direitos políticos e cerca de 10 mil forçados ao exílio. Estima-se que cerca de 50 mil pessoas foram detidas nos meses seguintes ao golpe.

[6] WESCHLER, 1990, p. 72.

[7] Foram vendidos mais de 100 mil exemplares, contrastando com os 200 mil vendidos no período de um ano do então último livro de Jorge Amado (DASSIN, 1986).

assinar a Convenção contra a Tortura.[8] Contudo, na introdução do *Nunca Mais*, o cardeal Arns foi cuidadoso em afirmar que a intenção do projeto não era "organizar um sistema de prova para apresentação num Nuremberg brasileiro. Nós não encorajamos sentimentos de vingança. Na procura de justiça, o povo brasileiro nunca foi movido por sentimentos de vingança".[9]

Collor de Melo e Franco (1990-1995): Arquivos e valas comuns

Os presidentes Fernando Collor de Melo e Itamar Franco tomaram medidas muito limitadas em resposta à incansável campanha das organizações de direitos humanos e de familiares, que tinham perseguido um objetivo chave desde meados da década de 1980: o acesso aos arquivos para facilitar a procura da verdade e dos restos dos mortos e desaparecidos. Nesse período, a sua causa foi ajudada por intenso debate sobre a abertura dos arquivos da polícia na Europa do Leste, e pela descoberta de valas comuns num cemitério de São Paulo, em 1990.

A presidência de Collor de Melo respondeu a essas pressões ordenando a transferência dos registos policiais para os governos locais e estaduais, alguns dos quais permitiram o acesso às famílias (os governadores dos estados do Paraná e de Pernambuco e a polícia federal dos estados de São Paulo e do Rio de Janeiro, por exemplo, abriram os seus arquivos entre 1990 e 1992).

Apesar de as organizações de direitos humanos não terem recebido mais ajuda do governo federal, as autoridades de alguns estados ajudaram-nas na procura da verdade e de restos mortais. A então prefeita de São Paulo, Luíza Erundina (PT), criou uma comissão especial para investigar os restos mortais do Cemitério de São Paulo. A Prefeitura estabeleceu uma comissão parlamentar de inquérito e a legislatura estadual estabeleceu uma comissão para a procura dos

---
[8] MINOW, 1998, p. 54.
[9] ARNS, 1985, p. 26.

desaparecidos políticos (1990-1994). As autoridades estaduais do Rio de Janeiro e de Pernambuco também iniciaram investigações nos cemitérios locais com várias organizações de direitos humanos.

As organizações de direitos humanos também tiveram algum sucesso nos seus esforços para afastar ou evitar a promoção de violadores de direitos humanos conhecidos, enviando as biografias dessas pessoas para a imprensa e para as autoridades locais, estaduais e federais.[10] Foi em resposta às notícias, em junho de 1993, de que Franco tinha atribuído uma medalha de honra pelos serviços prestados à nação e às Forças Armadas a um torturador, que essas organizações se juntaram pela primeira vez a fim de elaborar uma proposta para o estabelecimento de uma comissão especial para promover o reconhecimento estatal do passado de abusos dos direitos humanos. O presidente Franco ignorou essa proposta, mas o seu sucessor, não.

Fernando Henrique Cardoso (1995-1999): Reconhecimento e compensação

O presidente Fernando Henrique Cardoso (FHC) foi o primeiro chefe de Estado pós-autoritário que mostrou mais sensibilidade para a questão do passado repressivo, provavelmente por causa do seu passado como intelectual liberal de esquerda brevemente preso e exilado durante a ditadura. Como candidato presidencial em 1994, Cardoso já tinha assinalado a sua atitude solidária, ao assinar um manifesto elaborado por várias organizações de direitos humanos apelando à verdade sobre o destino dos desaparecidos.[11]

---

[10] As organizações de direitos humanos iniciaram essa campanha em 1985, quando dois conhecidos torturadores foram identificados como detendo uma posição de liderança no Corpo de Bombeiros do Rio de Janeiro e — o que deve ter causado uma particular indignação — um outro detendo um lugar no Conselho Estadual de Justiça, Segurança Pública e Direitos Humanos. Essa campanha antecipada levou ao estabelecimento dos grupos Tortura Nunca Mais (TNM) em setembro de 1985, que foram atores-chave na promoção da justiça de transição na sociedade civil.

[11] Os grupos TNM do Rio de Janeiro, de Pernambuco e Minas Gerais e a CFMDRP de São Paulo.

Em 1995, a Comissão de Familiares dos Mortos e Desaparecidos por Razões Políticas (CFMDRP) publicou o *Dossiê das Mortes e Desaparecimentos Políticos a partir de 1964* e, com o apoio da Anistia Internacional e Direitos Humanos, pediu que o governo instituísse uma comissão para investigar os casos descritos nesse relatório, reconhecesse a responsabilidade do Estado pelas violações, e abrisse os arquivos da repressão. O novo presidente respondeu assinalando o décimo sexto aniversário da Lei da Anistia a 28 de agosto de 1995 com a apresentação de um projeto de lei para reconhecer a morte dos 136 presos políticos e compensar as famílias dos mortos e torturados. Cardoso tornou-se assim o primeiro presidente brasileiro pós-transição a reconhecer publicamente a responsabilidade do Estado sobre desaparecimentos e tortura.

Meses mais tarde, em dezembro de 1995, a Lei das Vítimas de Assassinato e Desaparecimento Político (Lei 9140/95) tornou-se a peça fundamental da política de "justiça de transição" de Cardoso: reconhecia a responsabilidade do Estado pela morte de 136 militantes políticos como consequência de suas atividades políticas, estabelecia a criação da Comissão Especial sobre Mortos e Desaparecidos Políticos para examinar esses e outros casos pendentes, e comprometia o governo a pagar indenizações às famílias das vítimas. De 1996 a 2007, a Comissão Especial analisou 475 casos, aprovou reparações financeiras, comprometeu-se com a procura dos restos dos desaparecidos e a exposição de arquivos[12] e, no final desse período, publicou o relatório *Direito à memória e à verdade* (agosto de 2007).[13]

---

[12] O decreto não reconhecia a morte de quinze brasileiros na Argentina e no Chile ou as 207 pessoas oficialmente declaradas mortas sob o regime. Também excluía os assassinados entre 1979 e 1985. A lei foi revista para cobrir crimes cometidos até 1988 e para incluir as pessoas que foram mortas fora das esquadras de polícia ou que cometeram suicídio por causa da tortura e de outros danos psicológicos causados pela repressão.

[13] Houve um pagamento de 3 mil reais (aproximadamente 1.500 dólares em 2009), multiplicado pelo possível número de anos de vida, com base na esperança média de vida e na idade à data do desaparecimento (CANO; FERREIRA, 2006). Seguindo o exemplo do governo nacional, em novembro de 1997 o Rio Grande do Sul promulgou uma lei estabelecendo a compensação para pessoas torturadas no estado durante o regime militar. Em 1998, Santa Catarina também criou um painel para atribuir uma compensação às pessoas torturadas por motivos políticos entre 1961 e 1979, entre 4.400 e 26.500 dólares (NETO, 1996).

Houve alguma oposição militar às compensações mas, regra geral, a reação militar não foi muito forte,[14] fato que talvez não seja surpreendente quando se considera que a política de compensação não violou, deliberadamente, os limites impostos pela Lei da Anistia (Lei 9140/95). Esta determinava que "a aplicação das disposições desta lei e todos os seus efeitos orientar-se-ão pelo princípio de reconciliação e de pacificação nacional, expresso na [...] Lei da Anistia". Não havia qualquer provisão sobre investigação estatal dos crimes e perpetradores, sobre medidas para descobrir restos mortais, para abrir arquivos[15] ou para demitir repressores identificados. As Forças Armadas também tinham um representante na Comissão Especial, sendo que o primeiro tinha sido nomeado no relatório *Nunca Mais* como tendo estado envolvido na repressão durante a ditadura.[16]

Apesar da crescente pressão para a divulgação de documentos (como informações dos arquivos anteriormente abertos e resultantes de investigações de abuso na Argentina e no Chile), e da recomendação da Comissão Especial para que houvesse uma divulgação total, os militares tinham pouco a temer nessa situação. Em 2002, o presidente Cardoso emitiu um decreto para manter os arquivos secretos militares classificados por mais cinquenta anos. O governo FHC também mostrou menor sensibilidade em relação à delicada questão das promoções: vários funcionários públicos ligados ao aparelho repressivo foram promovidos e só foram afastados após protestos públicos. Para o governo, a compensação foi, como o secretário-geral do Ministério da Justiça Gregori afirmou, "a menor que as famílias podem esperar e a maior que os militares aceitaram".[17]

---

[14] Para detalhes sobre a reação dos diferentes ramos das forças armadas, ver HERRON-SWEET, 2009; HUGGINS, 2000.
[15] Em dezembro de 2005, mais de mil caixas de documentos do SNI, do DOPS e das polícias militar e federal foram enviadas para o Arquivo Nacional pela Agência Brasileira de Inteligência (ABIN) (HERRON-SWEET, 2009).
[16] Foi substituído em 2002.
[17] BARAHONA DE BRITO, 2001.

Alguns familiares dos desaparecidos queixaram-se de que FHC tentou "comprá-los" com compensações. Certamente a maioria das famílias não tinha encontrado os restos mortais de seus parentes e continuava de pé o muro da anistia. Mas, na ausência de um amplo apoio social, não foi possível fazer mais progressos. "A luta dos familiares foi uma luta solitária" e a sociedade permaneceu "apática",[18] como mostrou a quase total ausência de resposta do público ao relatório da Comissão Especial, a falta de cobertura da imprensa e a ausência de jornalismo de investigação sobre o tema.[19]

No entanto, chegando ao final da presidência FHC, havia sinais de que o trabalho das organizações de direitos humanos estava ganhando impulso. Em março de 1999, como resultado de uma campanha de 13 anos promovida pelas TNM e por várias associações médicas, foram instaurados processos disciplinares contra 26 médicos que trabalharam nas prisões militares e estavam envolvidos nas torturas, o que foi descrito como o maior esforço para punir médicos desde a campanha para criminalizar os médicos dos campos de concentração nazistas.[20] Além disso, foi reaberto o destacado caso do Riocentro.[21] A resposta de um general foi declarar que sabia quem era culpado, mas que nunca diria a um tribunal, uma vez que a ação era justificada e que o segredo militar era inviolável. Se esse caso e outros assinalaram o tipo de reação que se poderia esperar dos militares em caso de qualquer ação punitiva, também demonstravam o que se poderia esperar de uma nova fase de "justiça de transição" que viesse a desafiar os limites da Lei da Anistia.

---

[18] HAMBER, 1997.
[19] Para além de 1995, até então o ano de maior cobertura desde a publicação em 1985 do relatório *Nunca Mais*, a imprensa quase não informou sobre o assunto. Na época, o jornalismo de investigação também foi escasso (SILVA, 1995).
[20] ROHTER, 1999.
[21] É o atentado do Riocentro, ocorrido em 30 abril de 1981, quando duas bombas explodiram no Pavilhão do Riocentro quando se realizava um show comemorativo do Dia do Trabalhador, matando um policial e ferindo outro.

Luiz Inácio Lula da Silva (2002-2010): Compensação e verdade sem justiça

Como FHC, Lula desenvolveu uma política algo "esquizofrênica" no que diz respeito à violência estatal do passado. Por um lado, adotou os maiores esforços de justiça de transição realizados até então. Estendeu a política de compensações a um universo de pessoas mais alargado através de uma nova Comissão de Anistia, trabalhou para estabelecer uma Comissão Nacional da Verdade e promoveu um conjunto de "políticas de memória". O presidente Lula pôs em marcha o primeiro esforço oficial para contar a verdade desde o corajoso esforço liderado pelo cardeal Arns no início da década de 1980. Por outro lado, à semelhança do que o governo FHC tinha feito, o governo Lula ofuscou no acesso aos arquivos, e presidiu um Estado federal que muito resistiu a qualquer tentativa legal de violar os limites impostos pela Lei da Anistia.

A 13 de novembro de 2002, o governo Lula deu o primeiro passo da sua política de justiça de transição ao estabelecer a Comissão de Anistia sob a égide do Ministério da Justiça, com a aprovação da Lei 10.559/02. Isso alargou o âmbito do programa de compensações estabelecido por FHC, incluindo as pessoas submetidas a tortura, detenção arbitrária, demissão e transferência por motivos políticos, sequestro, exílio e saneamentos, entre outros, e não apenas a morte e desaparecimento.[22] Para além de uma compensação financeira, a lei previa outras formas de compensação, incluindo pagamento de pensões, oportunidades educacionais, reintegração no emprego e assistência do Estado para localizar os restos dos mortos.

Outros mecanismos inovadores, desenvolvidos com base nessa lei, incluíam o Projeto Direito à Memória e à Verdade, com um registro oficial de mortes e desaparecimentos; o Projeto Memórias Reveladas, que utiliza material de arquivo desse período; o

---

[22] A fórmula de compensação foi estabelecida por uma Comissão Interministerial (por Decreto de 27 de agosto de 2003) e o período para compensação dos desaparecidos foi estendido pela Lei 10.875, de 1º de junho de 2004.

Memorial da Anistia, que vai guardar toda a documentação da Comissão de Anistia de Belo Horizonte; e as Caravanas da Anistia (houve trinta em 2008, tendo realizado audiências em vários estados). Desde o início de 2010, foram apresentados 64 mil pedidos de anistia, dos quais 47 mil foram indeferidos e 3 mil concedidos, em mais de 700 sessões de "julgamento", e o processo continua.

Apenas um ano antes de sair do governo, o presidente Lula anunciou o estabelecimento de uma Comissão Nacional da Verdade como parte do Terceiro Plano Nacional de Direitos Humanos apresentado em dezembro de 2009. O objeto da comissão da verdade apresentada seria "garantir o direito à memória e à verdade histórica e promover a reconciliação nacional", "clarificar tortura, mortes e desaparecimentos" entre 1946 e 1988 e "identificar e tornar públicas as estruturas usadas para cometer violações dos direitos humanos e o seu impacto em várias agências estatais". A comissão teria poder para requerer documentos e assistir nas investigações judiciais. Também haveria um grupo de trabalho do Congresso para revogar a legislação do período ditatorial que é contrária aos direitos humanos e a proibição de atribuir a locais públicos o nome de alguém que tenha estado envolvido em crimes contra a humanidade. Pouco tempo depois, apareceram anúncios do governo na televisão apelando a que qualquer pessoa com informações ou documentos sobre os acontecimentos durante a ditadura se apresentasse.

A proposta da comissão dividiu o governo e enervou os militares. As chefias militares sentiam que a comissão da verdade era uma tentativa de contornar a Lei da Anistia. Altas personalidades militares e o ministro da Defesa, Nelson Jobim, ameaçaram demitir-se.[23] Como resultado, algumas das partes "ofensivas" do

---

[23] O comandante do Exército Enzo Martins Peri e o comandante da Força Aérea Juniti Saito ameaçaram renunciar, a menos que os parágrafos ofensivos fossem removidos, e apelidaram o plano de "insultuoso, agressivo e vingativo". Em janeiro de 2010, os presidentes dos clubes Naval, do Exército e da Força Aérea, representando os oficiais na ativa e reformados, divulgaram um comunicado afirmando que a proposta causava "divisões entre os brasileiros", e que, se seguisse em frente, a comissão deveria olhar tanto para as ações dos militares como daqueles que tinham usado a violência para se opor a eles, mas o ministro por trás da proposta anunciou que renunciaria caso essa abordagem fosse adotada. Ver: http://news.bbc.co.uk/2/hi/8451109.stm.

texto foram retiradas[24] e, depois de diversas sessões de negociação, em janeiro de 2010, o governo (com a participação do Secretariado de Direitos Humanos) e as chefias militares chegaram a um acordo. No mês seguinte, um grupo de trabalho foi estabelecido para elaborar os termos do mandato da Comissão da Verdade.

Acesso aos arquivos

No que diz respeito à abertura dos arquivos, a atitude do governo Lula foi bastante "esquizofrênica". Por um lado, em dezembro de 2007, o presidente Lula propôs um decreto promovendo abertura, mas o seu plano foi vetado pelo Itamaraty, que estava preocupado com as questões diplomáticas se a documentação sobre a demarcação da fronteira após a Guerra do Paraguai (1864-1870) fosse tornada pública. O governo também apresentou legislação para facilitar o acesso à informação e lançou projetos para receber arquivos estaduais, federais e privados como parte do projeto de Anistia. O Ministério da Justiça também anunciou (em julho de 2008) que favorecia o acesso aos arquivos e a responsabilização pelas violações de direitos humanos.

Por outro lado, o Estado federal adotou uma posição defensiva nos tribunais, quando foi pressionado a abrir os arquivos. Em fevereiro de 2004, por exemplo, o governo contestou uma ordem judicial para abrir arquivos do Exército invocando a segurança do Estado, e mais tarde acrescentou que todos os registros de contrainsurreição teriam sido destruídos. Alguns meses mais tarde, um jornal publicou o que pareciam ser fotos de Vladimir Herzog, sugerindo que esses arquivos ainda existiriam.[25] O Exército respondeu sem autorização civil prévia, com um comunicado

---

[24] Nomeadamente a frase "violações de direitos humanos praticadas no contexto da repressão política" foi alterada para "as violações de direitos humanos que foram praticadas".
[25] Os militares também alegaram que todos os arquivos solicitados foram destruídos legalmente, mas esse e outros incidentes sugerem que esse pode não ser o caso.

justificando as violações dos direitos humanos como um mal necessário, o que indignou o público e levou o ministro da Defesa a pedir demissão em protesto contra o pensamento autoritário dos militares. O governo Lula respondeu a essa briga abrindo alguns dos arquivos selados. Noutra situação, em maio de 2008, o governo respondeu a uma ação apresentada no Supremo Tribunal Federal pelo procurador-geral — que alegou a inconstitucionalidade das leis 8.159/91 e 11.111/05 para manter documentos públicos secretos — com uma declaração argumentando que considerações de segurança se sobrepunham à necessidade de descobrir os abusos do passado. Na verdade o governo estendeu a lei sobre o sigilo de 2005 para manter em segredo por mais sessenta anos os arquivos mais sensíveis.[26]

Em novembro de 2008, a CFMDRP e vários grupos TNM emitiram uma denúncia da defesa legal das leis de sigilo e, em janeiro de 2009, um movimento criado após o relatório divulgado pela Comissão Especial criada por Fernando Henrique Cardoso, o movimento Desarquivando o Brasil, que começou em 2007, distribuiu uma petição sobre a inconstitucionalidade da lei de sigilo (11.111) no Fórum Social Mundial, que decorreu no Brasil. Atualmente está no Supremo Tribunal um caso para determinar a constitucionalidade do acesso às leis de informação, embora ainda não se saiba se tirar essas leis dos livros resultaria na entrega de qualquer arquivo existente por parte dos militares.

Justiça

Durante a presidência de Lula houve também esforços para julgar os responsáveis pelas violações dos direitos humanos desde o início da década de 1980. Para contornar as restrições da Lei da

---

[26] Mais tarde foi estabelecido que as fotos não eram de Herzog, mas o incidente mostrou as tensões sob a superfície da inação. Sobre esse caso, ver ROHTER, 2004; *The Economist* 2004; ROHTER, 2005.

Anistia, foram movidas ações civis contra repressores conhecidos, exigindo que estes fossem obrigados a pagar ao Estado o montante devido na compensação às vítimas. Alguns dos principais casos foram promovidos pelo Ministério Público Federal (MPF), o que tem contraposto uma parte do sistema judicial contra o Executivo federal.[27] Em abril de 1970, o Supremo Tribunal rejeitou (por 7 a 2) a revisão da Lei da Anistia por voto maioritário, em resposta a um mandado de proteção dos direitos fundamentais, apresentado em outubro de 2008 pela OAB, que pedia ao tribunal para determinar o âmbito e a constitucionalidade da lei e argumentava que crimes graves como homicídio, desaparecimentos e tortura não podem estar sujeitos a anistias. O tribunal indeferiu a ação e argumentou que um tribunal não poderia rever a anistia porque foi um ato político refletindo um consenso político alcançado para a transição para a democracia.

Outro caso-chave, que desafiou a interpretação conservadora da Lei da Anistia de 1979, foi apresentado ao Tribunal Interamericano dos Direitos Humanos (TIDH). Em maio de 2010, o tribunal realizou audiências para o chamado Caso Araguaia (11.552), que começou em 1982 quando os parentes de 22 desaparecidos moveram uma ação no Tribunal Federal do Distrito Federal de Brasília para abrir os arquivos e descobrir os restos mortais de setenta

---

[27] No final de 2005, a família Teles apresentou uma ação civil declaratória contra Carlos Alberto Brilhante Ustra, do DOI-CODI de São Paulo, pedindo ao tribunal que o declarasse torturador e reconhecesse os danos à família Teles. Em maio de 2008, o Ministério Público Federal (MPF) apresentou uma ação pública contra o Estado, Ustra e Audir Santos Maciel (outro repressor) por tortura e assassinato, pedindo o reconhecimento do dever das Forças Armadas de revelar os nomes de todas as vítimas e o funcionamento do aparelho repressivo e exigindo que Ustra e Maciel não voltassem a ocupar cargos públicos e que pagassem ao Estado os custos das reparações pagas às famílias das 64 vítimas mortas sob a sua responsabilidade. Em outubro de 1998, Ustra afirmou a sua inocência, mas o juiz decidiu contra ele. O governo estava dividido sobre o processo do MPF mas, em outubro de 2008, a AGU negou que o governo retivesse documentos, que o prazo de prescrição se aplicasse aos crimes e que a anistia se aplicasse. O caso permanece nos tribunais. Num outro caso de novembro de 2009, o MPF iniciou uma ação contra o deputado federal Paulo Maluf e contra o senador Romeu Tuma, entre outros, que alegadamente teriam ajudado a encobrir os corpos de pessoas mortas por razões políticas.

pessoas, entre mortos e desaparecidos entre 1972 e 1975, durante a campanha para erradicar a Guerrilha do Araguaia, no estado do Pará. Em 1995, perante a ausência de uma decisão judicial, o CEJIL, a Human Rights Watch, a TNM Rio e a CFMDP de São Paulo entregaram ao TIDH uma petição contra o Brasil a fim de torná-lo responsável pela negação de justiça, detenção arbitrária, tortura e desaparecimento no Caso Araguaia. Inicialmente o Estado respondeu negando mesmo a existência da guerrilha, mas mais tarde afirmou que a Lei dos Desaparecidos de 1995 iria compensar as vítimas. Os peticionários argumentavam que isso não os ajudava a saber como seus familiares tinham morrido e onde os corpos se encontravam e, em março de 2001, o TIDH aceitou o caso como admissível. Esse foi o primeiro caso contra o Brasil a ser levado ao tribunal. Finalmente, em 14 de dezembro de 2010, o caso terminou com a condenação do Estado brasileiro pelo tribunal por negação da justiça.[28]

O caso teve repercussões no país: em 2003, um juiz federal condenou o Estado federal (a União) a tomar todas as ações necessárias para encontrar os corpos, garantir um enterro decente, emitir certificados de óbito e apresentar uma explicação clara das mortes. O Estado recorreu, mas, em novembro de 2004, o Tribunal Federal Regional confirmou a primeira decisão e marcou uma audiência para implementá-la. O Estado não recorreu novamente, mas apelou para que o caso regressasse ao tribunal de jurisdição inicial, o que foi aceito pelo juiz. Em outubro de 2003, o presidente Lula estabeleceu uma Comissão Interministerial para encontrar informação sobre os restos dos desaparecidos do Araguaia (Decreto 4.850/03), mas o relatório de março de 2007 apresentado pela comissão aceitava a alegação dos militares de que todos os documentos relevantes tinham sido destruídos e afir-

---

[28] O tribunal tem invocado consistentemente o dever dos Estados de investigar e julgar graves violações de direitos humanos em ações movidas contra a Argentina, o Chile, o Peru e o Uruguai. Brasil e El Salvador são os únicos países na região que mantêm uma anistia geral.

mava que, enquanto a Lei da Anistia não fosse revista e os nomes dos perpetradores revelados, iria continuar os seus esforços para localizar os mortos.

O governo Lula estava dividido sobre a questão da justiça e alguns ministros manifestaram-se a favor de condenações. Em julho de 2008, o Ministério da Justiça e a Comissão de Anistia promoveram audiências públicas sobre os limites e possibilidades de declarar agentes estatais responsáveis por violações de direitos humanos durante o regime militar e sobre a interpretação da Lei da Anistia. Um protesto público em dezembro de 2008 exigindo a abertura dos arquivos, a localização dos corpos e a punição dos crimes contou com a participação do ministro especial de Direitos Humanos Paulo Vanucchi e do ministro da Justiça Paulo Abrão, bem como de várias organizações como a OAB, a UNE (União Nacional dos Estudantes) e os grupos TNM. Em 2010 foi submetido um projeto legislativo pela deputada Luciana Genro para alterar a Lei da Anistia de 1979 a fim de permitir as investigações e acusações sobre as violações de direitos humanos. Mas outros membros da coligação governamental e do executivo foram veementemente contra, incluindo o ministro da Defesa, Nelson Jobim, que equiparou os esforços pela justiça a "vingança". Essa pugna tem sido ainda mais forte desde a eleição de Dilma Rousseff, já que a nova presidente finalmente constituiu uma Comissão da Verdade oficial para analisar as violações de direitos humanos durante a ditadura.

Dilma Rousseff, 2010: procurando a verdade e a transparência

A Comissão da Verdade

Pouco mais de um ano após a sua eleição, no dia 18 de novembro de 2011, a presidente Dilma sancionou a lei que criou a Comissão da Verdade. A Comissão da Verdade trabalhará durante dois anos para investigar violações de direitos humanos ocorridas entre 1946 e 1988. A comissão será composta por sete membros nomeados pela Presidência e terá poderes de intimação para convocar testemunhos e acesso a todos os arquivos do governo. Assim, mais de 25 anos depois da sua transição, o Brasil junta-se à lista de países da região que instituíram comissões da verdade para investigar o seu passado repressivo.

Acesso à informação

Quando da passagem da lei da Comissão da Verdade, a presidente Dilma sancionou também a Lei de Acesso à Informação, que permitirá aos cidadãos ter acesso a documentos governamentais. Com essa lei, que foi proposta pela primeira vez em 2003, o Brasil tornou-se o décimo sétimo país da América Latina a ter uma lei de "liberdade de informação" (FOI — *Freedom of Information*) que permite o acesso a arquivos governamentais.[29] A lei de acesso à informação entrou em vigor em maio de 2012 e garantiu acesso a documentos públicos de órgãos federais, estaduais, distritais e municipais, com a exceção de casos de proteção da segurança do Estado e de informações pessoais. A lei também põe fim ao sigilo perpétuo de certo tipo de informações, estabelecendo vários graus de segredo e tempos de sigilo correspondentes. O tempo para manter sob sigilo documentos ultrassecretos será de 25 anos, período renovável apenas uma vez, até um máximo de cinquenta anos; o período para documentos "secretos" será de quinze anos; e o período para documentos "reservados" será de cinco anos. Apenas o período de sigilo de documentos ultrassecretos poderá ser prorrogado. A lei prevê que as entidades públicas devem entregar os documentos solicitados em trinta dias. Também está prevista a possibilidade de recurso no caso de ser negado o acesso aos documentos solicitados.

---

[29] MENDEL, 2009.

No que diz respeito à questão dos direitos humanos, essa lei traz uma mudança fundamental. Ela garante que a documentação relacionada com as violações dos direitos humanos já não poderá ser classificada como "ultrassecreta" e não poderá ser submetida ao período de sigilo mais prolongado possível. De acordo com essa provisão, o acesso a toda a documentação relacionada com as violações dos direitos humanos terá de ser imediato.

Com essas duas iniciativas, o Brasil dá início a uma nova etapa na sua política de "justiça de transição" durante a qual será necessário encontrar um caminho entre as demandas dos familiares e das ONGs de direitos humanos e a resistência dos militares e de seus aliados. O caso brasileiro demonstra que, por mais que os governos resistam a "verdade e justiça", podem não ser capazes de colocar um ponto final no tema. Essa é uma lição que outros Executivos da região aprenderam com a experiência. Mas é um caso que também demonstra as dificuldades que surgem quando se opta por desafiar aqueles que preferem a opção do silêncio. Durante a presidência de Dilma Rousseff, vamos observar até que ponto os que preferem o silêncio vão resistir aos trabalhos da Comissão da Verdade e impedir que se abram caminhos para a punição.[30]

Explicando o caso brasileiro

Os esforços de justiça de transição brasileira começaram com a inação "aceitável", evoluíram para alguns avanços lentos, e agora alargaram-se para incluir uma política de compensação, de verdade e de transparência. Estão em curso várias iniciativas e um aumento da pressão de diferentes grupos estatais e da sociedade civil não apenas pela verdade, mas também pela justiça. É de prever que

---

[30] Já existem indícios de que haverá resistência ativa de parte dos círculos militares. Ver "Militares ainda temem Comissão da Verdade", 27 de novembro de 2011, disponível online em: http://noticias.r7.com/brasil/noticias/militares-ainda-temem-comissao-da-verdade-20111127.html.

a luta pela justiça — a que encontra mais resistências políticas e legais — será um dos pontos de conflito nos próximos anos.

O que explica a evolução e o ritmo da "justiça de transição" no Brasil? A ausência de ação nos primeiros anos pode ser explicada pelo fato de relativamente poucas pessoas terem desaparecido e morrido: a maioria dos desaparecidos eram membros de dois grupos de guerrilha isolados e não membros proeminentes de partidos políticos de âmbito nacional. Além do mais, a pior repressão tinha estado concentrada em duas áreas, em São Paulo e no estado do Pará, e tinha ocorrido quinze anos antes da transição. Por outro lado, a sociedade brasileira está habituada a níveis elevados de violência estrutural, tortura sistemática e tolerância à impunidade, sem dúvida a "principal instituição nacional".[31] A existência separada de tribunais da polícia militar, que raramente acusam agentes de crimes, perpetua o clima de impunidade.[32]

O Brasil tem uma forte cultura de violência: o uso de força letal e tortura pelas forças policiais é comum e os agentes participam de atividades dos "esquadrões da morte" em várias regiões do país.[33] Entre 2003 e 2009, por exemplo, as polícias de São Paulo e do Rio de Janeiro mataram mais de 11 mil pessoas.[34] As mortes violentas diminuíram em São Paulo, mas a violência alargou-se e aumentou no interior desde 1999, nomeadamente nas zonas de fronteira amazônica.[35] As forças de segurança, públicas ou privadas, mataram mais agricultores protegendo os interesses dos proprietários do que os militares mataram dissidentes políticos no período da ditadura. Em suma, as violações de direitos humanos em democracia são

---

[31] SILVA, 1998, p. 174; PEREIRA, 2009.
[32] Há, desde 1969, um sistema de justiça separado para a polícia militar, que foi retirada do sistema civil de responsabilização. Os tribunais militares quase nunca acusam agentes de crimes contra civis: a organização das instituições policiais, ao dividir as forças e manter os tribunais militares, é um legado autoritário direto que serve como apoio estrutural para abusos e impunidade.
[33] HUMAN RIGHTS WATCH, 2010.
[34] HUMAN RIGHTS WATCH, 2009.
[35] WAISELFISZ, 2008.

tão comuns que o significado do passado, quando confrontado com a luta contínua entre um universo democrático emergente, mas ainda fraco e parcial, e uma forte cultura da "lei da força", por vezes predomina sobre a "força da lei".[36]

    A justiça de transição demorou muito a emergir pois não havia fortes coligações entre os partidos políticos e os grupos não governamentais que procuravam a verdade e a justiça para as violações do passado (em contraste com o caso chileno, por exemplo). A OAB, as Comissões de Justiça e Paz da Igreja Católica, a Comissão de Familiares dos Mortos e Desaparecidos do Comitê de Anistia Brasileiro (CFMD-CAB) e os grupos Tortura Nunca Mais (TNM), formados em meados da década de 1980, permaneceram relativamente isolados, na medida em que a sua luta não mobilizava o público. A luta antiditatorial centrou-se na anistia dos prisioneiros políticos, pondo fim às proscrições que privaram milhares de pessoas de participar na vida política e, mais tarde, na reivindicação de eleições diretas ("Diretas Já") em 1984. Os grupos que reivindicavam a verdade não receberam um apoio alargado e tinham pouco poder para pressionar o governo. Efetivamente, as organizações de direitos humanos brasileiras não adotaram uma posição de adversários do governo: nas últimas décadas, nomeadamente desde a Conferência das Nações Unidas sobre o Meio Ambiente e o Desenvolvimento (ECO 92), tem havido uma crescente cooperação entre as organizações e o governo na formulação das políticas sociais, ambientais e de direitos humanos. A tendência tem sido para que o Executivo estabeleça ligações diretas com essas organizações, cooptando-as e permitindo que elas participem no processo político.

    Talvez o fator-chave para explicar a inação seja o elevado grau de continuidade entre o regime anterior e o governo civil de Sarney. Ao contrário de Tancredo, ele era parte da Aliança de Renovação Nacional (ARENA), o partido pró-militar do período

---

[36] BRITO; PANIZZA, 1998.

da ditadura, e mantinha ligações próximas com a comunidade de *intelligence* e os militares de forma geral, e estes permaneceram muito poderosos, mantendo todas as suas prerrogativas e a capacidade de veto sobre o governo civil. Com o tempo, as prerrogativas militares e a sua influência política foram se desgastando. Com Collor de Mello, o CSB e o SNI foram dissolvidos e substituídos pelo Secretariado de Assuntos Estratégicos, liderado por civis; com o presidente FHC foi finalmente estabelecido um Ministério da Defesa. Há agora maior vigilância por parte do Congresso, pelo Itamaraty, pelos ministérios civis e pela SAE sobre as questões de segurança, e os civis têm o poder de determinar questões que são centrais para os militares (incluindo missões de manutenção de paz). O fim do estatismo — e a ascensão de políticas mais liberais — também diminuiu o alcance dos militares, dado o impacto nos gastos da defesa e na indústria nacional de armamento e outros setores econômicos estratégicos em que os militares tinham interesses. O fim da Guerra Fria e o impacto cumulativo de uma política externa democrática também reduziram o poder dos militares, nomeadamente com o acordo nuclear com a Argentina.

Desa forma, apesar de os terem mantido prerrogativas, a sua influência política diminuiu e eles tendem a usar o seu poder moderadamente.[37] Por outro lado, o peso da história é poderoso. As Forças Armadas brasileiras desempenharam um papel político ativo desde que ajudaram a derrubar o império em 1889 e instauraram a Velha República (1889-1930). Entre 1930 e 1964, agiram como um "poder moderador" e intervieram frequentemente na política, e governaram o país durante 21 anos. As atitudes antidemocráticas permanecem entre as forças, particularmente no Exército. Os brasileiros parecem ter os militares em elevada conta: no final dos anos 1980 e no início dos anos 1990, muitos argumentavam que tinham estado melhor sob o governo militar

---

[37] HUNTER, 1995, p. 427.

e, desde o advento da democracia, os militares recebem um grau elevado na lista das instituições de confiança.

Os militares têm poucos incentivos para cooperar com um acesso total aos arquivos, e todos os governos pós-1985 têm evitado a confrontação com os militares nesse ponto. Há também obstáculos legais a procedimentos criminais para além da Lei da Anistia. De acordo com o Código Penal e com o Código Penal Militar, só são puníveis aqueles que deram a ordem para as violações de direitos humanos, dada a regra de "obediência devida". Além do mais, há também o estatuto de limitações por vinte anos.[38] Porém, as obrigações criadas pela adoção de normas internacionais sobre direitos humanos e a mudança geracional podem criar condições mais favoráveis para a ação punitiva. A lei internacional exime crimes contra a humanidade, como desaparecimentos, do estatuto de limitações e dos critérios de obediência devida. Por outro lado, como os elementos envolvidos na repressão se reformaram e são promovidos novos líderes militares "criados em democracia", poderá haver maior abertura para esclarecer os fatos e permitir punições exemplares. Há, de fato, uma nova geração de líderes que tem poucas ligações com a repressão do passado.[39] Resta saber se a geração antiga vai fomentar resistência às políticas do governo, e até que ponto o governo atual e os seus sucessores serão capazes de fazer frente a essa resistência.

Considerações finais

Uma das principais considerações da literatura é que quanto maior a "ruptura" com o passado no período da transição maior o espaço para a justiça de transição. Nos primeiros anos pós-autoritários, quando o poder das forças autoritárias ainda era muito forte,

---

[38] SWENSSON JUNIOR, 2007.
[39] SKIDMORE, 1999, p. 187.

alguns analistas afirmavam compreensivelmente que as novas democracias tinham de escolher entre a paz e a estabilidade por um lado, e a justiça ou punição, por outro.[40] Diante dos diversos constrangimentos, Samuel Huntington aconselhava as forças democratizadoras a "não acusar, não punir, não perdoar e, sobretudo, não esquecer".[41] Jon Elster também aconselhava contra a acusação, dadas as diversas dificuldades associadas. Elster também observava que "a intensidade da procura por retribuição diminui tanto com o intervalo de tempo entre os atos e a transição como com o intervalo entre a transição e os julgamentos".[42]

No entanto, como a experiência mostra, a vontade política e outros fatores podem aumentar as oportunidades para essas políticas mesmo em contextos restritos e, com o tempo, as circunstâncias podem alterar-se e gerar novas aberturas para medidas de justiça de transição que antes pareciam impossíveis de tomar.[43] A justiça "transicional" pode começar bastante depois de a transição terminar (como o caso espanhol ilustra) e mesmo quando as violações de direitos humanos já são ocorrências relativamente antigas.[44] O caso do Brasil ilustra-o. Durante muito tempo, dados os constrangimentos de uma transição controlada, um elevado nível de continuidade da elite no período pós-autoritário e a ausência de vontade política, não houve uma política de justiça de transição. Todavia, à medida que os esforços dos grupos da sociedade civil apelando à verdade e à justiça começaram a dar frutos, que o poder dos militares diminuiu e que governos mais empáticos foram eleitos, emergiu uma política de justiça de transição.

---

[40] Para esse debate sobre o Chile, ver: ZALAQUETT, 1992; NEIER, 1998. Sobre um debate semelhante na Argentina, ver: NINO, 1985, 1991; ORENTLICHER, 1991a, 1991b.
[41] HUNTINGTON, 1991, p. 231.
[42] ELSTER, 2004, p. 77.
[43] BARAHONA DE BRITO; ENRIQUEZ e AGUILAR, 1991.
[44] O fato de essas iniciativas ocorrerem frequentemente fora do período de transição sugere que o termo estabelecido talvez não seja o mais adequado para descrever o fenômeno. A autora prefere o termo utilizado num trabalho anterior, mais desajeitado, mas talvez mais flexível, "procurar atrás a verdade e a justiça" ou "verdade e justiça para as violações de direitos humanos do passado" (BARAHONA DE BRITO, 1997).

Isso sugere que os processos de "justiça de transição" foram examinados excessivamente como uma questão "transicional", quando de fato podem emergir na agenda política durante o período de transição, mas prolongar-se muito depois de esse período ter terminado.[45] Com o passar do tempo, as medidas do Estado e da sociedade civil para lidar com o passado unem-se no que é uma "política do passado" mais ampla que, como o caso da Espanha sugere, não desaparece. A persistente necessidade de revelar o que aconteceu, uma necessidade humana natural para reconhecimento e admissão da culpa, pode acabar por corroer mesmo os acordos mais "seguros" da elite transicional. O que também sugere a limitação de modelos radicais de transição, em que uma fase conduz perfeitamente a outra numa progressão linear, e aconselha uma visão mais aberta de processos políticos em que estão em jogo processos interligados tão complexos.

Referências bibliográficas

ALMEIDA E SILVA, C. F. T. "Mortos e desaparecidos políticos sob a visão da imprensa: uma análise de posicionamento dos jornais impressos. Junho-agosto de 1995". *Tortura Nunca Mais-Pernambuco*. Disponível online em: http://www.ecologica.com.br/humanrights/tortura/teoria1.htm.

ARNS, D. P. E. *Brasil: Nunca Mais*. Petrópolis: Vozes, 1985.

BARAHONA DE BRITO, A. *Human Rights and Democratization in Latin America: Uruguay and Chile*. Oxford: Oxford University Press, 1997.

_____. "Introduction". In: BARAHONA DE BRITO, A. et al. (eds.). *The Politics of Memory: Transitional Justice in Democratising Societies*. Oxford: Oxford University Press, 2001, p. 1-39.

BARAHONA DE BRITO *et al.* (eds.). *The Politics of Memory: Transitional Justice in Democratising* Societies. Oxford: Oxford University Press, 2001.

BRUNEAU, T. "Brazil's Political Transition". In HIGLEY, J. e GUNTHER, R. (eds.). *Elites and Democratic Consolidation in Latin America and Southern Europe*. Cambridge: Cambridge University Press, 1992.

---

[45] BARAHONA DE BRITO, 2001.

CANO, I. e FERREIRA, P.S. "The Reparations Program in Brazil". In DE GRIEFF, P. (ed.). *Handbook of Reparations*. Nova York: Oxford University Press, 2006, p. 102-154.

ELSTER, J. *Closing the Books: Transitional Justice in Historical Perspective*. Cambridge: Cambridge University Press, 2004.

HAMBER, B. "Living with the Legacy of Impunity: Lessons for South Africa about Truth, Justice and Crime in Brazil". *Unisa Latin American Report*, vol. 13, n° 2, 1997, p. 4-16.

HERRON-SWEET, M. E. *The Right to Memory and Truth: Brazil's Transitional Justice Policy and its Consequences, 1979-2009*. Ph Dissertation, Middlebury, Middlebury College, 2009.

HUGGINS, M. K. "Legacies of Authoritarianism: Brazilian Torturer's and Murderer's Reformulation of Memory". *Latin American Perspectives*, vol. 27, n° 2, 2000, p. 57-78.

HUMAN RIGHTS WATCH (2010). *Força Letal*, 2009. Disponível online em: http://www.hrw.org/en/reports/2009/12/08/letal.

_____ . World Report, 2010. Disponível online em: http://www.hrw.org/en/node/87511.

HUNTER, W. A. "Politicians against Soldiers: Contesting the Military in Post-Authoritarian Brazil". *Comparative Politics*, vol. 27, n° 4, 1995, p. 425-443.

HUNTINGTON, S. P. *The Third Wave: Democratization in the Late Twentieth Century*. Norman: University of Oklahoma Press, 1991.

LINZ, J. J. e STEPAN, A. "Crises of Efficacy, Legitimacy, and Democratic State 'Presence': Brazil". In LINZ, J. J. e STEPAN, A. (eds.). *Problems of Democratic Transition and Consolidation: Southern Europe, South America and Post-Communist Europe*. Baltimore: Johns Hopkins University Press, 1996.

MENDEL, T. *The Right to Information in Latin America: A Comparative Legal Survey*. Quito: Unesco, 2009.

MINOW, M. *Between Vengeance and Forgiveness: Facing History After Genocide and Mass Violence*. Boston: Beacon Press, 1998.

NEIER, A. *War Crimes: Brutality, Genocide, Terror and the Struggle for Justice*. Nova York: Random House, 1998.

NETO, T. M. *Rescatando la memoria brasileira*. Comunicação apresentada na Conferência sobre Impunidade e os seus Efeitos em Processos Democráticos, Santiago de Chile, 14 de dezembro de 1996. Disponível online em: http://www.derechos.org/koaga/xi/2/meirelles.html.

NINO, C. S. "The Human Rights Policy of the Argentine Constitutional Government: A Reply to Mignone, Estlund and Issacharoff". *Yale Journal of International Law*, 1985, vol. 11, p. 217-230.

_____. "The Duty to Punish Past Abuses of Human Rights Put into Context: The Case of Argentina". *Yale Journal of International Law*, vol. 100, nº 8, p. 2619-2643.

NOGUEIRA DA SILVA, P. N. *Autoritarismo e impunidade: um perfil do democratismo brasileiro*. São Paulo: Edições Alfa-Omega, 1998.

ORENTLICHER, D. F. "Settling Accounts: The Duty to Prosecute Human Rights Violations of a Prior Regime". *Yale Law Journal*, 1991, vol. 100, nº 8, p. 2537-2615.

_____. "A Reply to Professor Nino". *Yale Law Journal*, 1991, vol. 100, nº 8 p. 2641-2643.

PANIZZA, F. e BRITO, A.B. "The Politics of Human Rights in Democratic Brazil: 'A lei não pega'". *Democratization*, 1998, vol. 5, nº 4, p. 20-51.

PEREIRA, A. "An Ugly Democracy? State Violence and the Rule of Law in Brazil". In KINGSTONE, P. R. e POWER, T. J. (eds.). *Democratic Brazil: Actors, Institutions and Processes*. Pittsburgh: University of Pittsburgh Press, 2009.

ROHTER, L. *New York Times*, 11 de março de 1999.

_____. "Exhuming a Political Killing Reopens Old Wounds in Brazil". *The New York Times*, 24 de outubro de 2004.

_____. "Hidden Files Force Brazil to Face Its Past". *New York Times*, 31 de janeiro de 2005.

SKIDMORE, T. E. *Brazil: Five Centuries of Change*. Nova York: Oxford University Press, 1999.

SWENSSON, R. L. J. *Anistia Penal: Problemas de Validade da Lei de Anistia Brasileira (Lei 6.683/79)*. Curitiba: Juruá Editora, 2007.

THE ECONOMIST. "Resurrecting the Right to History", 25 de novembro de 2004.

WAISELFISZ, J. J. *Mapa de violência dos municípios brasileiros*. Brasília: RITLA, 2008.

WESCHLER, L. *A Miracle, a Universe: Settling Accounts with Torturers*. Nova York: Pantheon Books, 1990.

WHITEHEAD, L. "Enlivening the Concept of Democratization: The Biological Metaphor". *Perspectives on Politics,* 2011, vol. 4, nº 2, p. 291-299.

ZALAQUETT, J. "Balancing Ethical Imperatives and Political Constraints: the Dilemma of New Democracies Confronting Past Human Rights Violations". *Hastings Law Journal*, 1992, vol. 43, nº 6, p. 1425-1438.

9. Legados autoritários, política do passado e qualidade da democracia na Europa do Sul

Leonardo Morlino

Um tema difícil e espinhoso nas democracias contemporâneas como os legados do passado e a memória tem sido analisado por cientistas sociais — historiadores incluídos — com a devida atenção sobre casos específicos.[1] No entanto, está por fazer uma análise comparada que foque em particular os legados na cultura política das elites e das massas, bem como as políticas relacionadas com eles que foram implementadas na Europa do Sul. Embora os trabalhos sobre política da memória e outras análises de tópicos relacionados, tais como os de Pérez Díaz (1993) e Larsen (1998), sejam úteis e mereçam ser considerados, investigação como a que aqui é proposta estava ainda por fazer, seguindo caminhos bastante inexplorados. Este trabalho dá mais um passo nesse sentido, desenvolvendo e clarificando importantes aspectos teóricos[2] e analisando em pormenor todos os casos da Europa do Sul, que são também comparados com os da América Latina (ver Barahona de Brito e Sznajder, neste livro).

---

[1] Passerini, 1987; Aguilar Fernández, 1996; Barahona de Brito *et al.*, 2001.
[2] Barahona de Brito *et al.*, 2001.

Essas conclusões mapeiam o território da investigação, conduzida tanto no nível das elites como das massas, e demonstram a existência de enclaves de autoritarismo nos países analisados, mesmo vários anos depois do fim dos regimes não democráticos. Comecemos por abordar o debate sobre o enquadramento desenvolvido e adotado pelos trabalhos apresentados neste livro, discutindo conceitos que explicam melhor algumas atitudes em relação ao passado autoritário. A segunda seção discute a ligação que relaciona os legados autoritários e as políticas do passado com o tema da "qualidade" da democracia, introduzindo os significados desta última noção e sugerindo que algumas das "qualidades" estão relacionadas tanto com o legado autoritário e com a política do passado como com o tipo de transição. Depois, a fim de desenvolver uma análise comparada, passamos a uma contextualização das condições que afetam a política do passado e o modo como cada país lida com o legado autoritário. A quarta seção faz observações sobre as atitudes em relação ao passado como um legado antes de passar para a questão final dos desafios analíticos não resolvidos do esbatimento de legados em democracias contemporâneas.

Que legados autoritários e que política do passado?

Comecemos por sugerir definições e as dimensões-chave do legado autoritário e da política do passado. Primeiro, dizemos que os legados autoritários abarcam todos os padrões comportamentais, regras, relações, situações sociais e políticas e também normas, procedimentos e instituições, tanto introduzidos como vigorosa e visivelmente fortalecidos pelo regime autoritário imediatamente anterior.[3] Os legados autoritários influenciam um grande leque de instituições políticas, econômicas e sociais[4] e são frequentemente

---
[3] Hite e Morlino, 2004, p. 26.
[4] Hite e Cesarini, 2004.

mais visíveis no funcionamento e comportamento das forças de segurança. Também incluem padrões de dominação social, bem como acesso desigual às instituições legais e políticas. Os legados autoritários podem tomar a forma de memórias repressivas latentes, ativadas e manipuladas por atores sociais e políticos em momentos particulares, e podem ser apoiadas por atores, interesses ou identidades específicos.[5]

Vários aspectos dos legados devem ser destacados. Primeiro, um legado autoritário contém três dimensões internas importantes que estão firmemente relacionadas, mas que podem estar apenas parcialmente presentes no novo sistema democrático. Elas são: (a) um conjunto de convicções, valores e atitudes; (b) uma ou mais instituições públicas, agências ou simples organizações; e (c) os comportamentos subsequentes que emanam da relação de (a) com (b). Em processos de mudança política, essas dimensões internas dos legados produzem vários cenários: convicções, valores e atitudes podem esbater-se ou desaparecer sob o *establishment* democrático enquanto as instituições ou organizações — com os seus interesses assegurados — persistem. As convicções podem persistir apesar da mudança de regime, enquanto as instituições desaparecem; ou o comportamento pode persistir por inércia quando quer as convicções quer as instituições — ou ambas — desapareceram. Quanto maior o número de dimensões que persistem, mais forte será o seu legado e mais lenta e dificilmente elas passarão.

Segundo, como é sugerido pela definição anteriormente resumida, existem dois tipos fundamentais de legado: aqueles que dizem respeito aos valores, instituições e comportamentos introduzidos pelo regime autoritário, e aqueles que reforçam, conso-

---

[5] Comecei as minhas reflexões sobre legados autoritários e política do passado por ocasião de um projeto de investigação iniciado há alguns anos na Universidade de Columbia e dirigido por duas excelentes jovens colegas, Paola Cesarini e Katherine Hite. O projeto resultou na edição de um livro (HITE e CESARINI, 2004) em que publiquei um ensaio com Katherine Hite, numa colaboração que ainda recordo com grande apreço. Este trabalho e as conclusões continuam no rumo de análise iniciado nesse ensaio.

lidam ou salvaguardam valores prévios e instituições existentes, fundando novas instituições, agências ou organizações e criando ou reproduzindo a seguir hábitos comportamentais. O segundo tipo de legado está firmemente incrustado na cultura política e é normalmente mais forte e mais persistente. Como os regimes autoritários são muitas vezes a transposição institucional de coligações conservadoras,[6] esse segundo tipo de legado é mais recorrente. Existem também regimes mais inovadores em termos de instituições, geralmente com características totalitárias — de que é exemplo o fascismo italiano. De uma perspetiva empírica, para ser considerado um legado autoritário, o segundo tipo de legado, mais incrustado historicamente, deve ter sido claramente apoiado por decisões e políticas do regime autoritário imediatamente anterior.

Terceiro, um legado implica continuidade com um fenômeno previamente existente. Em termos mais latos, um legado também pode ser considerado uma reação a esse fenômeno anterior. Por exemplo, os artífices públicos do regime democratizante percebem claramente a necessidade de diferenciar o novo regime do seu predecessor, e essa reação específica — embora descontínua — é uma forma de legado. Um bom exemplo encontra-se na constituição italiana. Como sugerem os debates da comissão de redação, várias das propostas e decisões representaram tentativas de moldar instituições governamentais como um oposto extremo ao regime fascista. Um resultado-chave foi a proeminente tarefa atribuída ao Parlamento, contraposto ao governo, o que levou a que a tomada de decisões se tornasse ineficiente quando o papel dominante do Partido da Democracia Cristã acabou, em meados dos anos 1950. Como foi sugerido por Bermeo (1992) e Pridham (2000), tal reação pode ser mais apropriadamente rotulada de "aprendizagem política". A bem da clareza, prefiro o significado mais estrito do termo "legado". Este implica que os legados envolvem sobretudo continuidades do passado, embora

---

[6] Linz, 1964.

seja difícil destrinçar analiticamente processos de aprendizagem política de legados.

Além disso, os legados autoritários encontram-se tanto em instituições formais-legais como, talvez com igual importância para os nossos exemplos, naqueles interstícios que ligam o compromisso da sociedade civil com a sociedade política e o Estado — incluindo práticas culturais e experiências vividas.[7] Desse modo, além de discutir enclaves autoritários que continuam infiltrados em instituições políticas formais, devemos examinar a influência de legados autoritários sobre interesses tanto organizados como não organizados e sobre identidades na sociedade política e civil. A verificação dos legados autoritários na "estruturação" ou rotinização da vida quotidiana, como é refletida pela consciência, pelo discurso e pelas prática políticas, segundo sugere Giddens (1984), também deve ser encorajada. Salientamos essa última investigação dos legados autoritários porque pode ser aí que estão os legados autoritários mais profundos e mais persistentes — em termos de autonomia pessoal como direito civil e político e como condição fundamental para a cidadania democrática e o Estado de direito.[8]

Resíduos e memórias desses regimes apresentam um conjunto interessante de paradoxos. Por um lado, memórias de padrões e ação repressivos podem continuar a inibir o discurso político, a participação política e noções individuais de eficácia política, sociabilidade e confiança. Por outro lado, nos casos de Portugal e da Espanha, memórias dos regimes militares evocam associações com um desejo de ordem, eficiência e previsibilidade, muitas vezes tanto na arena política como na econômica.[9] Para os quatro casos da Europa do Sul, incluindo a Itália, continuam presentes atitudes parcialmente positivas relativamente ao passado autoritário, como se observou em várias sondagens realizadas em décadas

---

[7] Dirks *et al.*, 1996.
[8] Giddens, 1984; Held, 1997; O'Donnell, 1998.
[9] Pinto, 2011; Raimundo e Humlebaek, neste livro.

recentes.[10] Além disso, os regimes autoritários supervisionaram, em diferentes graus, a reestruturação das relações trabalho-Estado ou capital-trabalho-Estado e a representação política do trabalho.

Os legados autoritários como "silenciadores" são difíceis de operacionalizar, contudo podem incluir uma violência estrutural que pesa fortemente (embora de forma desigual) sobre o regime e sobre a sociedade.[11] Preferências pela estabilidade e ordem à frente do debate e da dissidência refletem um medo latente de polarização sob os regimes democráticos anteriores e de resposta brutal do Estado ao conflito. Mais: como sugeriu Maravall (1981) para o caso espanhol, é bastante racional da parte dos cidadãos afastarem-se da política depois de abusos políticos.

A segunda noção a recordar é a "política do passado" como "um processo em desenvolvimento em que as elites e a sociedade sob regime democrático reveem o significado do passado em termos do que esperam alcançar no presente" através de um conjunto de diferentes ações, desde abrir o debate na mídia e criar um debate público até decisões partidárias e decisões legislativas e/ou administrativas.[12] Quer dizer, com base em anteriores análises de legados autoritários, são sobretudo as elites que decidem lidar com a memória coletiva do país e confrontar o passado. Como sugerem Barahona de Brito e Sznajder no seu capítulo, a "política do passado" ou "política da memória" é duas coisas. Num sentido mais estrito, consiste em políticas de verdade e de justiça na transição (memória oficial ou pública), isto é, a justiça de transição que pode ser administrada na primeira fase de mudança de regime e de transição para a democracia. Numa perspetiva mais lata, trata-se de como a sociedade interpreta e se apropria do seu passado numa tentativa contínua de modelar o seu futuro (memória social). Aqui, há duas questões diferentes, por vezes, até distantes: a primeira é a

---

[10] P. ex., Morlino e Montero, 1995.
[11] Habermas, 1986.
[12] Ver Introdução de Pinto.

decisão da elite política de lidar com o passado, de preferência a tentar fazê-lo desaparecer ou a esquecê-lo; a segunda é a presença do passado no seio da sociedade e os padrões e comportamentos culturais que essa presença causa, embora de modo confuso e complexo, dado ele estar entrelaçado com contextos e acontecimentos contemporâneos. Contudo — e isto é fundamental para compreender a variedade das políticas discutidas nesta questão especial —, a verdadeira política do passado é o resultado de dois objetivos diferentes, quando não rivais. Por um lado, ao confrontar o passado, existe o problema de estabelecer a legitimidade mais ampla possível para a democracia recém-instaurada, enquanto, por outro lado, há também as exigências de justiça: das vítimas de repressão para receber justiça e do responsável autoritário anterior para não ser punido. A política imediata aplicada de fato é o resultado de diferentes fatores, alguns dos quais são contingentes e específicos.

Ligação entre legados, política do passado e qualidade democrática

O passo-chave seguinte pode ser dado relacionando os legados, a política do passado e a qualidade da democracia. Com respeito a esta última noção, proponho que se deve considerar uma democracia de qualidade "um conjunto estável de instituições que realiza a liberdade e igualdade dos cidadãos através do funcionamento legítimo e correto dessas instituições". Uma boa democracia é, assim, primeiro e acima de tudo, um regime amplamente legitimado que satisfaz inteiramente os cidadãos (qualidade em termos de resultado). Segundo, uma boa democracia é aquela em que os cidadãos, as associações e as comunidades de que é composta gozam pelo menos de um nível moderado de liberdade e igualdade (qualidade em termos de conteúdo). Terceiro, numa boa democracia são os cidadãos que detêm o poder de verificar e avaliar se o governo está a prosseguir os objetivos de liberdade e igualdade segundo o império da lei. Eles monitorizam a eficiência da aplicação das leis em vigor, a eficácia das decisões tomadas pelo governo e a responsabilidade política e responsabilização dos dirigentes eleitos em relação às exigências manifestadas pela sociedade civil (qualidade em termos de procedimento). Consequentemente, as qualidades relevantes são de procedimentos (império da lei, responsabilização eleitoral, responsabilização interinstitucional, participação e competição) e referem-se ao conteúdo (liberdade e igualdade) e resultado (responsividade).[13]

Como nem todas as qualidades podem ser consideradas direta e claramente afetadas pelo legado ou relevantes para a política do passado, a assunção que podemos fazer com base em análises prévias é que quatro das oito qualidades estão em certa medida mais estreitamente relacionadas com o legado autoritário, embora a política do passado também as toque.[14] Elas são o império da lei, a responsabilização eleitoral, a participação e a liberdade, enquanto a responsabilização interinstitucional, a competição, a responsividade e a igualdade são mais diretamente afetadas por fatores relacionados com a aplicação efetiva do desígnio constitucional, da lei eleitoral, do sistema partidário emergente, das políticas econômicas e de outros fatores.

Além disso, comecemos por afirmar que não podemos assumir que cada legado autoritário limite a expressão democrática. Pelo contrário, há aqueles — tais como a eficiência ou a criação de uma função pública efetiva — que estão relacionados positivamente com uma boa democracia. Na verdade, levantam-se aqui duas questões. A primeira é: "Quando é que os legados autoritários constrangem ou impedem as melhores expressões da democracia?" A segunda, que é essencialmente diferente, apesar das ligações óbvias, é:

---

[13] Para definições empíricas de hipóteses, remeto para MORLINO (2009) e DIAMOND e MORLINO (2005). Limitações de espaço não me permitem ser mais pormenorizado nestes aspectos.
[14] MORLINO, 2007.

"Quando é que é mais provável emergir uma política do passado?". Com respeito à primeira pergunta, as análises anteriores aqui apresentadas sugerem que a influência dos legados autoritários na democracia depende de três dimensões básicas, ou terrenos, para ação estratégica: (a) a duração do anterior regime autoritário; (b) a inovação desse regime; e (c) o tipo de transição desse regime.[15]

Por "inovação" sob autoritarismo queremos dizer tanto o grau de transformação como a institucionalização de regras, padrões, relações e normas autoritários que são muitas vezes simbolizados por uma nova constituição,[16] pela criação de novas instituições e pelo grau em que interesses particulares organizados ou identidades são reforçados e/ou enfraquecidos.[17]

Por "tipo de transição" entenda-se a forma como a transição do poder autoritário favorece responsáveis e/ou contestatários, altera (ou deixa intocados) regras e procedimentos institucionais autoritários e influencia apelos da elite política aos seus eleitorados[18] e/ou os modos como a transição se caracterizou por algum grau de violência que tornou a descontinuidade mais provável. Aqui podemos destacar prerrogativas dos militares e outros responsáveis autoritários, estabelecimento de pactos, regras que regulam eleições e partidos políticos e os papéis e posições dos interesses, quer organizados quer não organizados, da sociedade civil no processo de transição. Defendo que os tipos contínuos ou descontínuos de transição medeiam se e a que ponto os legados autoritários persistem.

Por "duração" quer-se dizer a extensão de tempo durante a qual o regime autoritário permanece no poder. Se um regime for inovador, então a sua duração é menos relevante; no entanto, se o regime não for inovador, então deve estar no poder por pelo menos 15-20 anos — isto é, pelo tempo de, pelo menos, uma geração

---

[15] Hite e Morlino, 2004.
[16] Aguero, 1998.
[17] Hagopian, 1995.
[18] Karl e Schimtter, 1991; Lins e Stepan, 1996; Munck e Leff, 1997.

— para essa ser uma dimensão relevante. Embora eu não analise isso aqui, estou, porém, consciente da importância de explorar transformações nos terrenos da socialização política tradicional sob regimes autoritários — incluindo instituições de família, eclesiais e educativas — que se tornam as referências primárias para a socialização política na ausência de uma esfera pública. Defendo que a intensidade dos legados autoritários no período pós-transição depende em grande medida do impacto persistente e da penetração das regras, normas e práticas autoritárias tanto na esfera pública como na privada.

Existem também importantes ligações entre inovação e o tipo de transição. Se a transição é descontínua, a inovação institucional pode ser menos relevante, visto que a elite política transforma as instituições autoritárias; contudo, se a transição é contínua, então a inovação do regime autoritário é muito mais importante, dado que a *path dependency*, no essencial, está normalmente estabelecida.

Com respeito à questão referida de quando é mais provável a política do passado emergir, as oportunidades que podem levar líderes partidários, líderes de opinião e/ou um movimento a propor o debate e a decisão de reagir, enfrentar e superar o passado, mesmo durante o primeiro momento da mudança de regime, que pode ser definida como "justiça de transição", são ou tornam-se maiores quando (a) o passado se caracterizou por conflitos sangrentos profundos e prolongados, se não mesmo uma guerra civil; e, ao mesmo tempo, (b) atitudes em relação à democracia e a valores democráticos foram fortalecidas e se generalizaram, ou, pelo menos, atitudes em relação ao passado são negativas ou mais negativas por causa da intervenção ativa de algum ator individual ou coletivo; e/ou (c) há uma organização internacional ou um país estrangeiro cujas políticas são a favor de desenvolver uma ação para enfrentar e superar o legado do passado.

À primeira vista, uma comparação entre o que acontece ao legado autoritário e as características da política do passado mostra imediatamente como o legado autoritário é o resultado de persistir uma parte do passado, ao passo que na segunda situação estamos a lidar com uma atividade que é uma reação contra o que permaneceu. A verdadeira interação entre os dois aspectos — restos e reação — é o resultado de outras condições internas e externas. Uma política do passado pode emergir se os restos estão enfraquecidos, e eles estão enfraquecidos se anteriores atitudes positivas em relação à anterior experiência autoritária foram esmorecendo e as atitudes democráticas se tornaram mais fortes e generalizadas. No entanto, aqui há uma interação dos dois fatores adicionais mencionados. O primeiro é o resultado de um paradoxo que se pode formular assim: há uma significativa política do passado se, por causa da duração, da inovação e da continuidade, bem como por causa de um conflito sangrento forte e profundo, a memória ainda persiste e o desejo de reação está presente e é forte. O segundo fator refere-se à possível, mas não necessária, iniciativa de uma organização internacional ou de outro governo que intervém promovendo políticas do passado no país afetado.

Agora, como podemos relacionar inovação do regime, duração e tipo de transição, bem como o conteúdo do passado, atitudes negativas em relação ao passado e as ações de instituições não domésticas de outros países com as democracias da Europa do Sul nos períodos de transição e pós-transição? Concentramo-nos em como esses legados afetaram as novas instituições democráticas, bem como nos tipos de incorporação política. Quer dizer, examinamos e analisamos os partidos políticos, incluindo a organização interna dos partidos, e as relações entre partidos e interesses.[19] Exploramos também uma série de indicadores relativos às avaliações por parte dos cidadãos da sua democracia e de instituições políticas específicas, bem como o seu sentido de

---

[19] MORLINO, 1998.

eficácia pessoal nos processos de tomada de decisão dos governos com respeito à economia e a outras questões-chave. Investigamos o estado e alcance do discurso político e de práticas discursivas como indicadores dos parâmetros e constrangimentos da esfera pública democrática.[20] Sempre que possível, examinamos as ligações entre organização e ação políticas contemporâneas e legados autoritários, incluindo estratégias para aperfeiçoar ou trabalhar dentro das limitações que esses mesmos legados autoritários representaram.

O Quadro 9.1 situa alguns dos principais legados que os regimes autoritários podem transmitir às democracias, focando a atenção nas características democráticas relevantes mais referidas — qualidades da democracia. Os aspectos considerados são aqueles que podem ser mais relevantes em qualquer análise desse tipo e podem interagir com uma possível política do passado. Sugiro uma distinção genérica entre instituições e regras do regime, atores de elite, grupos sociais, cultura política e de massas e, para cada domínio, sugiro que legados podem restringir o que uma boa democracia atinge. Por exemplo, uma tradição autoritária estatista está muito presente nas novas democracias da Europa do Sul,[21] o que resulta em pouco interesse e participação na política. Pouco ou nenhum império da lei pode ter sido uma condição histórica em vários países — na Itália de Giolitti no princípio do século XX, por exemplo, existia um dito: "Para os amigos, o que eles quiserem; para os inimigos, a lei." No entanto, o regime autoritário italiano aumentou essa incerteza relativamente ao devido processo e, desse modo, ela persiste como um legado-chave que torna muito mais difícil a garantia de direitos políticos e civis iguais para todos os cidadãos.

---

[20] Arendt, 1958.
[21] Morlino, 1998.

Quadro 9.1
Legados autoritários como constrangimentos da qualidade da democracia

Legado	Dimensão relevante afetada
Pouca ou nenhuma atenção à efetividade da lei Sistema judicial pouco independente Grandes prerrogativas dos militares Pouca ou nenhuma eficiência da polícia	Estado de Direito
Nenhuma responsabilização da elite partidária Amplo setor público da economia	Responsabilização eleitoral
Estatismo Passividade/conformismo/cinismo Medo/alienação da política/grupos radicais de direita Atitudes não democráticas Partido(s) da direita radical *Gleichschaltung*˙	Participação
Regras legais autoritárias Atitudes não democráticas	Liberdade

˙Esse termo destina-se a referir o nivelamento extremo das diferenças culturais/sociais, uma política levada a cabo pelo regime nazista.
Fonte: Elaboração própria do autor.

Para desenvolver essa conceitualização de legados autoritários e da sua influência na qualidade da democracia em regimes pós-autoritários, podemos comparar os casos da Europa do Sul: Itália, Espanha, Portugal e Grécia. A experiência da Itália durante os muitos anos que decorreram desde a sua transição para a democracia proporciona um campo significativo para investigação tanto do impacto de legados autoritários como da sua diminuição.

Considerações comparadas

Nestas conclusões, identifiquei também legados autoritários que são obstáculos ao desenvolvimento da democracia, e as características relevantes da política do passado. Antes de entrar numa discussão comparada destas, revejamos as dimensões contextuais que influenciam e condicionam os legados autoritários e a política do passado em cada país. Os Quadros 9.2 e 9.3 apresentam a sua presença e relevância. Neles, um "X" maiúsculo significa que se considera que a dimensão tem maior importância e um "x" minúsculo que se considera menos importante, mas, ainda assim, presente. O espaço em branco significa que essa dimensão não tem relevância.

Quadro 9.2
Dimensões que influenciaram os legados autoritários (país)

	Itália	Espanha	Portugal	Grécia
Duração	x	X	X	
Inovação institucional	X	x	X	
Transição contínua		X		

A dimensão da duração é particularmente importante nos casos de Portugal e da Espanha; é ainda mais relevante quando acompanhada por inovação institucional — como se verifica em Portugal. Relativamente à inovação institucional — o principal aspecto da inovação aqui considerado —, Portugal destaca-se mais uma vez. Curiosamente, nesse caso, havia uma referência recorrente ao fascismo italiano — o terceiro exemplo em que a inovação foi uma dimensão importante. A Espanha também teve regimes bastante inovadores, embora em menor medida em termos comparativos. Em ambos os casos, a duração funciona para aumentar a força da inovação relativa. Para a Espanha, o tipo de transição é contínuo, o que — como era de esperar — foi uma dimensão importante quando tomamos em consideração a presença de legados autoritários. Finalmente, a experiência autoritária da Grécia de 1967-1973 não dura o bastante nem é suficientemente inovadora institucionalmente para ser relevante por si mesma para os outros casos.[22] Konstantinos Karamanlis, que restabeleceu a democracia em julho de 1973, já era um político proeminente durante a anterior democracia limitada e aplicou-se imediatamente a responsabilizar os militares. Julgamentos, condenações e penas foram concretizados nos meses imediatamente a seguir ao restabelecimento da democracia grega. Os efeitos reais e simbólicos das decisões dos tribunais gregos foram muito efetivos.

No conjunto, e com base nas nossas dimensões, poderíamos esperar ver um conjunto mais forte e visível de legados na Espanha, com Portugal e Itália logo abaixo e a Grécia no fundo de uma possível escala classificativa. Como veremos adiante, essas expectativas foram confirmadas pelas análises empíricas.

Quadro 9.3
Dimensões que influenciam a política do passado (país)

	Itália	Espanha	Portugal	Grécia
Conteúdo do passado denso	x	X		x
Atitudes negativas generalizadas para com o passado	x			X
Atores internacionais/externos				

Quando se considera a política do passado, dentre os três principais fatores, discutidos e apresentados no Quadro 9.3. Os outros dois fatores também são evidentes e não é difícil detectá-los e avaliá-los. A Espanha experimentou a guerra, mas a ausência de atitudes negativas em relação ao passado deixou em aberto e adiou os momentos em que a política do passado surgiu;[23] na Grécia, a

---

[22] SOTIROPOULOS, neste livro.
[23] HUMLEBAEK, neste livro.

opressão dos militares causou emoções negativas, mas as atitudes negativas relativamente ao passado e a subsequente primeira fase democrática com a sábia gestão de julgamentos levaram a cabo a justiça de transição no momento certo, pouco tendo sido deixado para mais tarde;[24] na Itália, a justiça de transição e a maneira apressada de encerrar esse período deixaram memórias duradouras que eram compostas por sentimentos negativos sobre a experiência do fascismo;[25] em Portugal, o passado tinha um conteúdo relativamente brando que era complementado por atitudes menos negativas em relação ao passado.[26] Consequentemente, emergiram problemas mais sérios na Espanha e na Itália, enquanto houve menos problemas na Grécia e muito menos em Portugal.

Considerando legados autoritários específicos e esperados (Quadro 9.1), discernimos legados tanto nas regras formais de governação como em afirmações dramáticas e explícitas de poder da parte de atores inequivocamente autoritários. Contudo, alguns legados são menos fáceis de detectar e mais difíceis de medir em padrões políticos do dia a dia e em rotinas diárias que condicionam a representação e a participação democráticas. De fato, os legados autoritários impregnam a maior parte das sociedades e, apesar das dificuldades, deve-se prosseguir com as tentativas de os identificar. Legados autoritários particulares tornam-se sérios obstáculos às democracias quando há agentes que lhes dão expressão, visibilidade ou poder que não são contestados ou controlados. Os Quadros 9.3 e 9.4 sintetizam a sua análise.

Comparando o Quadro 9.1 e os Quadros 9.3 e 9.4, vemos que as questões da efetividade da lei, o problema da independência do sistema judicial e a dimensão relativa à *Gleichschaltung* (o nivelamento de diferenças culturais/sociais/econômicas) estão ausentes. Os primeiros dois aspectos são importantes em todas

---

[24] Sotiropoulos, neste livro.
[25] Tarchi, neste livro.
[26] Pinto, 2011.

as democracias, mas, ao mesmo tempo, a efetividade da lei e a independência do sistema judicial são também elementos-chave da democracia: e os cinco países da Europa do Sul são democracias. Quanto à *Gleichschaltung*, está ausente porque em nenhum caso esse tipo de fenômeno — que é característico de regimes totalitários — era empiricamente evidente. Em particular, o regime de Franco tentou, durante muitos anos, suprimir as diferenças étnicas, linguísticas e culturais existentes entre catalães e bascos e o restante da Espanha. O único resultado real dessa política foi manter ou reforçar as diferenças catalãs e incentivar e radicalizar ainda mais as facções violentas dentro da comunidade nacionalista basca e a sua reivindicação de independência.[27]

No entanto, a conclusão-chave que podemos tirar dessa ligação entre as análises resumidas nos Quadros 9.2, 9.3 e 9.4 está no entrelaçamento dos tipos de transição, na inovação institucional e duração. Itália e Espanha apresentam as suas próprias características. Na Itália, estão presentes alguns constrangimentos importantes, apesar da descontinuidade da transição. A principal razão para isso é que a inovação institucional fascista foi, de muitas maneiras, persistente e proeminente, pois dizia em parte respeito à construção de um Estado mais moderno.[28] Na Espanha, a força das três dimensões influentes é atenuada pelo momento em que ocorreu a transição e a imediata inserção da democracia espanhola na zona democrática europeia. A transição descontínua em Portugal atenuou em parte os efeitos da inovação autoritária e da longa duração do regime autoritário. Comparativamente, a Grécia é o caso em que a resiliência autoritária é mais um resultado de décadas passadas do que do regime dos coronéis.

---

[27] AGUILAR FERNÁNDEZ, 2001.
[28] TARCHI, neste livro.

Quadro 9.4
Legados autoritários como constrangimentos das qualidades democráticas (país)

Legados escolhidos	Dimensão relevante	Itália	Espanha	Portugal	Grécia
Sistema judicial pouco independente	Estado de direito			X	
Grandes prerrogativas dos militares					
Polícia pouco ou nada eficiente					
Nenhuma responsabilização da elite	Responsabilização eleitoral	X	X	X	X
Amplo setor público da economia		X			X
Estatismo	Participação	X	X	X	X
Passividade/conformismo/cinismo		X	X	X	X
Medo/alienação da política		X		X	
Atitudes não democráticas		X	X	X	
Partido radical de direita		X			
Regras legais autoritárias	Liberdade	X			

Olhando mais especificamente para as instituições e normas do regime, a Itália é o país em que as regras legais autoritárias se mantêm presentes no período pós-autoritário. Também encontramos o legado de um amplo setor público na economia na Itália e em Portugal. Durante a transição portuguesa, entre 1974 e 1982, muito da economia foi nacionalizado, uma situação que Cavaco Silva transformou radicalmente na segunda metade dos anos 1980. A Itália possuía um grande e resiliente setor público que só recentemente foi parcialmente diminuído. O setor público muito desenvolvido na Grécia é um legado do período que antecedeu o regime dos coronéis, mais do que uma consequência do regime militar.

Sem dúvida, a falta de pleno controle civil das Forças Armadas por um período prolongado é um dos legados mais importantes. Esse foi o caso de Portugal durante praticamente uma década a seguir ao estabelecimento do novo regime. Tanto na Itália — que esteve no lado derrotado na Segunda Guerra Mundial — como na Grécia — que foi incapaz de enfrentar o Exército turco quando da invasão de Chipre, em 1974 —, foram estabelecidas bases sólidas para o controle civil das Forças Armadas. Além disso, a ineficiência generalizada das forças policiais, que são importantes para a defesa dos direitos civis, emerge como um legado importante, embora possam ser profundamente transformadas por reformas durante o período democrático. Como no caso grego, é claro que os regimes militares exacerbaram esse legado, se bem que grupos radicais de direita sejam tão significativos como influentes na arena política italiana.[29]

Se apenas considerarmos a responsabilização da elite em termos da possibilidade de alternância e permanência no poder, então, de modos diferentes, Itália, Espanha e Portugal apresentam pouca ou nenhuma responsabilização. Na Grécia, havia uma espécie de responsabilização polarizada que frequentemente se traduzia em paralisia (p. ex., 1989-1990), embora a primeira alternância

---

[29] TARCHI, neste livro.

tivesse ocorrido em 1981. Na Itália, não existia possibilidade real de alternância até a queda da Democracia Cristã, no princípio dos anos 1990. Na Espanha, houve um longo período de dominação socialista, em grande parte em consequência de uma direita que não despertava confiança, pois tinha ficado estigmatizada pela sua visível associação com o regime de Franco. Em Portugal, houve um período ainda mais prolongado, que durou até meados dos anos 1990, durante o qual não houve alternância, dado que todos os governos foram chefiados pela mesma maioria partidária.

O terceiro conjunto de legados diz respeito aos níveis culturais. Esses legados são mais profundos e mais generalizados e têm a ver com os problemas básicos dos tipos de incorporação — as formas como os cidadãos foram envolvidos e socializados na política. Por "estatismo" quer-se dizer a referência constante e contínua às instituições públicas, assim como as expectativas das pessoas de que o Estado inicia e é responsável por todos os aspectos das suas vidas. O estatismo foi frequentemente relacionado com a extensão das experiências autoritárias de todos os países da Europa do Sul. Passividade, conformismo e cinismo também representam o conjunto único de atitudes em relação à política que está mais disseminado por todos os países. Esses dois aspectos juntos tornam a responsabilização muito mais difícil de alcançar: de fato, a responsabilização só é mais efetiva quando existe uma sociedade civil ativa. Claro que os dois aspectos também estavam bem impregnados nas culturas políticas dos regimes pré-autoritários de todos esses países. Não obstante, as experiências autoritárias exacerbaram essas dimensões.

Em estudos de opinião, encontramos atitudes não democráticas nos cinco países da Europa do Sul. Isso acontece de modos diferentes e em diferentes medidas em cada um dos casos. Na Itália, por exemplo, tais atitudes estiveram presentes até os anos 1990 já irem bem adiantados, mas estão relativamente menos presentes na Grécia.[30] Os cinco aspectos (ver Quadro 9.4) convergem para

---

[30] Sotiropoulos, neste livro.

representar culturas políticas que são menos do que conducentes à democracia cívica.[31] Isso torna-se mais visível ao explorar mais profundamente as atitudes-chave em relação ao passado nos países aqui analisados.

As atitudes em relação ao passado como legado

Quando a avaliação do passado autoritário é examinada mais de perto,[32] os resultados apenas aparentemente são ambíguos e surpreendentes. Antes de mais, num inquérito realizado em 1958 por La Palombara e Waters (1961), na Itália, o qual quebrou o tabu sobre o fascismo, 59,8% dos inquiridos expressaram atitudes positivas em relação ao passado, considerando o fascismo ou "uma coisa excelente para o nosso país" (5,7%) ou "uma coisa excelente para o nosso país se tivesse ficado fora da guerra" (27,5%) ou mesmo "uma bênção para a Itália se não tivesse havido tantos atos de traição cometidos dentro e contra ele" (26,6%). Uma avaliação negativa desse passado foi feita apenas por 34,2% dos respondentes. Contudo, não há consistência entre as opiniões sobre o fascismo e sobre atitudes pró-democráticas. De fato, se combinarmos as respostas sobre a democracia com as respeitantes ao fascismo, 53,7% parecem pró-fascistas e pró-democráticos ao mesmo tempo, enquanto 27,3% se mostram simultaneamente antifascistas e antidemocráticos. Portanto, as avaliações positivas do passado e essas inconsistências carecem ambas de ser explicadas.

É óbvio que, com o passar do tempo, a experiência fascista parece cada vez mais distante e com uma importância e um impacto progressivamente menores na política contemporânea. Assim, a sondagem realizada em 1968 por Barnes tratou a questão do legado fascista em termos de atitudes das massas e compor-

---

[31] HITE e CESARINI, 2004.
[32] MORLINO, 1998, p. 113-127.

tamento político. Adotando vários indicadores, e através de uma análise penetrante, Barnes concluiu que "a nossa descoberta mais importante é que muito pouco das atitudes e do comportamento contemporâneos dos italianos pode ser associado ao fascismo".[33] Dos anos 1970 até os 1990, os estudos geralmente ignoravam essa questão. Nas raras ocasiões em que uma pergunta se referia ao passado, para a maioria das pessoas, o fascismo aparecia como uma experiência distante, embora não desprezada. Uma sondagem de opinião de 1972 mostrava que 21,5% dos respondentes mantinham atitudes positivas ou bastante positivas em relação a Mussolini;[34] quer dizer, uma porcentagem muito mais elevada do que a porcentagem eleitoral que o Movimento Social Italiano-Direita Nacional (MSI-DN — Movimento Sociale Italiano-Destra Nazionale), de extrema-direita, obteve nas eleições desse ano (8,7%). Numa sondagem de 1985, apenas 6,5% dos italianos disseram que pensavam que a experiência fascista era uma coisa positiva.[35]

Assim, em geral, na Itália, durante os anos 1950, havia um consenso limitado quanto à democracia e uma alienação política difundida que era complementada por opiniões positivas difusas sobre a experiência fascista, em particular entre os jovens. Com base no estudo de La Palombara e Waters, é possível destacar a existência de um grupo de pessoas que tinham uma visão "condicionada" da democracia, isto é, os 30% que acreditavam na democracia apenas como um sistema que permitia desenvolvimento econômico. Contudo, dentro desses 30%, contam-se jovens que continuam a simpatizar com o fascismo, apesar da guerra, dos milhões de mortos e dos graves problemas econômicos que ele acarretou. A explicação mais simples para essa inconsistência nas pessoas que mantêm atitudes pró-fascistas e atitudes pró-democráticas — sejam os parcialmente democratas sejam os vincadamente

---

[33] BARNES, 1972, p. 17-18.
[34] DOXA, 1972.
[35] Para mais sobre esse assunto, ver MORLINO (1998, p. 115), em que se discutem também alguns resultados inconsistentes.

democratas — é que, na sua maioria, os italianos aceitaram (e alguns até louvaram) o seu passado não democrático, mas, ao mesmo tempo, num momento histórico diferente e depois de uma guerra sangrenta, também aceitaram — ainda que com pouco entusiasmo e com muitas reservas — a realidade democrática, quer por si mesma quer como via para o desenvolvimento econômico no contexto internacional contemporâneo, caracterizado pelo Plano Marshall, a aliança com os Estados Unidos e o princípio de um acordo europeu.

Os dados analisados sugerem que existiam ao mesmo tempo simpatias pelo fascismo e a impossibilidade de torná-lo uma alternativa, por causa das memórias coletivas negativas e das características da instalação da democracia através de uma aliança antifascista de todos os líderes partidários. Essas simpatias podiam ser expressas numa sondagem anônima, mas não traduzidas em comportamento visível: o fascismo era uma experiência impossível de defender abertamente. O MSI neofascista era considerado antirregime e, portanto, inadequado para governar. Havia simpatias mais fracas pela alternativa antidemocrática de esquerda (Quadro 9.5), mas, embora o apoio à alternativa comunista pudesse ser declarado, não podia traduzir-se em comportamento consistente: mais uma vez, as modalidades de instalação com a participação de algumas forças liberais moderadas e de toda a esquerda, em conjunto com o contexto internacional de a Itália ser um membro da aliança da Organização do Tratado do Atlântico Norte (OTAN), são fatores suficientes para explicar a impossibilidade de uma concretização efetiva dessas declarações. Mesmo no centro, havia cidadãos antidemocráticos (Quadro 9.5) que não tinham propostas alternativas, mas adicionalmente enfraqueciam a pró-democrática. Resumindo, no patamar das massas, havia três sistemas políticos que colhiam as simpatias de três grupos consistentes: os democráticos, os fascistas e os comunistas. Contudo, o regime fascista era parte de um passado intensamente odiado que também era impossível concretizar, enquanto o comunista era fraco por razões internacionais. Além disso, essas alternativas bloqueavam-se reciprocamente, dando um forte, embora indireto, impulso à relativamente fraca escolha democrática. Dessa forma fica mais bem explicada a anomalia observada por Almond e Verba (1963).

Quadro 9.5
Atitudes perante a Democracia de acordo com a autodefinição esquerda/direita (Itália, 1958) (%)

	Esquerda	Centro	Direita
Pró-democracia	53,0	87,0	48,0
Antidemocracia	42,5	12,4	48,0
Não responderam	4,5	0,6	4,0

Fonte: LA PALOMBARA e WATERS (1961).

A sondagem de 1985 mencionada anteriormente em relação à Itália intitula-se "Four Nation Survey"[36] e também fornece uma boa imagem de três dos outros quatro países em análise. O Quadro 9.6 mostra a distribuição de atitudes nos quatro países. Há uma diferença crucial na preferência pelo autoritarismo e a opinião sobre o passado na Itália, e particularmente na avaliação do passado fascista, que em 1985 era muito diferente e mais negativa do que em 1958. Os respondentes portugueses, espanhóis e italianos expressaram um certo grau de ambiguidade ou de am-

---

[36] SANTAMARÍA e SANI, 1985. A sondagem foi realizada numa altura em que Espanha e Grécia estavam no fim da fase de consolidação e Portugal se encontrava num período-chave decisivo do mesmo processo, enquanto a Itália estava mesmo no início de um longo período crítico. Essa sondagem, dirigida por Julián Santamaría e Giacomo Sani, foi realizada na primavera de 1985. Foram entrevistadas 8.570 pessoas no total: 2 mil em Portugal; 2.488 na Espanha; 2.074 na Itália e 1.998 na Grécia. O trabalho de campo foi efetuado pela Norma em Portugal, pelo Centro de Investigações Sociológicas na Espanha, pela Doxa na Itália e pelo Centro Nacional de Investigação Social na Grécia. As duas perguntas da sondagem estavam formuladas assim: "Com qual das seguintes afirmações concorda? (1) a democracia é preferível a qualquer outro regime; (2) em alguns casos, é preferível um regime autoritário, uma ditadura; ou (3) para pessoas como eu, é tudo o mesmo." Para as opiniões sobre o passado: "Com base no que recorda do salazarismo [ou franquismo, fascismo, ditadura], pensa que: (1) foi em parte bom e em parte mau; (2) foi apenas mau; ou (3) tudo considerado, foi bom?" Sotiropoulos também cita essa sondagem no seu capítulo.

bivalência com respeito às opiniões acerca do passado. Acrescem percentagens mais elevadas de avaliações positivas do passado em Portugal e na Espanha (13% e 17%, respetivamente). No entanto, esses números não devem causar surpresa se considerarmos a duração do salazarismo (quase meio século) e do franquismo (cerca de quarenta anos) e o inevitável apego que existe a regimes tão duradouros — em particular entre as gerações mais velhas. Igualmente, como observa Sotiropoulos neste livro, as atitudes gregas são muito diferentes, quase duas vezes mais gregos consideram os coronéis negativamente, em comparação com as atitudes italianas, espanholas e portuguesas em relação aos seus antigos regimes autoritários.

Quadro 9.6
Atitudes perante o passado (%)

	Itália	Espanha	Portugal	Grécia
Mau	37	28	30	59
Parcialmente bom/ parcialmente mau	43	44	42	31
Bom	6	17	13	6
Não sabem/não responderam	14	11	15	4

Fonte: Four Nation Survey: Portugal, Spain, Italy and Greece (1985).

Uma comparação entre respostas pró-autoritárias revela um padrão interessante. Na Itália, como se pode recordar, os 6,5% que davam ao passado autoritário uma nota positiva podem ser associados com os 13% que afirmavam que "um regime autoritário — uma ditadura — é preferível" em alguns casos. Ou seja, durante o período de 1958 a 1985, a maior parte das opiniões positivas a respeito do fascismo desapareceu, enquanto poucas novas atitudes autoritárias emergiram desde então. O reverso parece ser verdade na Espanha e em Portugal, onde os respondentes que consideravam preferível um regime autoritário em abstrato

(9% e 10%, respectivamente) eram menos do que aqueles que avaliavam favoravelmente os regimes autoritários anteriores (13% e 17%). Isso devia sugerir que alguns nostálgicos apoiantes do passado na Espanha e em Portugal se converteram em posições pró-democracia.[37] Essas descobertas concordam com as de outros estudos, que mostram que a maioria daqueles que tinham atitudes positivas em relação a Franco e se identificavam ideologicamente com o franquismo também aceitavam o novo regime — apenas 4% dos respondentes inquiridos pelo instituto de investigação Data, em 1981, se identificavam completamente com o franquismo e defendiam claramente posições antidemocráticas.[38] Nesse sentido a explicação é a mesma que foi dada para a Itália em 1958, isto é, não se trata de uma rejeição do passado, mas antes de uma adaptação à nova situação democrática.

No entanto, vale a pena recordar outros dados sobre as percepções positivas do passado. Linz e os seus colegas observam que, em 1978, nada menos que 39,6% dos espanhóis consideravam o regime de Franco ou positivo ou bastante positivo.[39] Essa porcentagem torna-se ainda mais elevada, chegando quase a 50%, numa sondagem realizada em 1979 — numa altura em que o novo regime democrático da Espanha estava a passar por uma crise de legitimação.[40] Em Portugal, em 1978, um total de 35% da população ainda acreditava que os regimes de Salazar e de Caetano tinham governado melhor o país.[41] Em Portugal, em 1984 — um ano antes da Four Nation Survey —, 35% da população ainda louvava os governos autoritários.[42] Na Grécia, por causa da curta duração (sete anos) e da pouca aceitação e legitimidade do regime militar

---

[37] Sobre isso, ver MORLINO e MATTEI, 1992, p. 142-143.
[38] LINZ *et al.*, 1981, p. 614.
[39] Ibidem, p. 589.
[40] GUNTHER *et al.*, 1986.
[41] BRUNEAU, 1984, p. 113; BRUNEAU e MCLEOD, 1986, p. 93.
[42] BRUNEAU e MCLEOD, 1986, p. 94.

chefiado por Papadopoulos, estão quase completamente ausentes atitudes positivas em relação ao passado autoritário.

Outros dados sugerem que, diferentemente da Itália em 1958, na Europa do Sul em 1985 não existiam alternativas às situações democráticas. Não só o passado estava definitivamente terminado, mas já não havia sérios rivais autoritários da democracia. Nesse aspecto, os países da Europa do Sul tornaram-se cada vez mais semelhantes aos seus vizinhos do norte. Durante os anos 1980 e o princípio dos 1990, o apoio à democracia fortaleceu-se na Itália, na Espanha, em Portugal e na Grécia, ao mesmo tempo que a preferência pelo autoritarismo se mantinha relativamente estável. Na Itália, cresceu de 13% para 14%; na Espanha, diminuiu de 10% para 9%; em Portugal, manteve-se nos 9%; enquanto, na Grécia, desceu de 5% para 4%. Em 1992, as preferências pela democracia e pelo autoritarismo estavam próximas da média da Comunidade Europeia (78% e 9%, respectivamente) em três dos cinco países da Europa do Sul, ainda que o nível de 73% da Itália fosse significativamente inferior à média europeia.[43]

Consegue-se chegar a uma melhor compreensão olhando para as ligações entre a presença da memória coletiva como "resultado de experiências, ideias, conhecimentos e práticas culturais partilhados, por meio dos quais as pessoas constroem uma relação com o passado"[44] e problemas contemporâneos. Aqui, o aspecto-chave é o que subsiste realmente da experiência política anterior e o que desapareceu para sempre. Como foi o caso com a Alemanha, a Europa do Sul viveu períodos dramáticos e prolongados de regime autoritário que estavam muitas vezes inextricavelmente relacionados com vários outros fatores. A Itália fascista terminou com uma guerra internacional e uma guerra civil e, no entanto, o fascismo era amplamente aceito e apoiado mesmo até as primeiras derrotas no princípio dos anos 1940, os bombardeamentos de cidades ita-

---

[43] Morlino e Montero, 1995, p. 238.
[44] Barahona de Brito, 2010.

lianas e a guerra civil que estalou no norte do país. O franquismo durou quarenta anos e, apesar de tudo, ainda estava no poder durante o período de rápido crescimento econômico nos anos 1960. Portugal tinha sido governado por um regime autoritário por 48 anos: para a maioria das pessoas não havia nenhuma outra realidade política conhecida; contudo, uma longa guerra colonial lançou as fundações para o golpe de 25 de abril de 1974.

A coligação na raiz da nova democracia italiana foi, primeiro, uma coligação antifascista. Em Portugal, que é um país com um sentido limitado de continuidade com o passado, o novo regime democrático mudou profundamente a anterior elite política e as leis. Em contraste, na Espanha, a maioria das pessoas e leis do franquismo passou para a nova democracia. A curta duração do Regime dos Coronéis na Grécia torna essas considerações irrelevantes para esse país.

Além disso, na Espanha e na Grécia, dado que a situação política que precedeu imediatamente o regime autoritário também tinha uma relevância considerável. Pelo contrário, os anos pré-autoritários são virtualmente irrelevantes em Portugal, por causa do tempo que tinha decorrido desde o estabelecimento do regime autoritário e — muito importante — da falta de episódios fortemente determinantes de guerra civil ou conflito sangrento e morte. Eles também não foram particularmente relevantes no caso da Itália, no nível das massas: a posição da Igreja Católica, nos anos 1940, foi muito diferente do que tinha sido nos anos 1920 e a hierarquia católica decidiu apoiar entusiasticamente a nova democracia; contudo, o estabelecimento do fascismo ocorreu num contexto de semilegalidade e não está associada a ele nenhuma memória negativa forte. Isso não é verdade relativamente à Espanha e à Grécia. Na Espanha, em particular, o consenso geral, a aceitação simultânea do passado e da democracia — a moderação dos trabalhadores que Pérez Díaz (1987), Fishman (1990) e outros revelaram na sua investigação — apenas pode ser explicada pela recordação da radicalização da Segunda República e da subsequente guerra civil.⁴⁵ Esse país parece estar numa situação clássica em que o processo de aprendizagem funcionou eficazmente em nível coletivo.

No entanto, esses dados deixam parcialmente inexplorados aspectos importantes que devem ser analisados num futuro próximo: como e em que medida as atitudes que são legados do passado ficaram confundidas com aquelas que emergem de problemas do presente sem solução de continuidade. Nesse ponto, posso apenas propor algumas considerações preliminares que mostram como análises anteriores e relações estabelecidas ficaram confusas. Quando consideramos os primeiros anos do século XXI, em vários países europeus, ressaltam imediatamente três problemas culturais e socioeconômicos: o impacto negativo da globalização econômica nas perspectivas de desemprego e padrões de vida de uma classe média antes desafogada, um efeito que é aumentado pela atual crise econômica; o fenômeno dramático da emigração para os países mais desenvolvidos de países do Leste Europeu e do Norte da África; e a percepção de crescente ameaça em áreas anteriormente seguras, como resultado de um medo crescente do terrorismo, islâmico ou não, que é acentuado pela presença de imigração maciça.

Embora possamos tomar por certo que a mídia também engrandece a percepção pública desses fenômenos, vimos o sucesso eleitoral de partidos conservadores de direita, xenófobos, anti-imigração e antipolítica em quase todas as eleições recentes por toda a Europa. Tem-se estudado essas matérias, tal como há investigação sobre a persistência e o crescimento de atitudes culturais de passividade e alienação.⁴⁶ Claro, ninguém para além de

---

⁴⁵ Aguilar Fernández, 1996.
⁴⁶ Uma vista de olhos por publicações de Ciência Política, tais como *Electoral Studies*, *West European Politics*, *European Journal of Political Research* e *South European Society and Politics*, mostra que foram realizados alguns projetos de investigação sobre esses assuntos. Também é digno de nota que, no fim de 2009, poucas coligações de centro-esquerda e partidos de centro-esquerda estivessem no poder na Europa.

pequenas minorias fanáticas faz declarações abertamente autoritárias na Europa, mas os problemas mencionados têm prioridade no pensamento das pessoas, muitas das quais se habituaram a uma vida de mais conforto. Por consequência, existem novas formas de autoritarismo disfarçado, as quais se caracterizam pela passagem para um plano secundário dos tradicionais valores democráticos de liberdade, igualdade e solidariedade e por uma ênfase crescente nas principais necessidades básicas — mesmo com o preço de silenciar os valores anteriores. Essa nova forma de autoritarismo tem estado presente já há algumas décadas e cria uma aparente continuidade com o anterior neoautoritarismo, que era alimentado apenas pelas recordações do passado.

Observações finais

Convém finalmente dar atenção a alguns desafios analíticos não resolvidos. Primeiramente, como vimos, os legados autoritários estão muitas vezes relacionados com experiências pré-autoritárias. Por exemplo, é impossível analisar as convicções, atitudes e o comportamento desenvolvidos sob o autoritarismo no patamar das massas, na Espanha, sem tomar em consideração a Segunda República espanhola e a Guerra Civil Espanhola. Isso pode também explicar avaliações positivas do passado autoritário durante os atuais regimes democráticos. Em segundo lugar, é muito difícil, em qualquer dos países, separar analiticamente a influência de legados autoritários da influência da educação política nos processos de democratização. Tal foi o caso da Itália no primeiro ano a seguir à Segunda Guerra Mundial e da Espanha e da Grécia, dado o contexto de dura repressão sob o autoritarismo.

O problema do desvanecimento dos legados permanece ainda muito aberto. Antes de mais, o desvanecimento não pode, por si só, ser tomado por certo. O tipo de atitudes e convicções na ordem das massas apresentadas no Quadro 9.6 pode persistir mesmo quando o tempo que decorreu levaria a esperar o seu desaparecimento. Como foi notado, tais atitudes e crenças continuam não por causa do fascismo, do salazarismo, do franquismo ou de algum regime militar, mas antes por causa de novas características da modernidade ou de novos fenômenos contemporâneos. Como vimos, passividade, conformismo, cinismo e alienação são características partilhadas e reproduzidas em democracias contemporâneas, bem como em regimes autoritários. Na Itália, essa mesma passividade, indiferença e atitude negativa em relação à política estão perpetuadas porque fazem parte de tradições culturais específicas e são reproduzidas pela antipolítica do novo milênio. Mecanismos semelhantes podem ser encontrados noutros países, incluindo a Espanha. Além disso, o estatismo, que era característico de alguns regimes autoritários, e que não é reproduzido pelos paradigmas culturais e econômicos dominantes contemporâneos, tende a desaparecer sob a forte influência das políticas da UE que têm de ser aplicadas em termos nacionais.

Por fim, não podemos ter sempre a certeza de que o esbatimento dos legados discutidos seja sempre positivo para a democracia. Não se pode partir do princípio de que a moderação e o baixo radicalismo, que foram componentes fundamentais da consolidação democrática na Espanha, não estão inextricavelmente relacionados com a indiferença e a passividade que foram tendências sempre presentes dentro dessas culturas políticas — o desvanecimento destas pode implicar o esbatimento dos primeiros. Além disso, é bem sabido que aqueles que não têm memória do passado perdem a sua identidade e estão condenados a cometer os mesmos erros.[47] Desse modo, quando sublinhamos que alguns legados, embora obstáculos a uma "melhor" democracia, foram úteis ou muito úteis para a consolidação democrática, pode-se concluir que é mais sensato manter esses legados, ou — melhor ainda — reter fortes memórias deles.

---

[47] BENDIX, 1984.

Referências bibliográficas

AGUERO, F. "Chile's lingering authoritarian legacy". *Current History*, 1998, vol. 97, nº 616, p. 66-70.

AGUILAR FERNÁNDEZ, P. "Justicia, política, y memoria: los legados del Franquismo en la transición española". *Estudio/Working Paper* 163. Madri: Instituto Juan March de Estudios e Investigaciones, 2001.

_____. "Institutional Legacies and Collective Memories: Stateness Problems in the Spanish Transition to Democracy". *Working Paper*, 7. Nova York: Columbia University, ILAIS, 1999.

_____. *Memoria y olvido de la guerra civil española*. Madri: Alianza, 1996.

ALMOND, G. A. e VERBA, S. *The Civic Culture: Political Attitudes and Democracy in Five Nations*. Princeton: Princeton University Press, 1963.

ARENDT, H. *The Human Condition*. Chicago: Chicago University Press, 1958.

BARAHONA DE BRITO, A. "Transitional Justice and Memory: Exploring Perspectives". *South European Society and Politics*, 2010, vol. 15, nº 3, p. 359-376.

BARAHONA DE BRITO, A. et al. *The Politics of Memory: Transitional Justice in Democratizing Societies*. Oxford: Oxford University Press, 2001.

BARNES, S. "The legacy of Fascism: generational differences in Italian political attitudes and behaviour". *Comparative Politics*, 1972, vol. 5, nº 1, p. 41-57

BENDIX, R. *Force, Fate and Freedom: A Historical Sociology*. Berkeley: University of California Press, 1984.

BERMEO, N. "Democracy and the lessons of dictatorship." *Comparative Politics*, 1992, vol. 24, nº 3, p. 273-291.

BRUNEAU, T. C. "Continuity and change in Portuguese politics: ten years after the revolution of 25 april 1974". In PRIDHAM, G. (ed.). *The New Mediterranean Democracies: Regime Transition in Spain, Greece and Portugal*. Londres: Frank Cass, 1984, p. 72-83.

BRUNEAU, T. C. e MCLEOD, A. *Politics in Contemporary Portugal: Parties and the Consolidation of Democracy*. Boulder: Lynne Rienner, 1986.

DIAMOND, L. e MORLINO, L. (eds.). *Assessing the Quality of Democracy. Theory and Empirical Analysis*. Baltimore: The Johns Hopkins University Press, 2005.

DIRKS, N. B. et al. (eds.). *Culture/Power/History: A Reader in Contemporary Social Theory*. Princeton: Princeton University Press, 1996.

DOXA. *Bollettino*, 1972.

FISHMAN, R. *Working-Class Organization and the Return to Democracy in Spain*. Ithaca: Cornell University Press, 1990.

Four Nation Survey: Portugal, Spain, Italy and Grece (1985), não publicado.

GIDDENS, A. *The Constitution of Society*. Berkeley: University of California Press, 1984.

GUNTHER, R. et al. *Spain after Franco: The Making of a Competitive Party System*. Berkeley: University of California Press, 1988.

HABERMAS, J. "Hannah Arendt's Communications Concept of Power". In LUKES, S. (ed). *Power*. Nova York: New York University Press, 1986, p. 75-93.

HAGOPIAN, F. "After Regime Change: Authoritarian Legacies, Political Representation, and the Democratic Future of South America". *World Politics*, 1995, vol. 45, n° 3, p. 464-500.

HELD, D. *Models of Democracy*. Stanford: Stanford University Press, 1997.

HITE, K. e CESARINI, P. *Authoritarian Legacies and Democracy in Latin America and Southern Europe*. Notre Dame: University of Notre Dame Press, 2004.

HITE, K. e MORLINO, L. "Problematizing the links between authoritarian legacies and 'good' democracy". In: HITE, K. e CESARINI, P. (eds.). *Authoritarian Legacies and Democracy in Latin America and Southern Europe*. Notre Dame: University of Notre Dame Press, 2004, p. 25-83.

KARL, T. L. e SCHIMITTER, P. C. "Modes of Transition in Latin America, Southern Europe and Eastern Europe". *International Social Science Journal*, 1991, vol. 128, p. 269-284.

KURBAN, D. "Unravelling a Trade-off: reconciling minority rights and full citizenship in Turkey". *European Yearbook of Minority Issues*, 2004-2005, vol. 4, p. 341-372.

LA PALOMBARA, J. e WATERS, J. B. "Values, Expectations, and Political Predispositions of Italian Youth". *Midwest Journal of Political Science*, 1961, vol. 5, n° 1, p. 39-58.

LARSEN, S. U. (ed.). *Modern Europe after Fascism*. 2 vols. Nova York: Columbia University Press, 1998.

LINZ, J. J. "An Authoritarian Regime: the Case of Spain". In ALLARDT, E. e LITTUNEN, Y. (eds.). *Cleavages, Ideologies and Party Systems*. Helsinque: Westermarck Society, 1964, p. 291-342.

LINZ, J. J. et al. *La caduta dei regimi democratici*. Bolonha: Il Mulino, 1981.

LINZ, J. J e STEPAN, A. C. *Problems of Democratic Transition and Consolidation*. Baltimore: Johns Hopkins University Press, 1996.

MAGEN, A. e MORLINO, L. *International Actors, Democratization and the Rule of Law. Anchoring Democracy?* Londres/ Nova York: Routledge, 2008.

MARAVALL, J. M. *La politica de la transición*. Madri: Taurus, 1981.

MORLINO, L. "Qualities of democracy: how to analyze them". *Studies in Public Policy*, nº 465, Centre for the Study of Public Policy. Aberdeen: University of Aberdeen, 2009.

_____. "Explicar la calidad democrática: ¿Qué tan relevantes son las tradiciones autoritarias?". *Revista de Ciencia Política*, 2007, vol. 27, nº 2, p. 3-22.

_____. *Democracy between Consolidation and Crisis: Parties, Groups and Citizens in Southern Europe*. Oxford: Oxford University Press, 1998.

MORLINO, L. e MATTEI, F. "Vecchio e nuovo autoritarismo nell'Europa mediterranea". *Rivista italiana di scienza politica*, vol. 22, nº 1, 1992, p. 137-160.

MORLINO, L. e MONTERO, J. R. "Legitimacy and Democracy in Southern Europe". In GUNTHER, R.; DIAMANDOUROS, N. O. e PUHLE, H. J. *The Politics of Democratic Consolidation: Southern Europe in Comparative Perspective*. Baltimore: Johns Hopkins University Press, 1995, p. 231-260.

MUNCK, G. e LEFF, C. S. "Modes of Transition and Democratization: South America and Eastern Europe in Comparative Perspective". *Comparative Politics*, vol. 29, nº 3, 1997, p. 343-362.

O'DONNELL, G. A. "Polyarchies and the (Un)rule of Law in Latin America: a Partial Conclusion". In MENDEZ, J. E.; O'DONNELL, G. A.; PINHEIRO, P.S. de M.S. e KELLOGG, H. (eds.). *The (Un)rule of Law and the Underprivileged in Latin America*. Notre Dame: University of Notre Dame Press, 1998, p. 303-337.

PASSERINI, L. *Fascism in Popular Memory*. Cambridge: University of Cambridge Press, 1987.

PÉREZ DIAZ, V. *The Return of Civil Society*. Cambridge: Harvard University Press, 1993.

_____. *El retorno de la sociedad civil: respuestas sociales a la transición política, la crisis económica y los cambios culturales de España 1975-1985*. Madri: Instituto de Estudios Económicos, 1987.

PINTO, A. C. "Coping with the Double Legacy of Authoritarianism and Revolution in Portuguese Democracy". In PINTO, A. C. e MORLINO, L. (eds.). *Dealing with the Legacy of Authoritarianism*. Londres: Routledge, 2011, p. 55-71.

PRIDHAM, G. "Confining Conditions and Breaking with the Past: Historical Legacies and Political Learning in Transitions to Democracy". *Democratization*, vol. 7, nº 2, 2000, p. 36-64.

SARIGIL, Z. "Europeanization as Institutional Change: the Case of the Turkish Military". *Mediterranean Politics*, vol. 12, nº 1, 2007, p. 39-57.

TESSLER, M. e ALTINOGLU, E. "Political Culture in Turkey: Connections Among Attitudes Toward Democracy, the Military and Islam". *Democratization*, vol. 11, nº 1, 2004, p. 21-50.

10. A política do passado: América Latina e Europa do Sul em perspectiva comparada

Alexandra Barahona de Brito e Mario Sznajder[1]

Este capítulo faz uma análise comparada da forma como seis países — três na Europa do Sul e três na América Latina — se confrontaram com o legado de violações dos direitos humanos durante o período autoritário, na transição para a democracia e posteriormente. As três transições da Europa do Sul (na Grécia, em Portugal e na Espanha), ocorreram antes de o tema dos direitos humanos se ter tornado uma referência em termos nacional e internacional. Por essa e outras razões, a questão de como lidar com um passado de repressão foi diferente da forma como o assunto foi enquadrado na Argentina, no Uruguai e no Chile.

Na Grécia, a política adotada consistiu em punir por traição os coronéis que tinham chefiado a Junta;[2] em Portugal, houve um amplo processo de saneamento — em grande parte à margem da

---
[1] Mario Sznajder foi coautor deste capítulo enquanto fazia pesquisa no Instituto para Estudos Avançados da Universidade Hebraica de Jerusalém, para um projeto de debate da cidadania liberal democrática na América Latina, em 2009.
[2] PSOMIADES, 1982; ALIVIZATOS e DIAMANDOUROS, 1997; ROEHRIG, 2002; FLEISCHER, 2006; SOTIROPOULOS, 2007.

lei —, liderado pela esquerda;[3] e, na Espanha, a política escolhida foi de amnésia institucionalizada.[4] Na Argentina, houve julgamentos apoiados pelo governo e a criação de uma comissão da verdade, que foram seguidos de tentativas de limitar a instauração de processos criminais, através de políticas de compensação e da inversão das tentativas para conceder anistia aos responsáveis por violações dos direitos humanos.[5] No Uruguai, foram instituídas comissões parlamentares para investigar maus-tratos, e em 2011 foi estabelecida uma comissão da verdade pelo Poder Executivo, mas foi aprovada uma lei para eximir os infratores de processos criminais.[6] Aqui, como na Argentina e no Chile, as organizações de direitos humanos desempenharam um papel-chave em "contar a verdade" e, em conjunto com partidos da esquerda, continuaram a pressionar para que se fizesse justiça. Por fim, no Chile, dada a lei de anistia existente e as limitações impostas por condições transicionais muito restringidas, houve apenas justiça limitada, uma comissão da verdade e políticas de compensação.[7]

Embora o contexto internacional e regional ajude a explicar o enquadramento da questão e as expectativas e ações dos vários atores envolvidos, é essencial perceber como as condições internas moldaram esses processos. Depois de um breve relato do que aconteceu em cada país, examinamos as condições domésticas em cada caso, mais especificamente a forma como o contexto transicional, os legados autoritários e os legados históricos mais

---

[3] PINTO, 1998, 2001, 2008; CAMPILLO, 2002; RAIMUNDO, 2007.
[4] HUMLEBAEK, 2005, 2006; AGUILAR FERNÁNDEZ, 2008; ENCARNÁCION, 2008; MURO e ALONSO, 2011.
[5] CONADEP, 1986; BRYSK, 1994; MALAMUD-GOTI, 1996; NINO, 1996; FEITLOWITZ, 1998; RONIGER e SZNAJDER, 1999; OSIEL, 2001; ACUÑA, 2006.
[6] WESCHLER, 1990; SERPAJ, 1992; BARAHONA DE BRITO, 1997; RONIGER e SZNAJDER, 1999.
[7] BARAHONA DE BRITO, 1997; RONIGER e SZAJDER, 1999; BIGGAR, 2003; ACUÑA, 2006. Existe uma bibliografia extensa sobre os seis casos aqui analisados e temos consciência de que estamos a ser extremamente seletivos. Para uma bibliografia mais completa sobre esses países, ver o levantamento bibliográfico em BARAHONA DE BRITO (2001), disponível online em www.peacemakers.ca/bibliography e www.polisci.wisc.edu/tjdb/bib.htm.

amplos, bem como as condições regionais e internacionais moldaram a "justiça de transição".

As políticas de justiça de transição são apenas o primeiro episódio daquilo que pode, em sentido mais lato, ser chamado "política da memória".[8] Saber se os países enfrentam o passado através de julgamentos, comissões da verdade, saneamentos, indenizações ou anistias (ou uma combinação desses meios) não encerra definitivamente a questão. De fato, o passado não desaparece: haverá contínuos "ciclos da memória"[9] pontuados por "irrupções de memória"[10] quando se fizerem tentativas de enterrar o passado ou de institucionalizar a amnésia. Na quarta seção, discutimos as políticas da memória e como elas estão associadas com os esforços da justiça de transição. Concluímos com algumas observações exploratórias sobre a problemática das políticas para lidar com o passado tal como foram aplicadas durante a transição para a democracia e posteriormente.

Europa do Sul

Grécia

A justiça de transição não era uma prioridade para o governo de unidade nacional de Konstantinos Karamanlis de 1974, que se concentrou primeiramente em estabilizar a situação política e as relações com a Turquia, após a crise de Chipre, e na preparação para integrar a Comunidade Europeia. Contudo, o governo instituiu de fato saneamentos para limpar as instituições do Estado, as empresas públicas e funcionários locais em cargos por nomeação. Nas Forças Armadas, cerca de quinhentos oficiais foram forçados

---

[8] Ver PINTO, neste livro, para questões de definição.
[9] BARAHONA DE BRITO, 2011.
[10] WILDE, 1999.

à reforma antecipada e entre seiscentos e oitocentos foram transferidos, incluindo 14 generais e 12 brigadeiros. Também na polícia e nas forças de segurança, os oficiais superiores foram substituídos, transferidos ou passaram à reforma. No sistema judicial, o saneamento foi muito suave (apenas 23 juízes foram punidos), enquanto na área da Educação 78 dos 92 professores universitários cujos casos foram revistos tiveram processos disciplinares, sendo alguns demitidos.

O governo não instigou julgamentos porque não queria perturbar os militares, mas foi forçado a isso quando cidadãos particulares instauraram processos judiciais. Os chamados "Julgamentos da junta" realizaram-se durante 1974 e 1975. Os chefes da junta militar foram condenados com pena de morte (mais tarde comutada para prisão perpétua) por traição e motim. Cerca de 184 pessoas do Exército, da polícia e da guarda foram julgadas e 113 foram condenadas.

Portugal

Em Portugal, houve um amplo processo de saneamento que atingiu autoridades locais, o aparelho do Estado, os meios de comunicação social e a elite empresarial. Esse processo adquiriu ritmo durante 1974-1975, no contexto de uma crise de Estado e de uma mobilização da esquerda revolucionária, quando as instituições democráticas ainda não tinham emergido. O governo criou comissões para preparar processos criminais contra antigos agentes da polícia e uma outra comissão para efetuar um saneamento limitado dos órgãos do Estado; mas a pressão popular e da esquerda em breve fez que o processo fosse alargado. Com efeito, a legislação que regulava as comissões — que continuaram até 1976 — estava constantemente a ser alterada, acompanhando a radicalização do movimento de saneamento.

A instituição mais afetada foi a militar. Em dezembro de 1974, tinham sido saneados trezentos oficiais de todas as patentes. Os efeitos variaram dentro do resto do aparelho de Estado, embora se estime que cerca de 4.300 funcionários públicos tenham sido saneados até o fim de 1974. A instituição menos atingida foi a judicial. Dos 500 juízes em funções, 42 foram afastados. Com respeito à elite empresarial, cerca de 2% foram saneados das empresas que foram nacionalizadas, ao mesmo tempo que perto de 19% abandonaram os seus postos.[11]

Apesar da severidade do processo de saneamento, com a normalização da situação política e o estabelecimento de instituições democráticas estáveis, os seus efeitos foram parcialmente invertidos através de um processo de reintegração que foi conduzido pela Comissão de Análise de Recursos de Saneamentos e de Reclassificação (CARSR). Não obstante, embora muitos fossem reintegrados entre 1976 e 1980, a grande maioria nunca recuperou os lugares estratégicos que tinha ocupado anteriormente.[12]

Espanha

A Espanha optou pela anistia e por uma amnésia institucionalizada com respeito às irregularidades cometidas por ambos os lados durante a Guerra Civil e a ditadura de Franco. O rei Juan Carlos emitiu um perdão geral em novembro de 1975, foi aprovada uma anistia geral para todos os presos políticos em julho de 1976 e, em outubro de 1977, o Parlamento aprovou uma lei de anistia que abrangia todos os outros grupos. Em questão voltou a emergir em 1979, quando o governo legislou sobre pensões para antigos oficiais republicanos e suas viúvas. Em nível local, houve várias iniciativas para "recuperar a memória histórica" e comemorar as vítimas, incluindo a abertura de valas comuns e a realização de funerais oficiais. No entanto, com o gorado *putsch* da direita, em fevereiro de 1981, e os receios renovados das consequências negativas de

---
[11] BRANCO e OLIVEIRA, 1993.
[12] PINTO, 2011.

uma violação do "pacto de silêncio", todas as iniciativas daquele tipo pararam.

Em setembro de 1999, o Parlamento da Espanha discutiu, pela primeira vez, a publicação de uma declaração a condenar a Guerra Civil e a ditadura, uma medida que foi aprovada em novembro de 2002. Contudo, foi apenas depois da eleição do Partido Socialista liderado por José Luis Rodríguez Zapatero, em 2004, que o passado reapareceu mais cabalmente na agenda política espanhola. A lei da memória histórica, que foi aprovada em 2007, reconhecia as vítimas de ambos os lados na Guerra Civil, condenava o regime de Franco, proibia as ações simbólicas de rememoração instituídas sob Franco e concedia cidadania espanhola aos membros sobreviventes das Brigadas Internacionais. Na sequência dessa iniciativa, as associações das famílias das vítimas da ditadura levaram as suas queixas à justiça. Embora os processos judiciais não tivessem êxito (foi aplicada a anistia), a exumação de corpos das valas comuns continuou. Assim, depois de décadas de "silêncio" sobre o passado, a Espanha tornou-se um novo tipo de exemplo: de como o passado ressurgirá quando existe um acordo inicial de o "esquecer".

América Latina

Argentina

O legado de violações de direitos humanos foi uma questão central na transição e na consolidação da democracia na Argentina, dada a amplitude sem precedentes da repressão sob o regime militar (1976-1983) e porque a nova elite democrática viu a transição como uma oportunidade histórica de transformar a Argentina numa sociedade pluralista, democrática e tolerante.[13]

---
[13] GIUSSANI, 1987, p. 200-205.

O novo governo democrático dirigido pelo presidente Alfonsín adotou uma política de duas vertentes, de "verdade" e "punição". A administração revogou a autoanistia dos militares e apelou para o tribunal federal de recurso para instaurar processos ao estilo de Nuremberg contra as altas patentes. Em dezembro de 1985, o tribunal considerou quatro dos acusados não culpados e condenou os outros cinco a penas de prisão.[14] O presidente criou também uma notável comissão da verdade, a Comisión Nacional sobre la Desaparición de Personas (CONADEP), que produziu um relatório com grande sucesso com uma descrição pormenorizada da repressão e do desaparecimento de perto de 9 mil pessoas. Essas medidas, porém, dividiram a sociedade: os militares começaram a pressionar no sentido de se pôr fim a todos os processos judiciais; e as vítimas e os ativistas de direitos humanos apressaram-se a avançar com processos criminais contra os violadores dos direitos humanos. Confrontado com uma agitação crescente, o presidente Alfonsín promulgou a Lei de Ponto Final em 1986. Esta não conseguiu conter a vaga de ações judiciais e, por fim, provocou a primeira de uma série de rebeliões militares, pelo que o governo aprovou a Lei de Obediência Devida (*Ley de Obediencia Debida* de 1987) para eximir todos os oficiais de patentes inferiores de processos criminais.

Com a eleição do presidente Menem, em julho de 1989, o recurso à Justiça continuou em ritmo veloz. Em nome da reconciliação nacional, Menem perdoou todos os oficiais das Forças Armadas e membros da guerrilha e concedeu compensações financeiras às vítimas da repressão. Apesar dos seus esforços para remover do domínio público a violência do passado, a questão voltou à superfície e conduziu a um debate renovado em 1995, quando um capitão reformado da Marinha, Adolfo Scilingo, admitiu publicamente que

---

[14] Para os processos judiciais, consultar a seção sobre a Argentina em www.desaparecidos.org. Os processos do tribunal federal de recurso foram descritos no *Diario del Juicio* entre maio de 1985 e janeiro de 1986, com vendas semanais de 250 mil exemplares.

a Marinha tinha despejado corpos de presos políticos de aviões sobre o Atlântico durante os anos de 1976-1977.[15] Três anos mais tarde, congressistas de diferentes filiações políticas apresentaram com sucesso uma moção para revogar as leis de Ponto Final e de Obediência Devida. Decisões dos tribunais em 2001 e 2003, posteriormente confirmadas pelo Supremo Tribunal, declararam todas as leis de anistia inconstitucionais e em violação do direito internacional.

O reconhecimento do "direito à verdade" no direito internacional e de que os desaparecimentos e raptos de crianças eram crimes contra a humanidade (que não têm prazo de prescrição e não podem ser anistiados) abriu amplas novas vias judiciais e, por esses crimes, foram instaurados processos civis e criminais contra oficiais. Ainda hoje estão a decorrer julgamentos e prosseguem os esforços para esclarecer o destino de cada pessoa desaparecida, ao mesmo tempo que continuam outras medidas simbólicas de reparação e rememoração. No caso da Argentina, parece fazer sentido a ideia de que a ausência de um encerramento legal, político e administrativo do legado de violações de direitos humanos gera crises recorrentes muitos anos depois da transição para a democracia e representa um obstáculo a uma democratização mais profunda.

Uruguai

A transição do Uruguai para a democracia foi negociada entre os militares e a oposição civil, em 1984, com o "Pacto do Clube Naval", que concedia imunidade a todos os membros militares e das forças de segurança que tinham obedecido a ordens. Com a institucionalização da democracia, a maioria dos presos políticos foi libertada, foi criada uma comissão nacional para ajudar na repatriação e reintegração social dos exilados, e funcionários públicos anteriormente saneados foram reintegrados.

---
[15] VERBITSKY, 2004.

Em abril de 1985, duas comissões parlamentares iniciaram uma investigação sobre o assassínio de dois congressistas e o desaparecimento de mais de 150 pessoas durante a ditadura. Contudo, a classe política, encabeçada pelo presidente Sanguinetti, preferiu aprovar, em dezembro de 1986, a Lei da Caducidade, que concedia às forças de segurança imunidade relativamente a processos judiciais. Foi criada uma comissão nacional pró-referendo para reunir assinaturas a fim de submeter aquela lei a referendo popular. O referendo realizou-se em abril de 1989 e a lei foi ratificada com uma margem estreita, por 56,6% de votos, contra 43, 2% a favor da sua anulação. Quanto a contar a verdade, uma organização de direitos humanos, o Serviço Paz e Justiça do Uruguai (SERPAJ — Servicio Paz y Justicia de Uruguay), publicou o relatório *Nunca Más* em 1989, mas não teve grande impacto político. Perante a contínua pressão da opinião pública, em agosto de 2000 foi instituída uma Comissão de Paz pelo poder executivo, presidida pelo arcebispo Nicolás Cotungo, que funcionou durante dois anos, e investigou os duzentos desaparecimentos da época ditatorial. A comissão publicou um relatório em abril de 2003, com informação sobre a era repressiva, e que recomendou a criação de um Secretariado de Seguimentos para promover normas legais sobre o desaparecimento e recomendar uma política de compensação monetária e simbólica. As conclusões do relatório foram adotadas oficialmente pelo governo por decreto em 2003.

Depois da eleição, em 2005, da Frente Ampla de esquerda, foram empreendidas novas iniciativas para revogar o que os seus detratores chamavam a "lei de impunidade" de 1986. Em 2005, foram levadas à Justiça acusações criminais contra o antigo presidente Bordaberry e o seu ministro dos Negócios Estrangeiros, Juan Carlos Blanco, pelo assassínio dos congressistas Gutiérrez Ruiz e Michelini e de antigos membros do grupo de guerrilha Tupamaros. Até hoje, porém, o Uruguai viu pouca justiça e apenas uma responsabilização muito parcial pela repressão sob o poder militar.

Chile

O Chile beneficiou-se em ser o último país da América Latina a redemocratizar-se, pois isso permitiu-lhe aprender com os erros dos seus vizinhos. Em contraste com a Argentina, o Uruguai e o Brasil, o Chile enfrentou a transição para a democracia num contexto de relativa prosperidade e crescimento econômico. A grande comunidade de exilados chilenos regressou a casa com as lições aprendidas noutras paragens sobre a necessidade de grandes coligações para se chegar a um consenso político e gerar estabilidade. Apesar de algumas reformas constitucionais terem sido negociadas depois de o regime perder o plebiscito de 1988, a Constituição de 1980 estabelecia uma democracia limitada, com o general Pinochet a permanecer como comandante supremo das Forças Armadas. No entanto, houve igualmente um movimento muito forte pelos direitos humanos, com ligações estreitas com forças democráticas e a Igreja Católica, por isso os direitos humanos emergiram como questão central na transição.

Ao tomar posse, o novo governo democrático de Patricio Aylwin, da Coligação de Partidos pela Democracia (CPPD), empreendeu uma série de ações simbólicas para enfrentar o legado da repressão, criou uma comissão da verdade, que publicou um relatório com os pormenores da repressão e das suas vítimas, e adotou medidas para compensar as vítimas, reintegrar funcionários públicos anteriormente saneados e para a reinserção de exilados. Contudo, a lei de anistia de 1979 e o poder de enclaves autoritários e das Forças Armadas obstruíam a justiça. Casos excepcionais que não estavam abrangidos pela lei de anistia, como o assassínio do antigo embaixador Letelier em Washington, foram julgados, mas a regra geral era de impunidade. Em outubro de 1998, o equilíbrio alterou-se, quando o general Pinochet foi detido em Londres. Esse acontecimento reabriu a questão dos direitos humanos e, embora o antigo ditador acabasse por escapar ao julgamento e regressar ao Chile, perdeu a imunidade de senador, ficou sob prisão domiciliar depois de ser acusado dos crimes de tortura e rapto e foi-lhe negado um funeral com honras de Estado quando morreu, em 2006. Além disso, foi iniciado um diálogo (Mesa de Diálogo) entre a Igreja, os militares e organizações de direitos humanos, como parte do esforço do governo para esclarecer o destino dos desaparecidos e para acabar com os enclaves autoritários e a impunidade.

Fatores que moldam a justiça de transição

Contexto transicional

Um aspecto central é o equilíbrio de poder ou correlação de forças entre os que apoiam e os que se opõem à justiça de transição. Quanto mais a transição envolve a derrota da antiga elite autoritária e dos repressores mais amplo é o espaço para as políticas de verdade e justiça. As transições por ruptura, como a portuguesa, a grega e a argentina, proporcionam o maior espaço de ação, em particular se existe uma derrota numa guerra (Chipre para a Grécia, a guerra colonial para Portugal e a Guerra das Malvinas/Falklands para a Argentina). As transições negociadas, como a do Uruguai, dão em geral menor espaço de manobra, dado que as forças do regime autoritário ainda detêm poder e as elites democratizadoras devem aproveitar habilmente as oportunidades de alterar o equilíbrio a seu favor. No entanto, as transições raramente seguem modelos teóricos e, entre os dois extremos, há um espectro muito variado de situações transicionais, que podem incluir elementos de ambos os contextos.

A explicação do equilíbrio de poder, porém, é apenas um ponto de partida. Na verdade, algumas transições negociadas altamente constrangidas produzem uma comissão de verdade e julgamentos (Chile) e há transições por ruptura que tiveram poucos desses frutos (Portugal). Mais, o equilíbrio de poder não permanece inalterado, mesmo dentro do que é definido como "período de transição". Com o passar dos anos vai-se alterando, e por vezes altera-se dramaticamente, seja a favor dos que perseguem a justiça seja dos que procuram proteger-se a si próprios de quaisquer ações punitivas. Na Argentina, por exemplo, os militares foram derrotados e desmoralizados no início do período de transição, mas posteriormente recuperaram o suficiente para obrigar o governo civil a recuar e limitar o alcance das anteriores políticas punitivas. Em Portugal, outra transição por ruptura, os saneamentos terminaram quando as forças mais moderadas de esquerda e centro-esquerda ganharam o controle da arena política, marginalizando os militares e os grupos de extrema-esquerda que tinham dominado o processo durante o período revolucionário da transição.

Assim, temos de olhar para outros fatores. Um elemento-chave são as lealdades políticas e os valores dos novos líderes e partidos políticos, que podem promover a verdade e a justiça e superar os obstáculos estruturais ou contextos transicionais limitados, ou podem reforçá-los. Os revolucionários (como em Portugal) podem centrar-se na mudança social radical em vez da reforma e estar menos preocupados com questões processuais; os democratas moderados terão mais atenção aos princípios do Estado de direito e, se estiverem estreitamente aliados aos grupos de direitos humanos e associações de vítimas, é mais provável que pressionem no sentido da verdade e da justiça; se os novos líderes democráticos se concentrarem simplesmente na forma menos conflituosa de negociar a retirada dos outros, podem não querer abrir aquela caixa de Pandora, como no Brasil; e, se o novo governo está próximo dos antigos repressores, caso do Uruguai, pode resistir ativamente a tais políticas.

A comparação entre o Uruguai, a Argentina e o Chile ilustra esse ponto. No Uruguai, o Pacto do Clube Naval, os laços do presidente com o antigo comandante geral do Exército e a falta de ligação política com os grupos de direitos humanos e das vítimas levaram Sanguinetti a evitar quaisquer medidas punitivas. Na Argentina, o desejo do presidente Menem de se dissociar dos visíveis excessos e falhanços da administração Alfonsín e de amansar os militares também conduziu a uma reversão das políticas punitivas. No Chile, pelo contrário, a forte ligação do presidente Aylwin e do seu partido a uma Igreja Católica ativista e a um movimento de direitos humanos resultou numa insistência em enfrentar o passado ("verdade e justiça sempre que possível"), mas também numa política que privilegiava o diálogo e a reconciliação, acima da punição. A recente eleição de governos de "esquerda" também veio alterar a disponibilidade do Estado para apoiar a política de verdade e justiça. É o caso do Brasil (com a eleição de Lula do PT), mas também da Argentina (Kirschner) e Uruguai (Frente Ampla).

As políticas também variam de acordo com o que os atores políticos e sociais esperam alcançar. As motivações e objetivos diferem, o mesmo acontecerá com as políticas. Se a estabilidade e acomodação com poderosas elites autoritárias são prezadas acima de tudo, poderá optar-se pela verdade sem justiça; uma abordagem voltada para a vítima pode resultar num processo mais participativo, como o que foi encontrado na África do Sul; uma política focada no perpetrador pode levar a mais ações punitivas, tais como saneamentos e julgamentos; propósitos de dissuasão podem resultar em mais políticas retributivas do que quando o ideal é a reconciliação; se ambos forem igualmente enfatizados, pode significar que haverá programas para promover educação para os direitos humanos nas escolas e academias militares. Também pode haver uma combinação de diferentes políticas e essas virem a mudar ao longo do tempo, dependendo de uma alteração das circunstâncias políticas e constrangimentos e de evoluções na esfera pública internacional e nas normas internacionais ou regionais. Tal como acima referido, novos governos e coligações diferentes podem inverter políticas previamente estabelecidas.

A disponibilidade de recursos institucionais, humanos e financeiros é igualmente crucial para a definição da qualidade das políticas de justiça de transição e para a capacidade do governo e a conveniência de as aplicar. Os saneamentos podem ser desaconselháveis quando não existem novos quadros para substituir os que são saneados, bem como se não houver recursos para conceder ao pessoal saneado algum tipo de pensão, a fim de evitar futuras tensões sociais. Em Espanha, um saneamento de militares e polícias era desaconselhável porque não existia mais ninguém disponível para combater a ameaça terrorista do movimento separatista basco. Do mesmo modo, embora os militares gregos ficassem amplamente desacreditados, a seguir à derrota em Chipre, as contínuas tensões com a Turquia desencorajaram o seu saneamento, dado que isso teria enfraquecido as estratégias de defesa do país.

Legados de ditadura

As condições herdadas do período ditatorial também são determinantes para a forma como essa questão é tratada e da posição assumida pelos protagonistas durante a transição. Um legado de oposição fraca ou mesmo ausente pode significar que partidos ditatoriais renovados cosmeticamente estão em posição de tomar o poder depois de o antigo regime cair. No caso de Portugal, a existência de uma oposição clandestina e organizada, de esquerda, em posição de assumir a liderança na sequência do golpe de 1974 moldou decisivamente a política de transição e o processo de saneamento. Se é herdado do período de ditadura um movimento forte de defesa dos direitos humanos, com uma agenda clara e consistente em prol da verdade e da justiça, e uma sociedade com tradição de participação, isso pode impedir que uma elite mais cautelosa legisle o "fechamento" (como na Argentina e no Chile) e pode manter "a memória" viva quando as autoridades do Estado resistem à responsabilização (como a ARMH — Associação para a Recuperação da Memória Histórica, criada em Espanha em 2000). Pelo contrário, se a sociedade civil permanece fraca e apática ou, para além de um desejo imediato de vingança, indiferente a noções mais latas de verdade e justiça, as políticas de responsabilização podem manter-se totalmente ausentes, como sucedeu durante muito tempo em Espanha, ou serem utilizadas de modo sectário por grupos rivais da elite, como em Portugal.

Legados de legislação, constitucionais e institucionais, também são importantes. Leis de anistia herdadas (como no Brasil) ou enclaves autoritários e limites constitucionais à ação do governo (Chile) podem impedir o caminho à responsabilização e tornar-se obstáculos à verdade e à justiça — em particular, quando afetam as instituições judiciais. Legados intramilitares têm igualmente um papel decisivo. Na Grécia, por exemplo, os generais apoiaram a criminalização dos coronéis, de modo que a instauração de processos judiciais foi facilitada.

Também a natureza da repressão autoritária é importante. Se as vítimas eram executadas às claras ou se a política era de prolongadas detenções maciças e tortura, a necessidade de "revelar" a verdade pode não ser tão importante como nos casos em que as ações repressivas eram clandestinas ou em que se fazia desaparecer pessoas. Se grupos não estatais se opunham violentamente à ditadura e também faziam vítimas, isso pode enfraquecer a legitimidade dos esforços para punir apenas forças governamentais. Ter havido uma guerra civil antes da ditadura pode reduzir o desejo das elites democratizadoras de promover a punição, em particular quando a ditadura é vista como tendo posto fim a um período de violência e caos. Repressão que afeta muitos milhares, em vez de centenas, pode tornar o processo de verdade e as compensações muito difíceis, como em Espanha. Se uma ditadura produz muitos exilados, isso pode contribuir para que o que aprenderam no estrangeiro seja aplicado em casa quando os exilados regressam e participam no processo de democratização. A influência da vida em países comunistas (particularmente, na antiga Alemanha do Leste) e o impacto da transição espanhola e do *compromesso storico* (compromisso histórico) de Itália sobre vários grupos de exilados chilenos são disso um exemplo claro.

A duração e a inovação institucional de um regime autoritário também devem ser levadas em conta. Nenhuma ditadura pode manter-se por um longo período de tempo sem institucionalização e sem ganhar alguma forma de apoio popular e legitimidade pública e internacional. Quanto mais duradoura e bem-sucedida a ordem autoritária, mais permeará o Estado e outros grupos sociais de instituições segundo os valores da ditadura, e mais enformará os interesses econômicos. Quanto mais prolongada e institucionalizada uma ditadura, mais difícil se tornará estigmatizar os grupos sociais e instituições que participaram na velha ordem. Uma ditadura longa e bem institucionalizada tem geralmente um maior grau de legitimidade residual, com mais gente a identificar-se com a ideologia do regime e a justificação da repressão. Tal ditadura também terá apoio social quando um número significativo de pessoas acredita que ela veio pôr fim a um período anterior de caos e medo. Na ausência de saneamentos completos, as políticas de justiça de transição terão de ser postas em prática por funcionários públicos que fizeram a sua carreira sob a velha ordem e é possível que lhes ofereçam resistência, visto que aquelas irão pôr em causa as suas ações passadas e práticas institucionais estabelecidas. Antigos apoiantes podem dar a volta rapidamente e cooperar com a nova democracia a fim de sobreviverem, mas não serão entusiastas a respeito da justiça de transição. Uma análise pormenorizada dos vencedores e vencidos em situações de ditadura pode permitir obter uma compreensão sólida das transições para a democracia, tanto em termos da justiça como em termos da memória.

Legados históricos

Políticas transicionais de responsabilização não nascem no vazio: têm fundamentos históricos e são específicas de cada país. Por isso, devemos olhar também para padrões históricos mais amplos, pois as soluções também estão condicionadas pela experiência e memória de acontecimentos e desenvolvimentos do passado. Num país com uma tradição democrática e de Estado de direito e uma cultura política fracas e com uma sociedade civil fraca e amedrontada podem verificar-se menos reivindicações sociais de responsabilização. Uma experiência histórica negativa de governação democrática ou experiências falhadas de liberdade política a culminar em violência ou num conflito civil prolongado desencoraja a vontade de "testar os limites da liberdade", desafiando os enclaves autoritários e punindo os culpados de violações dos direitos humanos.

Sociedades historicamente habituadas a níveis elevados de violência podem experimentar uma reação como que anestesiada à repressão do passado e diminuir as exigências de punição e responsabilização. Pelo contrário, uma experiência histórica positiva de democracia pode significar que as forças autoritárias definham mais depressa, criando maiores oportunidades de responsabilização. Noutros contextos, as reações podem ser mais fragmentadas: diferentes setores sociais reagirão de modos diversos. Dependendo da sua capacidade de arranjar recursos, dos sistemas de interesses políticos e da experiência de repressão, as exigências de justiça de transição podem provir de setores sociais de menores rendimentos ou mais abastados e, depois, podem denotar diferentes graus de persistência e articulação política.

Existe um paradoxo na forma como isso funciona: quanto mais sólida e prolongada a experiência passada de democracia, mais provável é que as pessoas se sintam indignadas perante abusos civis e políticos, dado que as expectativas de justiça estão historicamente entranhadas e, portanto, a exigência de políticas de verdade e de justiça pode ser maior. Em suma, quanto mais democrático o passado de um país, quanto menor a violência social, mais provável é que a verdade e a justiça ganhem audiência. Assim, não raro, os que têm histórias traumáticas mais violentas, que necessitam mais de verdade e justiça, alcançam menos nesse domínio.

Têm igualmente peso a história e prestígio das instituições. Na Grécia e em Portugal, por exemplo, o sistema judicial escapou com relativa facilidade aos processos de saneamento devido ao papel destacado da profissão jurídica dentro da elite política e econômica (Portugal) e porque o poder judicial teve um papel decisivo no regime semidemocrático e anticomunista entre o fim da Segunda Guerra Mundial e o golpe dos coronéis (Grécia). Nos casos da América Latina, os sistemas judiciais alinhavam-se geralmente com qualquer que fosse o governo no poder, quer militar quer civil. Durante as transições para a democracia, isso ficou ilustrado num extremo pelo Supremo Tribunal da Argentina, que julgou os membros da junta, e, no outro extremo, pela magistratura chilena, que era nomeada pelo poder militar para longos exercícios de funções nos tribunais superiores.

Para dar outro exemplo, a história da Igreja Católica institucional pode ter um impacto negativo ou positivo na justiça de transição, dependendo dos seus laços com a elite ou das mudanças operadas no seu seio pelo Concílio Vaticano II. Na Argentina, por exemplo, sólidas ligações aos militares e uma reação encarniçadamente conservadora às mudanças da política do Vaticano nos anos 1960 e 1970 significaram que o papel da Igreja Católica foi bastante negativo, ao passo que, no Chile e no Brasil, a inversa foi verdadeira. No Chile, a Igreja desempenhou um papel importante na criação de um forte movimento pelos direitos humanos e em tornar a responsabilização transicional uma questão que se prendia mais com verdade e "reconciliação" do que com punição; e, no Brasil, foi o principal promotor da elaboração do relatório *Nunca Mais*.

A dimensão internacional

Os processos de responsabilização também são modelados pelo contexto internacional mais alargado. As transições que ocorreram antes da "'revolução dos direitos humanos", iniciada em patamar internacional no fim dos anos 1970, não se beneficiaram do discurso universalizador dos direitos humanos e, sob as condições da Guerra Fria, uma esquerda centrada nos direitos sociais e econômicos defrontava os que defendiam direitos civis e políticos ditos "burgueses", muitas vezes empenhados em derrotar o "totalitarismo comunista". Assim, a justiça de transição não era de modo nenhum concebida em termos de direitos humanos: em Portugal, foi um exercício de "justiça revolucionária" e, na Grécia, dizia respeito a punir oficiais insubordinados de média patente por crimes contra "o povo" e a ordem constitucional. Porque não existia nenhuma legislação contra a tortura, os acusados foram condenados por conspiração (nos casos dos líderes do golpe) e alta traição.

A revolução dos direitos humanos e o fim da Guerra Fria alteraram esse contexto dramaticamente, de modo que as transições de finais dos anos 1980 e dos anos 1990 foram enquadradas em termos de justiça por violações dos direitos humanos e organizações transnacionais de direitos humanos, tribunais estrangeiros, tribunais internacionais e missões das Nações Unidas (ONU) foram cruciais em vários processos de responsabilização transicional. A esfera pública internacional desempenhou um papel central tanto nos processos de democratização como na busca de soluções para o legado de violações dos direitos humanos. Em alguns países, se não fosse a dimensão internacional ou transnacional, teria havido uma política muito mais limitada de responsabilização, ou mesmo nenhuma.

A detenção do general Pinochet em Londres, por exemplo, alterou o equilíbrio de forças a favor dos que procuravam justiça pelas violações passadas dos direitos humanos no Chile.[16] Não é provável que tal alteração tivesse ocorrido simplesmente como resultado apenas da dinâmica da vida política chilena. Na Gua-

---

[16] BARAHONA DE BRITO, 2003; DAVIS, 2003; ROHT ARRIAZA, 2006.

temala, a Comissão de Clarificação Histórica, que produziu um relatório muito abrangente sobre as violações dos direitos humanos durante o longo período de guerra civil, foi o resultado de uma iniciativa patrocinada pela ONU, organização que também teve um papel central no processo de paz.

O efeito de "aprendizagem por contágio" é igualmente importante, uma vez que sociedades em democratização recente utilizam o conhecimento ou o know-how herdado de transições anteriores. Comissões da verdade apoiadas pelos governos viajaram da América Latina para a África do Sul, seguindo os exemplos da Argentina e do Chile; os saneamentos alemães constituíram um modelo para a Europa do Leste. Na América Latina, o efeito de aprendizagem por contágio foi intensificado pelos efeitos transnacionais da repressão coordenada entre Estados, de que o exemplo mais famoso foi a Operação Condor.

Nem todos os fatores são previsíveis. A sorte, ou *fortuna* — para usar o termo de Maquiavel —, também tem a sua quota-parte, como em todas as outras situações humanas. Nada ilustra melhor esses casos do que a prisão do general Pinochet (embora alguns acrescentassem *hubris* a *fortuna* para explicar o sucedido). Essa visão geral dos fatores relevantes não é exaustiva, mas serve para mostrar a variedade de elementos que enformam a justiça de transição, e também para salientar como as especificidades nacionais e históricas importam. Isso deve acautelar-nos contra a adoção de modelos explicativos demasiado esquemáticos. O Quadro 10.1 compara os nossos casos de acordo com quatro dimensões detalhadas a seguir.

Quadro 10.1
As políticas do passado: a América Latina e a Europa do Sul em perspectiva comparada

País	Início da transição	Tipo de transição; contexto nacional e internacional	Políticas de verdade e de justiça de transição					Legados de ditadura	Legados históricos	Memória e Ciclos de irrupção de memória
			Comissão da verdade	Julgamentos	Saneamentos	Anistia	Compensações/ benefícios materiais			
Grécia	1974	"Ruptura" Guerra Fria Crise de Chipre/ conflito com a Turquia	Não	Julgamento da Junta	Sim	Não	Sim	Tortura, exílio Legados institucionais (exército, polícia)	Democracia polarizada após Guerra civil	

(cont.)

Portugal	1974	"Ruptura" Derrota nas guerras em África Guerra Fria/ membro da OTAN Perspectiva de entrada na CEE	Não	Não	Sim	Não	Sim. Antigos combatentes da Guerra colonial e antifascistas	Tortura, exílio, saneamentos, instituições ditatoriais	Ditadura prolongada	Museu memorial; alterações na toponímia; erupções ocasionais da memória
Espanha	1975	Negociada/ "Pactada" Guerra Fria Perspectiva de entrada na CEE	Não	Não	Não	Sim	Sim	Tortura, execuções; Legados institucionais (exército, polícia)	Ditadura prolongada após breve democracia polarizada e Guerra Civil	Movimento pela memória histórica; trabalho forense; ativismo judicial

Argentina	1983	Ruptura; derrota na Guerra das Malvinas/Falkland; Guerra Fria; era da revolução dos direitos humanos; início da democratização regional	Sim	Julgamentos da Junta; processos criminais individuais; tentativas de ações judiciais transnacionais	Não	Lei do Ponto Final, Lei da Obediência Devida (mais tarde revogadas)	Sim	Desaparecimentos; tortura; exilados; legados institucionais (exército, Igreja)	Repetidas intervenções dos militares na política.	Famílias ativas a partir da transição, produção literária, museus e locais de memória, irrupções (ex. caso Scillingo)
Uruguai	1985	Negociada/"Pactada"; Guerra Fria; era da revolução dos direitos humanos, início do processo de democratização regional	Comissões parlamentares de investigação; relatório não governamental da verdade	Não	Não	Lei da Caducidade (confirmada por plebiscito)		Tortura, alguns desaparecimentos, exilados, legados institucionais (exército)	Longa tradição democrática e cívica	Famílias e ONG de direitos humanos ativas a partir de 1985, Marchas Silenciosas, desde 1995, irrupções (rememoração do assassínio de Michelini/Gutiérrez)

(cont.)

| Chile | 1990 | Negociada/ "Pactada"; pós-Guerra Fria, era da revolução dos direitos humanos, democratização regional em curso, EUA pró-democracia | Sim (Comissão Rettig) | Sim. Processos criminais; tentativas de ações judiciais transnacionais | Sim (excluindo alguns casos) | Sim | Desaparecimentos, tortura, exilados, legados constitucionais, legados institucionais (judicial, militar, do sistema eleitoral) | Forte tradição constitucional | Famílias e ONG de direitos humanos ativas a partir de 1990, produção literária, locais de memória (Parque de la Memoria), irrupções (caso Pinochet) |

Fonte: Elaboração própria dos autores.

Para além da transição: a política da memória

A justiça de transição não é um acontecimento isolado e único, mas sim um processo que altera o seu rumo e se adapta a condições que vão evoluindo ao longo do tempo. O espaço de ação alarga-se ou diminui dependendo da capacidade das sociedades em democratização de expandirem ou aprofundarem a democracia em termos políticos, institucionais, sociais e ideológicos. A dominação bem-sucedida dos enclaves autoritários, o aumento ou declínio do ativismo em prol dos direitos humanos, o amadurecimento de prioridades políticas, a natureza mutável das coisas, prioridades e valores do sistema judicial, reformas legais e constitucionais, a acumulação de obrigações ou compromissos internacionais ou regionais no âmbito dos direitos humanos, tudo isso modelará o que será feito ao longo do tempo. As políticas de justiça de transição podem também adquirir vida própria se forem criadas instituições para desempenhar tarefas específicas, tais como localizar os desaparecidos, decidir quem deve receber compensações ou encontrar crianças desaparecidas. Essa dinâmica institucional, mais ou menos autônoma, significa que as políticas podem continuar a ser desenvolvidas, mesmo que haja indiferença ou hostilidade governamental ou social, à medida que as políticas de compensação se estenderem a categorias cada vez mais abrangentes de vítimas e à medida que os corpos de investigação descubram mais informações que conduzam a novos casos criminais.

Pode-se dizer que a "política da memória" é duas coisas. No sentido mais estrito, consiste em políticas de verdade e justiça na transição (memória oficial ou pública); tomada em sentido mais lato, tem a ver com o modo como a sociedade interpreta e se apropria do seu passado numa tentativa progressiva de moldar o seu futuro (memória social). As políticas sociais e culturais da memória são parte integrante de um processo de construção de várias identidades sociais, políticas ou coletivas que determinam a forma como diferentes grupos sociais encaram a política nacional e os objetivos que eles desejam perseguir para o futuro. A memória é uma luta por poder e para apurar quem vai conseguir decidir o futuro, pois o que as sociedades recordam e esquecem e o modo como o fazem determinam em grande parte as suas opções futuras. Mitos e memórias definem o alcance e a natureza da ação, reordenam a realidade e legitimam os detentores de poder. Tornam-se parte do processo de socialização política, ensinando às pessoas como entender a realidade política e ajudando-as a assimilar ideias e opiniões políticas. São transmitidos por figuras com autoridade, permitindo que um processo de aculturação e socialização una as pessoas que vivem dentro das fronteiras de um Estado. As memórias históricas e as recordações coletivas podem ser instrumentos para legitimar um discurso, criar lealdades e justificar opções políticas. A impossibilidade de assegurar um processo perfeito de verdade e justiça transicionais redunda em que, em maior ou menor medida, o passado continua a viver no presente. Surgem expressões para descrever os efeitos de acontecimentos passados nas culturas nacionais. A "síndrome de Vichy", na França, o "complexo do Vietnã", nos Estados Unidos, e os vários termos alemães para lidar com o passado e a culpa do passado, todos eles sugerem que o passado continua a ser um fardo sobre o presente.

Ciclos da memória

Como afirmado anteriormente, faz sentido considerar a verdade transicional como parte de contínuos "ciclos da memória". Durante uma transição, o primeiro ciclo gira frequentemente à volta de trazer para o grupo as vítimas do regime anterior. Novos ciclos se seguirão com mudanças geracionais e mudanças no ciclo político (mudanças de governo). Um grupo geracional ou político pode optar pela amnésia e por uma certa explicação do sucedido, enquanto outro pode decidir que é tempo de se fazer justiça e gerar uma nova narrativa do passado. Repressores derrotados podem ficar em silêncio durante um tempo, antes de reclamarem a legitimidade da sua perspectiva, com a publicação de memórias ou mesmo em alegações finais de defesa em sessões públicas dos tribunais (como na Argentina). Os partidos políticos e os sindicatos podem tecer uma narrativa particular do passado em que mitos heroicos de resistência podem ser contestados e modificados. No meio desses contínuos ciclos da memória, irá se descobrir o que Alexander Wilde designa por "irrupções",[17] que trazem esse processo contínuo para primeiro plano e iniciam novas dinâmicas e disputas em torno da memória.

No caso de Espanha, por exemplo, a "irrupção" da memória de 2000-2001 está associada à nova geração que emergiu dentro do Partido Socialista (PSOE — Partido Socialista Obrero Español) e a reivindicações sociais que surgiram com a mudança geracional. Os espanhóis falam da geração dos netos, que não viveram nem a Guerra Civil nem a ditadura e que, portanto, nunca foram socializados pela ditadura. A certa altura no tempo, começaram a contestar o silêncio que rodeava a Guerra Civil e a ditadura, exigindo saber o que tinha realmente acontecido.[18]

A prolongada ausência pública de política da memória não significa que as memórias não continuem a moldar as realidades sociais e políticas de modos sutis ou mais óbvios. Haja ou não justiça de transição, as memórias continuarão a ser reelaboradas e o seu significado renovado, nem que seja porque cada geração tem de encarar a ruptura de civilidade por si própria, pois as memórias são revistas para se ajustarem a identidades atuais.

Assim, podemos pensar na "justiça de transição" como uma disjunção no que é um processo contínuo gerador de constantes ciclos de construção da memória social. A literatura de Ciência Política tende a ver a justiça de transição como a única política de um novo regime democrático que serve para cortar com o passado e reinserir

---

[17] WILDE, 1999.
[18] HUMLEBAEK, neste livro.

o país na "família moral das democracias". Essa perspectiva é claramente a melhor para compreender a política de verdade e justiça como parte da política de transição, mas tem menos utilidade para compreender como os esforços de justiça de transição se integram em contínuos esforços sociais mais alargados para compreender o passado de modo a construir um novo sentido de comunidade política.

A construção da memória social é um processo que está a acontecer ao longo do tempo. Em tempos de paz, as sociedades tomam por certo que há um consenso sobre os valores fundamentais que unem a comunidade, por isso a construção da memória não precisa de dar ênfase aos valores fundadores — eles estão simplesmente ali — e, embora existam conflitos latentes, esses podem permanecer em grande medida não explícitos na corrente dominante da construção da memória. Ao contrário, quando o consenso é quebrado e sobrevém violência, os valores fundadores têm de ser reafirmados e revistos de forma explícita, sobretudo porque as pessoas necessitam de perceber as linhas latentes de clivagem que levaram à quebra de civilidade, ou de enfrentar o colapso dos valores fundamentais que sustentavam o consenso preexistente sobre o que constituía "a boa sociedade". Então, em vez de ser um exercício único, a justiça de transição envolve uma mudança qualitativa (disjunção) num processo de construção da memória que é contínuo. Por isso, adquirimos um novo sentido, mais historicizado, de padrões de continuidades e descontinuidades na construção da memória como processo social contínuo quando examinamos o que está a acontecer nas sociedades em transição.

Conclusões

Como a discussão acima demonstra, os países enquadrarão a questão da justiça de transição e enfrentarão os abusos do passado de modos diferentes, dependendo dos legados históricos e autoritários, bem como dos contextos transicionais internos e internacionais.

As formas como os países lidam com os abusos passados devem ser vistas como um processo dinâmico que resulta da interação entre agentes autoritários e democráticos moldados por essas várias facetas. O tempo e a oportunidade são elementos fulcrais neste processo e, quando o passado não é devidamente enfrentado, há irrupções da memória que voltam a colocá-lo na agenda política.

As pressões internacionais também influenciam o modo como são tratados os legados de violações dos direitos humanos. Existe uma acumulação de normas internacionais e regionais que os Estados incorporaram nas suas constituições. Contudo, é difícil, por vezes, respeitar esses compromissos, não só por causa do equilíbrio interno de poder entre os que privilegiam a justiça e os que se lhe opõem, mas também porque está em causa a questão básica da soberania de Estado. Foi muitas vezes defendido que os crimes devem ser julgados no mesmo país em que foram cometidos, de modo a limitar o impacto da lei internacional e, supostamente, salvaguardar a estabilidade dos processos internos de democratização.

A questão da justiça de transição é igualmente central porque, quando novos regimes democráticos tentam criar ou restaurar uma cultura política democrática, enfrentam o dilema de se adaptarem a alguns constrangimentos, pela estabilidade, ou perseguirem princípios legais e morais. Do ponto de vista legal, o princípio da igualdade perante a lei torna inaceitável a impunidade para violações de direitos humanos e crimes contra a humanidade, e politicamente a punição parece importante para promover uma cultura democrática. Mas também se dá o caso de que justiça e lustração "totais" para todas as violações de direitos humanos é um ideal e uma impossibilidade prática, e isso é uma perda qualitativa para um processo de democratização.

Em termos mais gerais, a política da memória levanta questões ainda mais complexas, quando as memórias em causa respeitam a atrocidades do passado. As políticas da memória emergem não só em resultado de políticas oficiais de verdade e justiça, mas também como fruto de "trabalho de memória" social que envolve a interpretação e apropriação do passado como moldura para imaginar um novo futuro. O trabalho de memória não só envolve reclamações de verdade e justiça, mas pode também incluir exigências de reconciliação, esquecimento e até vingança, ou pode promover autoritarismo. Interpretações históricas do passado fazem parte dessa complexa realidade e não podem ser ignoradas. As irrupções da memória comprovam empiricamente que ignorar ou enterrar o passado conduz a crises recorrentes.

O estudo dos seis casos examinados aqui, assim como muitos outros, levam à conclusão geral de que, embora os governos democráticos recebam um mandato para gerir os desafios de hoje de modo a forjar o melhor futuro possível, é frequentemente esquecido que as políticas da memória também são cruciais, porque uma história recente de violações maciças dos direitos humanos também é um problema do presente e pode ter um impacto grave no futuro de uma democracia. As democracias devem promover a justiça, e não a impunidade, e devem igualmente respeitar o princípio da igualdade perante a lei. Quando não o fazem, a política de esquecimento irá, a médio ou longo prazo, gerar irrupções, potencialmente desestabilizadoras, da memória. Cabe às democracias encontrar um delicado equilíbrio entre adaptar-se aos constrangimentos políticos e insistir nos princípios democráticos e do Estado de direito; mas, acima de tudo, elas devem criar mecanismos que contribuam para prevenir futuras violações dos direitos humanos, porque os legados de violações maciças dos direitos humanos constituem um problema que é extremamente difícil de resolver dentro de um enquadramento democrático e têm a capacidade de desestabilizar uma transição para a democracia ou — o que pode ser pior — corroer os princípios básicos sobre os quais assenta a democracia.

Referências bibliográficas

ACUÑA, C. H. "Transitional Justice in Argentina and Chile: a Never-Ending Story?" In ELSTER, J. (ed.). *Retribution and Repatriation in the Transition to Democracy*. Nova York: Cambridge University Press, 2006, p. 206-238.

AGUILAR FERNÁNDEZ, P. *Políticas de memoria y memorias de política*. Madri: Alianza, 2008.

ALIVIZATOS, N. C. e DIAMANDOUROS, P. N. "Politics and the Judiciary in the Greek Transition to Democracy". In MCADAMS, A. J. (ed.). *Transitional Justice and the Rule of Law in New Democracies*. Notre Dame: University of Notre Dame Press, 1997, p. 27-60.

BARAHONA DE BRITO, A. *Human Rights and Democratization in Latin America: Uruguay and Chile*. Oxford: Oxford University Press, 1997.

_____. Levantamento bibliográfico, 2001. Disponível online em: www.peacemakers.ca/bibliography e www.polisci.wisc.edu/tjdb/bib.htm.

_____. "The Pinochet case and the changing boundaries of democracy". In DAVIS, M. (ed.). *The Pinochet Case: Origins, Progress and Implications*. Londres: Institute of Latin American Studies, 2003, p. 212-230.

_____. "Transitional Justice and Memory: Exploring Perspectives". In PINTO, A. C. e MORLINO, L. (eds.). *Dealing with the Legacy of Authoritarianism*. Londres: Routledge, 2011, p. 21-38.

BARAHONA DE BRITO, A. et al. *The Politics of Memory: Transitional Justice in Democratizing Societies*. Oxford: Oxford University Press, 2001.

BIGGAR, N. (ed.). *Burying the Past: Making Peace and Doing Justice after Civil Conflict*. Washington DC: Georgetown University Press, 2003.

BRANCO, J. F. e OLIVEIRA, L. T. *Ao encontro do povo: 1-A Missão*. Oeiras: Celta, 1993.

BRYSK, A. *The Politics of Human Rights in Argentina*. Stanford: Stanford University Press, 1994.

CAMPILHO, V. *Le poing et la fleche: étude comparative des memoires historiques de la Revolution des Oeillets au sein du Parti Socialiste et du Parti Social Democrate*. Tese de mestrado não publicada apresentada no Institut D'Études Politiques de Paris.

CONADEP (Comisión Nacional sobre la Desaparición de Personas). *Nunca Más: The Report of the Argentine National Commission on the Disappeared*. Nova York: Farrar, Straus and Giroux, 1986.

DAVIS, M. (ed.). *The Pinochet Case: Origins, Progress, and Implications*. Londres: Institute of Latin American Studies, 2003.

ENCARNACIÓN, O. "Reconciliation After Democratisation: Coping with the Past in Spain". *Political Science Quarterly,* vol. 123, n° 3, 2008, p. 435-459.

FEITLOWITZ, M. *A Lexicon of Terror: Argentina and the Legacies of Torture.* Nova York: Oxford University Press, 1998.

FLEISCHER, H. "Authoritarian Rule in Greece (1936-1974) and its Heritage". In BOREJSZA, J.W. e ZIMMER, K. (eds.). *Totalitarian and Authoritarian Regimes in Europe: Legacies and Lessons from the Twentieth Century.* Oxford/Nova York: Berghahn, 2006, p. 237-275.

GIUSSANI, P. *Por qué Dr. Alfonsín? Conversaciones con Pablo Giussani.* Buenos Aires: Sudamericana-Planeta, 1987.

HUMLEBAEK, C. "Political uses of the recent past in the Spanish post-authoritarian democracy". In FRIEDMAN, M. P. e KENNEY, P. (eds.). *Partisan Histories: The Past in Contemporary Global Politics.* Nova York e Basingstoke: Palgrave-Macmillan, 2005, p. 75-88.

_____."Remembering the Dictatorship: Commemorative Activity in the Spanish Press on the Anniversaries of the Civil War and of the Death of Franco". In BOREJSZA, J.W. e ZIMMER, K. (eds.). *Totalitarian and Authoritarian Regimes in Europe: Legacies and Lessons from the Twentieth Century.* Oxford e Nova York: Berghahn Books, 2006, p. 490-515.

MALAMUD-GOTI, J. *Game without End: State Terror and the Politics of Justice.* Norman: University of Oklahoma Press, 1996.

MURO, D. e ALONSO, G. (eds.). *The Politics and Memory of Democratic Transition: The Spanish Model.* Londres: Routledge, 2010.

NINO, C. S. *Radical Evil on Trial.* New Haven: Yale University Press, 1996.

OSIEL, M. J. *Mass Atrocity, Ordinary Evil, and Hannah Arendt: Criminal Consciousness in Argentina's Dirty War.* New Haven: Yale University Press, 2001.

PINTO, A. C. "Dealing with the legacy of authoritarianism: political purges in Portugal's transition to democracy". In LARSEN, S. U. et al. (eds.). *Modern Europe After Fascism, 1945-1980s.* Nova York: SSM-Columbia University Press, 1998, p. 1679-1717.

_____."Settling accounts with the past in a troubled transition to democracy: the Portuguese case". In BARAHONA DE BRITO, A.; GONZÁLEZ ENRÍQUEZ, C. e AGUILAR FERNANDEZ, P. (eds.). *The Politics of Memory: Transitional Justice in Democratizing Societies.* Nova York: Oxford University Press, 2001, p. 65-91.

_____."The Legacy of the Authoritarian Past in Portugal's Democratization, 1974-76". *Totalitarian Movements and Political Religions,* vol. 9, n° 2-3, 2008, p. 265-291.

_____. "Coping with the Double Legacy of Authoritarianism and Revolution in Portuguese Democracy". In PINTO, A. C. e MORLINO, L. (eds.). *Dealing with the Legacy of Authoritarianism*. Londres: Routledge, 2011, p. 55-71.

PSOMIADES, H. J. "Greece: from the Colonels' rule to democracy". In HERZ, J. H. (ed.). *From Dictatorship to Democracy: Coping with the Legacies of Authoritarianism and Totalitarianism*. Westport: Greenwood, 1982, p. 251-273.

RAIMUNDO, F. *The Double Face of Heroes: motivations and constraints in dealing with the past. The case of PIDE/DGS*. Tese de mestrado não publicada apresentada no Instituto de Ciências Sociais da Universidade de Lisboa.

ROEHRIG, T. *The Prosecution of Former Military Leaders in Newly Democratic Nations: The Cases of Argentina, Greece, and South Korea*. Jefferson: McFarland, 2002.

ROHT-ARRIAZA, N. *The Pinochet Effect: Transnational Justice in the Age of Human Rights*. Filadélfia: University of Pennsylvania Press, 2006.

RONIGER, L. e SZNAJDER, M. *The Legacy of Human-Rights Violations in the Southern Cone: Argentina, Chile, and Uruguay*. Nova York: Oxford University Press, 1999.

SERPAJ (Servicio Paz y Justicia de Uruguay). *Uruguay Nunca Más: Human Rights Violations, 1972-1985*. Filadélfia: Temple University Press, 1992.

SOTIROPOULOS, D. A. "Swift gradualism and variable outcomes: vetting in post-authoritarian Greece". In MAYER-RIECKH, A. e DE GREIFF, P. (eds.). *Justice as Prevention: Vetting Public Employees in Transitional Societies*. Nova York: Social Science Research Council, 2007, p. 121-145.

VERBITSKY, H. *El vuelo*. Buenos Aires: Editorial Sudamericana, 2004.

WESCHLER, L. *A Miracle, a Universe: Settling Accounts with Torturers*. Nova York: Pantheon Books, 1990.

WILDE, A. "Irruptions of Memory: Expressive Politics in Chile's Transition to Democracy". *Journal of Latin American Studies*, 1999, vol. 31, n° 2, p. 473-500.

Os autores

Alexandra Barahona de Brito é professora no Instituto Universitário de Lisboa (ISCTE-IUL), investigadora independente e consultora editorial. Doutora e mestre pela Universidade de Oxford, tem publicados vários livros e artigos sobre justiça de transição, direitos humanos, democratização e relações Europa-América Latina, entre os quais: *Human Rights and Democratization in Latin America: Uruguay and Chile*, Oxford, Oxford University Press, 1997; (com Cármen Gonzalez-Enriquez e Paloma Aguilar) *The Politics of Memory: Transitional Justice in Democratizing Societies*, Oxford, Oxford University Press, 2001.

Daniel Aarão Reis Filho nasceu no Rio de Janeiro em 26 de janeiro de 1946. Nos anos 1960 foi perseguido e preso pela ditadura militar. Graduou-se e fez o mestrado em História na Universidade de Paris VII (1975-1976). De volta ao Brasil, foi aprovado em concurso para professor de história contemporânea na Universidade Federal Fluminense (1980), onde aprende e ensina até hoje. Doutor em História pela Universidade de São Paulo (1987), tornou-se professor titular de história contemporânea da Universidade Federal Fluminense em 1995. No presente momento, desenvolve estudos sobre projetos e programas de Modernidades Alternativas formulados na Rússia/União Soviética nos séculos XIX e XX. Numa segunda linha de pesquisa, dedica-se ao estudo das esquerdas no Brasil, tendo publicado recentemente: (com Jorge Ferreira) *História das esquerdas no Brasil*, 3 volumes, Rio de Janeiro, Civilização Brasileira, 2007; (com Marcelo Ridenti e João Quartim) *História do Marxismo no Brasil,* 6 volumes, São Paulo, Ed Unicamp 1993-2007.

Carsten Humlebæk é professor associado na Copenhagen Business School. Doutor em História pelo Instituto Universitário Europeu, tem pesquisado sobre mudanças de discurso nas políticas da memória na Espanha pós-Franco. Entre as suas publicações mais recentes, há artigos nas revistas acadêmicas *History and Memory, Iberoamericana Historia del Presente* e *Historia y Política,* bem como capítulos em: Luis Martín Estudillo e Roberto Ampuero (orgs.), *Post-Authoritarian Culture: Spain and Latin America's Southern Cone,* Nashville, Vanderbilt University Press, 2008; Klaus Ziemer e Jerzy W. Borejsza (orgs.), *Totalitarian and Authoritarian Regimes in Europe,* Nova York e Oxford, Berghahn, 2006; Max Paul Friedman e Padraic Kenney (orgs.), *Partisan Histories,* Nova York e Basingstoke, Palgrave Macmillan, 2005.

Francisco Carlos Palomanes Martinho é professor livre-docente junto ao Departamento de História da Universidade de São Paulo. Pesquisador do CNPq, desenvolve pesquisa sobre a história portuguesa contemporânea. Atualmente prepara um estudo biográfico de Marcello Caetano. Suas mais recentes publicações são: "A extrema-direita portuguesa em dois momentos", *Studia Histórica. Historia Contemporanea,* revista do Departamento de História da Universidade de Salamanca, vol. 30, 2012; "A monografia de um tempo português", *Tempo,* revista do Departamento de História da UFF, vol. 31, p. 313-316; "Um outro intelectual: perspectivas historiográficas contemporâneas", *História da historiografia,* vol. 9, p. 284-291; "Corporativismo e organização do trabalho no Estado Novo português", in Didier Musiedlak (org.) *Les Expériences Corporatives dasn l'Aire Latine,* Berne, Peter Lang, 2010, vol. 53, p. 325-344;

A Bem da Nação. O sindicalismo português entre a tradição e a modernidade (1933/1947), Rio de Janeiro, Civilização Brasileira, 2002; (com António Costa Pinto) *O corporativismo em Português. Estado, política e sociedade no salazarismo e no varguismo*, Rio de Janeiro, Civilização Brasileira, 2007; (com Flávio Limoncic) *Os intelectuiais do antiliberalismo. Projetos e políticas para outras modernidades*, Rio de Janeiro, Civilização Brasileira, 2010.

Leonardo Morlino é professor de Ciência Política na LUISS (Roma). Foi professor visitante nas Universidades de Yale e Stanford, do Nuffield College (Oxford), do Instituto de Estudos Políticos (Paris), do Instituto Hoover e do Centro para Investigação Avançada em Ciências Sociais do Instituto Juan March (Madri). Presidente da Associação de Ciência Política Italiana (1988-1991) e coeditor da *Rivista Italiana di Scienza Politica* durante vários anos, tornou-se presidente da Associação Internacional de Ciência Política (IPSA) em 2009. Com mais de 150 artigos publicados em várias línguas, as suas áreas de interesse incidem sobre o autoritarismo, a teoria democrática e os processos de democratização. Entre as suas publicações mais recentes, destacam-se: *Democracy between Consolidation and Crisis: Parties, Groups, and Citizens in Southern Europe*, Oxford, Oxford University Press, 1998; *Democrazie e Democratizzazioni*, Bolonha, Il Mulino, 2003; (como organizador e coautor) *Assessing the Quality of Democracy*, Baltimore, Johns Hopkins University Press, 2005.

António Costa Pinto é professor no Instituto de Ciências Sociais da Universidade de Lisboa. Doutor em História pelo Instituto Universitário Europeu, foi professor visitante nas Universidades de Stanford (1993) e de Georgetown (2004), do Instituto de Estudos Políticos (Paris) (1999-2003), e pesquisador visitante nas

Universidades de Princeton e da Califórnia-Berkeley. Foi ainda presidente da Associação Portuguesa de Ciência Política, sendo que as suas principais áreas de interesse incluem fascismo e autoritarismo, democratização, União Europeia e o estudo comparativo das mudanças políticas na Europa do Sul. Recentemente publicou: *Elites and Decision-Making in Fascist-Era Dictatorships*, Nova York, SSM-Columbia University Press, 2009; *Rethinking the Nature of Fascism*, Londres, Palgrave, 2011; *Dealing with the Legacy of Authoritarianism. The Politics of the Past in Southern European Democracies*, Londres, Routledge, 2011; *The Nature of Fascism Revisited*, Nova York, SSM-Columbia University Press, 2012.

Filipa Raimundo é doutora em Ciência Política pelo Instituto Universitário Europeu (Itália). Nos últimos anos foi pesquisadora visitante no Instituto Juan March (Espanha), no Instituto de Estudos Europeus da Universidade da Califórnia, Berkeley (Estados Unidos), no Colégio da Europa de Natolin (Polônia) e no Instituto de Ciências Sociais da Universidade de Lisboa (Portugal). Entre as suas publicações, destacam-se capítulos em: (com Nuno Estêvão Ferreira e Rita Almeida de Carvalho) António Costa Pinto (org.), *Elites and Decision-Making in Fascist-Era Dictatorships*, Nova York, SSM-Columbia University Press, 2009; Georges Mink e Laure Neumayer (orgs.), *History, Memory and Politics in Central and Eastern Europe*, Londres, Palgrave/Macmillan, 2013. Os seus interesses de investigação incidem sobre democratização, justiça de transição, elites políticas, processos de decisão e estudos europeus. Em 2011, ganhou uma bolsa de pós-doutoramento da Fundação para a Ciência e Tecnologia (Portugal), para desenvolver um projeto de investigação sobre elites políticas e atitudes perante o passado em Portugal e no Brasil.

OS AUTORES

Mario Sznajder é professor de Ciência Política da Universidade Hebraica de Jerusalém. Recentemente tem publicado sobre os aspectos ideológicos, políticos e econômicos do governo de Pinochet no Chile 1973-1990, e a democratização, o exílio político e os direitos humanos na América Latina. Foi pesquisador visitante da Universidade de Cambridge (1998-1999), da Universidade da Califórnia em San Diego (2001), e da Universidade de Bolonha (2003-2004). Destacam-se como principais publicações: (com Louis Roniger) *The Legacy of Human Rights Violations in the Southern Cone. Argentina, Chile and Uruguay*, Oxford, Oxford University Press, 1999 e *The Politics of Exile in Latin America*, Cambridge, Cambridge University Press, 2009.

Dimitri A. Sotiropoulos é professor associado de Ciência Política na Universidade de Atenas. Doutor em sociologia pela Universidade de Yale, foi professor no Instituto Juan March (Madri) e na Universidade de Creta. As suas áreas de interesses incluem o estudo sobre burocracia e partidos políticos, o Estado de bem-estar, educação superior, sociedade civil e democratização nas sociedades pós-autoritárias e pós-comunistas. Entre as suas publicações em inglês, destacam-se: *Populism and Bureaucracy*, Notre Dame, The University of Notre Dame Press, 1996; (com Th. Veremis [org.]) *Is Southern Europe Doomed to Instability?*, Londres, Frank Cass, 2002; (com R. Gunther e P. N. Diamandouros [org.]) *The State and Democracy in the New Southern Europe*, Oxford, Oxford University Press, 2006.

Marco Tarchi é professor no Departamento de Ciência Política da Universidade de Florença. Escreveu sobre fascismo e o seu legado, crises da democracia, populismo e direita radical. Entre as suas publicações mais recentes, destacam-se: "*La rivoluzione legale*", Bolonha, Il Mulino, 1993; *Al MSI ad AN: organizzazion* *e estrategie*, Bolonha, Il Mulino, 1997; *L'Italia populista: Dal qualunquismo ai girotondi*, Bolonha, Il Mulino, 2003; "Italy: The Northern League", in L. de Winter e H. Türsan (orgs.), *Regional Parties in Western Europe*, Londres, Routledge, 1998; e "Italy: Early Crisis and Collapse", in D. Berg-Schlosser e J. Mitchell (orgs.), *Conditions of Democracy in Europe, 1918-1938*, Londres, Macmillan, 2000.

*O texto deste livro foi composto em Sabon,
desenho tipográfico de Jan Tschichold de 1964
baseado nos estudos de Claude Garamond e
Jacques Sabon no século XVI, em corpo 11/15.
Para títulos e destaques, foi utilizada a tipografia
Frutiger, desenhada por Adrian Frutiger em 1975.*

*A impressão se deu sobre papel off-white
pelo Sistema Cameron da Divisão Gráfica
da Distribuidora Record.*